影响的焦虑

——基于新媒介影响的阅读考察

杨 沉◎著

安徽师范大学出版社

·芜湖·

图书在版编目（CIP）数据

影响的焦虑:基于新媒介影响的阅读考察 / 杨沉著.
— 芜湖:安徽师范大学出版社, 2018.7
ISBN 978-7-5676-3683-5

Ⅰ.①影… Ⅱ.①杨… Ⅲ.①传播媒介 - 影响 - 读书
活动 - 研究 Ⅳ.①G252.17

中国版本图书馆CIP数据核字(2018)第132788号

影响的焦虑:基于新媒介影响的阅读考察　　杨 沉 著

责任编辑:胡志恒
封面设计:陈　爽
出版发行:安徽师范大学出版社
　　　　　芜湖市九华南路189号安徽师范大学花津校区
网　　　址:http://www.ahnupress.com/
发 行 部:0553-3883578　5910327　5910310(传真)
印　　刷:江苏凤凰数码印务有限公司
版　　次:2018年7月第1版
印　　次:2018年7月第1次印刷
规　　格:700 mm×1000 mm　1/16
印　　张:13.5
字　　数:214千字
书　　号:ISBN 978-7-5676-3683-5
定　　价:42.00元

如发现印装质量问题,影响阅读,请与发行部联系调换。

自　序

今天，你读书了吗？

随着互联网移动通信数字信息技术的飞速发展，智能手机几乎成为我们每个人工作、生活、学习、阅读的必备用品，连小朋友也不例外。任何一处人类足迹所到之处，信息信号能够传输到达的地方，不论是公交车上还是地铁里，火车候车室还是飞机上，甚至是大马路上，目光所及之处，您都能看到"刷屏一族"。开车在路上，假如您遇到前车猛然减速、扭捏作态起来，恭喜您，前面开车的人可能不是在打电话就是在看QQ/微信讯息，或者是在回复讯息。为了安全起见，您一定要有耐心。毋庸置疑，4G手机、iPad等智能移动终端设备已经绑架了我们的日常生活，我们的日常生活都被装进了那个流淌着信息流、比特流、电子流的被称作智能设备的小盒子里。

随着技术的进步、经济的发展、物质的极大丰富，我们的生活条件是越来越好，生活水平也越来越高，可获得的资讯、信息如长江之水，滚滚而来，源源不断，信息流、数据流充斥于我们生命的每一时刻。人类已经无法脱离信息流而存活。我们工作的工具是数字产品，工作的内容是流动的数字流、信息流、数据流，我们娱乐的环境和工具是数字智能产品，我们生活的伴侣变成了智能手机，我们和手机相处的时间比家人、亲戚、朋友都多得多。智能手机变成了我们身体的一个器官，断舍离即如肢体受残般难以忍受。深受纸媒哺育之恩成长起来的一代和数字的原住民——00后的小朋友们，几乎皆成了智能设备的俘虏。每天我们生活的必备程序是查看查看朋友圈，点一点赞，维系一下朋友圈内外的人际关系，然后再看看视频影像，读一读可乐的段子，感人的鸡汤；

或者是读一读学术文章，逛一逛各大主流媒体公众号……我们的闲暇时光、碎片化时段，就这样都交给了虚拟的数字世界。阳春三月，春光明媚，出去转一转赏一赏景，也无心感受生命勃发多彩之美，而是忙着摆姿势发朋友圈。我们生活在一个虚拟的"玻璃笼子"里，人人都长着一张"手机脸"。

信息时代，我们需要信息、知识和智慧，就像地表植物需要水、阳光和营养。植物需要的是水的细细滋养，而不是大水的漫灌和冲击。梅雨季节，洪水汹涌而来，从地表掠过，干渴的大地几乎还没有来得及张开嘴享受这幸福的大水漫灌，植物的根系还没有吸收到大地甘甜的乳汁，大水已以风雷之势夹带着众多石头和杂碎，呼啸而过，除了留下一片狼藉，植物没有得到多少有益的东西。人类知识体系的建构智慧的获得，就像植物吸收水、阳光和养分，要适度、适量，需要时间"反刍"、消化、建构。信息洪流就像大洪水，在我们还没有准备好、想清楚、搞明白、拥有相应的应对能力的时候，它呼啸而来，一下子将我们冲翻在地。面对信息洪流，我们不知道自己该选择什么，生怕遗漏了什么错过了什么，又生怕被社会淘汰，我们需要身份的确认，需要追赶时代潮流，我们没有时间思考，就一猛子扎到信息洪流中去淘金，去寻找安慰，去打发无聊。然而，漫灌的信息洪流对我们而言，不是福音，是信息洪灾。各种信息流从我们的脑袋里呼啸而过，互相打架，我们的脑袋变成了"垃圾箱"。我们的思想在汹涌而至的信息洪流中窒息，我们的知识体系在碎片化中散落，我们鲜活的情感在信息洪流中变得冷漠或过激。我们不再是书香哺育的理性人，我们是五颜六色的信息人。

21世纪该如何阅读？这不是一个人的问题，也不是一个民族的问题。这是一个国家发展、民族强大、公民素质提升的大问题。因此，我们有必要对媒介影响下的阅读进行研究，对新信息媒介对阅读方式、阅读者、阅读范式、阅读文化景观的建构和解构作用进行探究和剖析，考察其前世今生，剖析其与时代精神、技术变革的关系，探究推进全民阅读深入发展的路径。着眼于此目的，本书以"影响的焦虑"为书名，全书共分为六章，分别从"媒介的焦虑""阅读的论与争""阅读的镜与像""阅读的焦虑""阅读问题透视""阅读能否返乡"等六个方面，按照历史溯源、理论观照、镜像剖析、问题归纳和回归建构的逻辑思路,以系统性的研究视角,将阅读放在文化学、社会学、心理学、传播学、媒介生态学、哲学等学科交叉点上,对阅读进行多角度的观照和审视,力求为新媒介影响下的阅读画像,以期能为普通阅读者全面认知新阅读范式提供理论知识,为图书馆和阅读推广人创新阅读推广服务形式提供思路和理论指导。如此,本书写作的目的即实现。

本书的研究内容以本人已发表的阅读学研究论文为蓝本。自从硕士毕业半路出家到图书馆工作以来,在南京大学徐雁教授的指导下,本人选定阅读学为研究方向,近十年来一直致力于跟踪新媒体阅读的发展变化,关注其建构与解构性,先后在CSSCI来源期刊发表了十多篇相关研究论文。因此,本书可能在有趣程度、气质上更具有研究论文的特点,存在这样或那样的瑕疵,但内容质量还是得到了一定的保障。

附录收了三篇早年发表的美学、文学方面的论文,引文著录格式一仍旧贯,不作统一,算是对早年自己那段细读文本、有感而发的生活的纪念。

在此,我要感谢在学术上一直给予我关心和帮助的徐雁师,感谢南京农业大学的郑德俊教授。另外,还要感谢我的爱人,以及帮助我校对书稿的胡元元老师。

把此书献给你们!

杨沉　写于琅琊山下

二〇一八年五月五日

目　　录

第一章　媒介的焦虑 ………………………………………………………1

　　第一节　"文字是有毒性的礼物" ……………………………………1

　　第二节　媒介变迁与阅读范式演进的关联 …………………………5

　　第三节　新媒介与新媒体阅读 ………………………………………8

　　第四节　新媒介对阅读的影响及其和谐关系构建 …………………10

第二章　阅读的论与争 ……………………………………………………17

　　第一节　"纸数之争""阅读危机论争""阅读立法论争" …………17

　　第二节　理论之眼的观照与审视 ……………………………………22

　　第三节　对网络阅读的理性思考 ……………………………………40

第三章　阅读的镜与像 ……………………………………………………50

　　第一节　大学生浅阅读 ………………………………………………50

　　第二节　微阅读的消解与建构 ………………………………………60

　　第三节　新媒体阅读生态系统及其平衡重构 ………………………82

第四章　阅读的焦虑 ………………………………………………………96

　　第一节　阅读焦虑的概念、类型、原理及研究意义 ………………96

　　第二节　阅读焦虑发生机制及其启示 ………………………………102

第五章　阅读问题透视 ······· 114

第一节　从阅读的生产、传播和接受方式的改变看阅读问题 ········· 114

第二节　从神圣阅读到后现代阅读的蜕变看阅读问题 ········ 120

第三节　阅读问题化的成因 ········ 126

第六章　阅读能否返乡？ ······· 132

第一节　阅读观建构 ········ 133

第二节　阅读推广的老问题与新问题 ········ 139

第三节　图书馆员新型能力建设 ········ 146

第四节　阅读点灯人 ········ 156

参考文献 ······· 164

附录一　人为自然立法——论黑格尔《美学》中的自然观 ········ 177

附录二　水意象的女性文化学解读 ······· 185

附录三　生命的隐喻——论《红楼梦》中的水意象 ········ 196

第一章　媒介的焦虑

第一节　"文字是有毒性的礼物"

阅读肇始于文字。对于文字的功用,在《文艺对话录·斐德若篇》中,先哲苏格拉底如是说:

我听说在埃及的瑙克剌提斯附近,住着埃及的一个古神,他的徽帜鸟叫做白鹭,他自己的名字是图提。他首先发明了数目,算术,几何和天文,棋骰也是他首创的,尤其重要的是他发明了文字。当时全埃及都觉塔穆斯统治,他住在上埃及一个大城市,希腊人把它叫做埃及的忒拜。这城市的神叫做阿蒙。图提晋见了塔穆斯,把他的各种发明献给他看,向他建议要把它们推广到全埃及。那国王便问他每一种发明的用处,听到他的说明,觉得是好的就加以褒扬,觉得是坏的就加以贬斥。据说关于每一种发明,塔穆斯都向图提说了许多或褒或贬的话,细说是说不完的。不过轮到文字,图提说:"大王,这件发明可以使埃及人受更多的教育,有更好的记忆力,它是医治教育和记忆力的良药!"国王回答说:"多才多艺的图提,能发明一种技术是一个人,能权衡应用那种技术利弊的是另一个人。现在你是文字的父亲,由于笃爱儿子的缘故,把文字的功用恰恰说反了! 你这个发明结果会使学会文字的人们善忘,因为他们就不再努力记忆了。他们就信任书文,只凭外在的符号再认,并非凭内在的脑力回忆。所以你所发明的这剂药,只能医再认,不能医记忆。至于教育,你所拿给你的学生们的东西

· 1 ·

只是真实界的形似，而不是真实界的本身。因为借文字的帮助，他们无须教练就可以吞下许多知识，好像无所不知，而实际上一无所有。还不仅此，他们会讨人厌，因为自以为聪明而实在是不聪明。①

柏拉图借国王之口表达了苏格拉底对文字的看法：文字是"药"。虽然苏格拉底认为文字"既是医药、治疗之药，同时也有毒药之意"②，但是实质上，他更倾向于将文字看作是"有毒的礼物"："只能医再认，不能医记忆"。在苏格拉底看来，文字是死的，既不能选择主人也不能保护自己为自己辩护。它不像语言是活泼泼的充满生命力的存在，"可以找到相契合的心灵，运用辩证术在那心灵中种下文章种子，这种子后面有真知识，既可以辩护自己也可以辩护种植人，可以结果传种，在旁的心灵中生出许多文章，生生不息，使原来的那种子永垂不朽。"③苏格拉底担心文字会损害大脑的记忆能力，助长人类灵魂中的遗忘力量，招致思想的肤浅，拉大人与人心灵与心灵直接对话的距离，因而强烈反对以阅读文字为形式的交流形式。"把文字看成是有毒的礼物，这是自柏拉图以来的西方形而上学的观点，贬抑文字的源头在这里。"④

在人类历史上，曾经经历过五次传播媒介的重大变迁，从口语传播到文字传播，从印刷传播、电子传播再到今天的数字传播，阅读媒介也从甲骨、竹简、羊皮纸发展到纸张、胶片、光盘再到电脑、智能移动阅读终端。每一次科技的进步与革新都带来了阅读媒介物质形态的改变，也带来了阅读方式、阅读面貌的改变。有研究者以纸媒为划分中心，将阅读的历史划分为三个阶段，即前纸媒时代、纸媒时代、后纸媒时代。无论是在前纸媒时代还是在纸媒时代，苏格拉底式的阅读忧虑，几乎从未断绝。

印刷术发明之前，人类依靠抄写将各类文字刻录在各种介质的媒介之上，如兽骨、青铜器、竹简、帛、丝绸、羊皮纸、纸莎草纸、石柱、泥版等，其中比较有代表性的如象征中华民族文明的甲骨文，象征两河流域文明的汉谟拉比法典

---

① [古希腊]柏拉图. 文艺对话录[M]. 朱光潜译. 北京:人民文学出版社,1963:168-169.
② 陈晓明."药"的文字游戏与解构的修辞学[J]. 文艺理论研究,2007(3).
③ [古希腊]柏拉图. 文艺对话录[M]. 朱光潜译. 北京:人民文学出版社,1963:172.
④ 陈晓明."药"的文字游戏与解构的修辞学[J]. 文艺理论研究,2007(3).

石柱。甲骨和汉莫拉比法典石柱以及其后其他类型的阅读载体,它们对阅读文化和人类文明的影响,正如伊尼斯在《传播的偏向》中所言:

> 传播媒介的性质往往在文明中产生一种偏向,这种偏向或有利于时间观念,或有利于空间观念。
>
> 根据传播媒介的特征,某种媒介可能更加适合知识在时间上的纵向传播,而不是适合知识在空间的横向传播,尤其是该媒介笨重耐久,不适合运输的时候;它也可能更加适合知识在空间中的横向传播,而不是适合知识在时间上的纵向传播,尤其是该媒介轻巧而便于运输的时候。①

石柱笨重,甲骨耐久,适合知识在时间向度上的传播,前纸媒时代的文明因此得以保存和传承。羊皮纸、丝绸等媒介形式,虽轻巧便于运输,适合知识在空间向度的传播,但因其造价昂贵或不易于保存,导致文字资料过于珍贵而不能传播开去。不论是笨重不便于运输还是成本高昂不易获得,都造成了阅读的稀有性,只有特权阶层才有机会接触到文字资料,具有识字阅读的能力。因此,在人类文明早期,阅读不仅成为一种特权,也成为一种统治能力,是统治权的象征。雕版印刷术和纸张的发明,尤其是纸张的发明,打破了统治阶层对阅读的垄断。在经济适用的纸张发明之前,由于没有合适的传播载体,书籍虽已经牢牢扎根,但其流通却仅限于极少数的知识阶层,大众阅读仍然是一种奢望。经济适用纸张的发明,改变了这一切。"纸张'使得过去传播思想的昂贵材料被一种经济的材料取代,这就促进了人类思想成果的流传'","'它带来了一场重大的……革命。没有这一场革命,写作的艺术就不会这么发达,印刷术的发明也不可能这么嘉慧于人类了。'"②纸张的发明大大降低了印刷的成本,借助于印刷机器大批量印刷的能力,书籍进入寻常百姓家成为可能。书籍的大范围流通,不仅开启了大众知识的传播之门,其更为深远的影响甚至可以追溯到大批量《圣经》文本对于英联邦民族语言和国家意识构建的作用,追溯到其

---

① [加]哈罗德·伊尼斯.传播的偏向[M].展江,何道宽译.北京:中国传媒大学出版社,2013:17.

② 转引自[加]哈罗德·伊尼斯.帝国与传播[M].何道宽译.北京:中国传媒大学出版社,2013:168.

对新教革命和法国大革命的影响。

随着书籍传播的影响面和影响力度的不断扩大,18世纪的文化精英们表达了他们对于书籍这种新阅读形式的恐惧,认为其削弱了理性和审美趣味,威胁现存的道德权威和秩序①。莱布尼茨就曾担心不断增多的图书会把"我们"推入一种野蛮状态。19世纪报纸的出现,也曾导致尼采忧心忡忡,认为这种快速折损的消耗品将会干扰人们对经典阅读的兴趣。20世纪,随着电子媒介的崛起,麦克卢汉指出,我们建立在文字基础上的西方价值观,已经受到广播、电视等电子媒体的巨大影响。②海德格尔生前对这种技术统治的世界图景甚是忧心忡忡,他悲观地将这种"技术统治"给人类所带来的后果称之为精神的"不在家"或是"无家可归"状态。21世纪,伴随着数字化阅读盛行,"阅读危机"成为全球性的文化现象。Furedi认为,当今时代各种各样的成瘾、创伤都与此种阅读有关。③

由此可见,每当媒介变革导致阅读范式演进之时,都会引发新一轮的阅读焦虑。这种因媒介变迁所导致的阅读焦虑已经成为一种反复出现的文化现象。

作为一种全新的阅读模式,以网络和比特为表征的新媒介阅读在当下也遭遇了文字媒介出现时曾经遭受的质疑、批判与排斥,引发了人们对于媒介影响的忧虑。互联网和比特具有虚拟化的媒介性质,不仅轻便、易于保存且成本也更加便宜,适合知识在时间和空间维度上的双向度传播,因而,其对人类文明的影响也更加深刻。人们担忧,网络媒介架构对文本呈现方式的改造,尤其是图式化、多媒体的呈现方式,会导致阅读者情绪浮躁、注意力不集中,思维能力弱化、缺乏创造力……文字是不是有毒性的礼物,书写文明的历史已经做出了回答。对于目前饱受非议的网络阅读、新媒体阅读,相信时间也会给出一个

---

① [美]Frank Furedi.Moral Panic and Reading:Early Elite Anxieties About the Media Effect [J].Cultural Sociology,2016,Vol.10(4):523-537.

② 转引自[美]Frank Furedi.Moral Panic and Reading:Early Elite Anxieties About the Media Effect[J].Cultural Sociology,2016,Vol.10(4):523-537.

③ [美]Frank Furedi.Moral Panic and Reading:Early Elite Anxieties About the Media Effect [J].Cultural Sociology,2016,Vol.10(4):523-537.

客观公正的答案。

第二节 媒介变迁与阅读范式演进的关联

回顾阅读发展史,我们发现,阅读范式的演进总是离不开阅读媒介革命性的变革。在某种程度上说,一部阅读媒介形态变迁史就是一部阅读史。

从阅读构成要素来说,如果仅把阅读视作一项认知活动,那么阅读则可被视为一个自足的封闭体系,其构成要素主要有阅读者、文本和阅读行为。如果从信息传播流转过程来看,阅读则是一个开放的系统。依据传播学最重要的奠基人美国著名政治家哈罗德·拉斯维尔的5W模式传播理论,我们可以从传播学角度来理解阅读的生成过程,它主要由五个环节构成:传者,也即出版者,包括写者;信息,即文本,主要指表意文本;媒介,信息知识传递的桥梁和纽带;受者,即读者;效果,阅读的实现。换言之,开放阅读主要由传者、信息、媒介、受者和效果五个要素构成。封闭系统的阅读构成,关注焦点多集中在文本与阅读者之间的相互交流和信息的持续建构过程之中,对外界关注较少,带有明显的文字和印刷文明的特征。开放性的阅读构成,更容易接收到外在的刺激,尤其是作为阅读载体的媒介变革所带来的冲击。就开放性阅读而言,在其阅读范式的演化进程中,新阅读媒介和新阅读群体扮演着重要的角色,是新阅读范式构建的两大核心变量和驱动力,从内因和外因两个方面共同作用于阅读并形塑新的阅读范式。在这一过程中,作为第一生产力的新阅读媒介,通过媒介本身的物质结构及其特性和符号形态作用于信息-文本和阅读者,塑造了具有新型阅读行为和阅读习性的阅读者。新型阅读者集聚成群,阅读旧貌换新颜,实现新的蜕变。新阅读范式"破土而出"。

新阅读范式不是一蹴而就的。像所有新生事物一样,新阅读范式经历了一个萌芽、发展、壮大、"夺权"、衰微、消解的演进过程。其中的每一阶段,由于新阅读媒介和新阅读群体所处的地位和产生作用的不同,表现出不同的形态特征,呈现出不同的阅读文化景观。人们的阅读心理随着阅读范式演化进程的不同而呈现出不同的心理特点,如萌芽、发展阶段的焦虑心理,占据主流地位成为主要阅读形态后的习以为常心理,衰微、消解的过程也是另一种阅读范式萌芽的过程,新一轮的焦虑和习以为常将再次发生。如此循环推进,阅读形态在发展,阅读者在变化,阅读文化景观也呈现出不同的面貌和特质。

作为阅读范式演进的第一生产力,媒介形塑阅读的自身特质是什么? 主要有以下两点:

首先,媒介的物质结构和符号形式是媒介形塑阅读的源头。

媒介环境学理论认为,媒介是一套复杂的信息系统,通过其独有的结构对信息、信息环境和阅读者产生作用。传播媒介向来不是中性的、透明的和无价值标准的传递信息的渠道,它有自己的内在需求和发展逻辑,不仅规定了媒介自身,也规定了与之关联的相关物。此即麦克卢汉所言:新媒介产生了新的尺度。这个新尺度是由媒介固有的物质结构[①]和符号形式来体现的,它规定了什么信息被编码和传输、如何被编码和传输、又如何被解码。[②]换言之,媒介固有结构规定了该媒介更适于承载、传输何种性质的信息,以及编码和解码这种信息的特有方式。如微信、QQ等数字新媒介,就更适合于"碎片化"的知识和休闲娱乐信息。

媒介的物质结构和符号形式还给我们提供了不同的感知–符号环境。这个不同于传统纸媒的感知–符号环境影响着我们感知、接受信息的程式和结果。因为不同的媒介运用其特有的"语法规则"编辑接收到的信息,什么信息被吸收,什么信息被屏蔽,什么信息可能被扭曲,媒介结构予以先在的规定。作为信息环境中的活动者和接收者,我们用被感知–符号环境"编辑"过的信息来认识事物重构现实时,所获得的信息和建构的"现实"与真实世界之间就存在着距离。因此,在我们从不同的传播媒介获取信息并以之来认识和重构现实之时,就必须要检视媒介所提供的感知–符号世界的性质。

身处被媒介巨大结构力和影响力所塑造的信息环境里,不知不觉之中,我们认知和接受信息的文化基因编码方式被其篡改。以传统阅读和手机阅读为

---

① 物质结构主要是指既指承载编码的技术所具有的特征,又指编码、传输、储存、检索、解码和流通信息的物质设备.

② [美]林文刚编.媒介环境学:思想沿革与多维视野[M].何道宽译.北京:北京大学出版社,2007:30.

例。传统阅读,其介质是纸张,符号形式是文字,喜好单一的线性文本呈现方式,构建出的是有序的有节奏的立体想象空间;手机阅读,其物质结构是窄屏,符号形式为比特,喜好并承载声光电等富媒体超文本,营造的多是无节奏的多维空间。传播介质的不同,导致纸媒阅读和手机阅读无论是在信息组织方式、呈现方式、传输方式、储存方式以及解码方式上,均存在着诸多不同,继而形塑了纸质阅读和手机阅读不同的阅读文化面貌:纸质阅读发展出大众理性的逻辑思维能力和沉潜的默读形式,以手机阅读为代表的新媒介阅读则发展出了快速浏览的阅读方式和多头任务并进的处理能力。

其次,媒介固有偏向是媒介形塑阅读的方式。

不同的媒介有其独有的物质结构和符号特征,它们都自带一套偏向。不同媒介的物质结构和符号特征,因其组合形态不同而具有不同的偏向。

具体来说,不同的媒介给信息编码的符号形式是不同的,因而它们所携带的思想和情感的偏向亦不相同。以小说和电影为例。小说以文字为符号形式,文字与生俱来的含蓄性,给阅读者提供了架构故事情节、构想空间的想象能力,这种能力因阅读个体的不同而呈现出不同的层级和面貌,阅读者获得的思想和情感体验也不相同。电影主要是影像叙事。影像的叙事语言是色彩和画面,影像的画面感是直接而直白的。因此,电影大多依赖剪辑技巧来经营叙事节奏,靠色彩和故事情节来表达情感和心理。符号形式不同,二者呈现出不同的思想和情感偏向。

不同的媒介给信息编码、储存、传输的物质形式不同,媒介的时空和感知偏向也不同。仍以传统纸媒阅读和新媒介阅读为例。较之早期石刻、泥版等易于保存却不易于运输的载体,纸张因其轻便易于保存的特性而具有了运输和传播的便利,这种便利即是纸张的优越性所在,使其具有了扩大空间传播和长久保存的偏向性。这种时空的偏向,导致了不同的帝国统治形式和文明形式,①改变了早期阅读的"贵族"特质,使文字飞入寻常百姓家,实现阅读的平民化。新媒介阅读,则借助互联网数字技术、即时在线通信技术和多媒体技术的

①[加]哈罗德·伊尼斯.传播的偏向[M].展江,何道宽译.北京:中国传媒大学出版社,2013:113.

飞速发展,以及网状的传输模式和交互式的传播模式,突破了有限时空的限制而更具时空优势,"不在场"、无时空限制的多向交流随时可以发生。

因媒介物质形式和符号形式的不同,不同的媒介具有不同的内容偏向。以新媒体阅读的手机阅读和电脑阅读为例,对于手机阅读,因其特殊的物质结构和符号形式,大众更喜欢浏览其所承载的各种类型的资讯和娱乐信息,对于长篇大论的"高头讲章"则既无耐心也无兴趣读下去,这就决定了手机阅读的内容更多的是短小、无序的娱乐资讯。相对于手机阅读,电脑阅读因其大体量大屏幕,呈现方式更加多元化,因而内容也更具包容性和多元化。在手机阅读中死活读不下去的"高头讲章",可以通过文本转换、存储,焕发生机。

第三节　新媒介与新媒体阅读

何谓新媒介?何谓新媒体?何谓新媒体阅读?概念首先要予以明确。

关于"新媒介",其定义目前学界尚未达成共识,形成一个确定、标准的定义,多数情况下"新媒介"与"新媒体"异词同构,可以互换使用。鉴于"媒介"具有概念上的多义性和使用上的宽泛性,本文所谓"媒介"是指人类文化教育活动中用于信息储存和在传播者与接受者之间承担传递作用的"居间工具",即信息媒介,也可称为信息载体。①

对于新媒介,当下我们倾向于将之理解为以数字媒介为核心的新媒体,它是一种通过数字化交互性的固定或即时移动的多媒体终端向用户提供信息和服务的传播形态,以网络为代表。"新媒体"一词最早由美国哥伦比亚广播电视网技术研究所所长彼得·卡尔·戈德马克博士于1967年提出,他将推动娱乐产业化发展的"电子录像"称为 New Media。1969年一份提交给美国总统的报告书中多次提到和使用了"新媒体",自此,"新媒体"一词作为新生事物开始流行于美国,不久之后便风靡全球,成为全世界关注的热门话题。②

对于新媒体的概念,学者们众说纷纭,至今尚无定论。目前主要有以下几

---

① 王信伦.从纸的发明看媒介演进对教育的影响——技术向度的中国教育史考察[J].华东师范大学学报,2007(1):78-82.
② 朱晓伟.新媒体技术的哲学思考[D].北京:中国矿业大学,2014.

种代表性观点：(1)从媒介发展序列和时间先后来看，"新媒体，是一种存在相对性的含义，是继报纸杂志、广播、电视等传统媒体发展之后而慢慢出现的新形态"①。(2)从技术-装置角度而言，"新媒体是以数字技术为基础，以网络为载体进行信息传播的媒介"(联合国教科文组织)。(3)就其传播特点来说，"新媒体是以数字信息技术为基础，以互动传播为特点，具有创新形态的媒体"(新媒体产业联盟秘书长王斌)。(4)就传播范围来看，新媒体是"所有人对所有人的传播"(美国《连线》杂志)。(5)就类型而言，新媒体主要有两种类型，以智能手机为代表的移动类新媒体和以PC为代表的固定客户端。

新媒体界说各执一端，虽揭示了新媒体某一方面的面貌，但也给人留下不严谨、界定不明确、指向不唯一的印象。新媒体如何界说？清华大学熊澄宇教授在《新媒体——伊拉克战争中的达摩克利斯之剑》一文中给出了较为具体的界定："所谓的新传媒，或称数字媒体、网络媒体，是建立在计算机信息处理技术和互联网基础之上，发挥传播功能的媒介总和。它除具有报纸、电视、电台等传统媒体的功能外，还具有交互、即时、延展和融合的新特征。"②这一界定较为具象地揭示了新媒体概念的内涵与外延。从发展层面来看，新媒体的"新"永远和传统媒介的"旧"相对，它具有时间上的相对性和发展上的序列性，表征了媒介的演进。从技术层面来看，新媒体发端于互联网，网络媒体、手机媒体、户外媒体、电视媒体的成长与发展造就了今天新媒体缤纷新奇的各种形态，并以此普惠全球。(鉴于新媒介与新媒体的异词同质性，为了研究和论述的方便，本书举凡涉及载体和装置的媒介术语，除了引文之外，皆用媒介指称，阅读方面的则用新媒体阅读指称。)

新媒介术语的纷呈，导致以新媒介为核心关键词和构成要素的新媒体阅读概念处于一种概念纷争的状态：如根据其性质界定的数字化阅读，根据是否在线的网上阅读或者网络阅读，以电子装置为界定依据的电子阅读，以具体的终端设备命名的手机阅读，以是否移动命名的移动阅读等等。通过梳理归纳，王佑镁将新媒体阅读界定为："新媒体阅读也称数字化阅读，是指依靠各种数

---

① 朱晓伟.新媒体技术的哲学思考[D].北京：中国矿业大学，2014.
② 熊澄宇.新媒体——伊拉克战争中的达摩克利斯之剑[J].中国记者，2003(5).

字化平台或移动终端,以数字化形式获取信息或传递认知的过程。"从内涵层面来说,新媒体阅读即数字化阅读,"具有信息量大、刷新速度快、音视频并茂、个性化强、形式类型多样、便于复制、交互性强等特点。"①

多数情况下,新媒体阅读和数字化阅读可以交互使用,但是,需要指出的是,新媒体阅读与数字化阅读在内涵与外延上并不能完全等同。从命名来看,新媒体阅读是从信息装置-媒介载体角度来命名,侧重揭示其新媒介环境;数字化阅读则是从内涵角度突出其数字化特性和环境。从概念种属关系和新媒介概念当下定义来看,新媒体阅读只是数字化阅读的一种,随着信息技术的革命性变革和新信息装置的出现,未来还会出现其他形态和性质的数字化阅读形式,其是否属于新媒体阅读范畴目前尚是未知数。从媒介角度来看,建立在新媒介技术应用基础上的新媒体阅读,无疑具有技术性、时代性和数字化的特征。数字化是其本质特征,时下流行的网页阅读、手机阅读、微阅读等数字化阅读形式,都是新媒体阅读。技术性是识别新媒体阅读的首要路径,新媒介的技术性雕塑了新媒体阅读的独特面貌。

第四节　新媒介对阅读的影响及其和谐关系构建

阅读学作为一门学科,研究范围涵盖阅读诸要素。纵观阅读研究史或者与阅读相关的文论,我们发现,自"新批评"、结构主义的文本研究到接受美学的读者接受理论再到哈罗德·布鲁姆等的阅读理论研究,媒介从未被纳入阅读研究视域。这或许与传统阅读媒介对阅读者的直接感官冲击力度不强而易于被人们忽视有关。当下情况则所有不同。传播媒介在阅读活动中的地位日益显著,其作用从来没有像今天这样被凸显、放大。针对新媒介对阅读的冲击,以及新媒介在阅读活动中所呈现出的新形态,阅读研究者有必要把目光转向新媒介,关注新媒介与阅读的关系,剖析新媒介对阅读产生的影响。

---

① 王佑镁.数字化阅读的概念纷争与统整:一个分类学框架及其研究线索[J].远程教育杂志,2014(1).

一、新媒介对阅读的直接影响

直接影响主要表现在三个层面,即传播学、人学和文化学的影响。

从传播学角度看,新媒介前所未有地提高了信息知识传播的广度、深度、迅捷度。国际互联网、信息高速公路、"地球村"等术语形象地揭示了信息传播的速度、广度、力度、普及度。甚至越来越多的媒体记者也从微博、Twitter等新媒介上获取第一手新闻线索,进行即时通讯。新媒介已将信息传播的时效差缩到最小值。新媒介的易得与普及,令大众获取信息知识的经济成本和时间成本大大降低,信息知识获得了极大范围的普及,受众遍及全世界,这间接促进了大众文化平等权的实现。

从人学角度来说,新媒介促进了人类追寻自由理想的实现。"媒介是人体的延伸"。人类一直在通过改造媒介来克服传播活动的时空局限性,来满足人类对自由的追寻,实现人类自古便有的"集体无意识"心理:与时间抗衡,使生命永存。从人学视野来考察媒介的演进历程,我们发现,人类对自由的追寻包括两个向度:"一是对时空约束的摆脱,一是对交互性的追寻。媒介技术的发展使人类一步步摆脱时间和空间的限制,消解了现实传播的确定性和时空限制,从而使人摆脱了偶然性的束缚,无止境地拓宽了传播的时空疆域;使传播成为不受时空制约,可以自主选择的自由传播,成为向无比广阔的领域、无限多样的形式开放的传播。而现代媒体发展主要是围绕着第二个向度展开的。特别是数字传播技术的发展,一方面产生了现代新型的交互式媒体——网络,另一方面又对传统媒体进行着交互性改造。"[1]

数字时代是一个传和受高度互动、充分自由和个性化的传播时代。以网络为代表的新媒介所具有的交互性、无边界性、包容性、集成性,一方面帮助人类摆脱了时空的束缚与限制,扩大并升华了自由的意义,一方面扩大了人类被表现的精神领域。电子媒体、视像文化改变了文字分析的、抽象的、线性的缺陷,把最为接近人性的视听活动还给了人自身。通过新媒介,人类自身的局限性再一次取得突破,人性自由的伸张得到了新媒介强大的支持。

---

① 李欣人.人学视野下的媒介演进历程[J].山东师范大学学报,2005(4).

从文化学角度看,"媒介即信息"。根据加拿大传播学家麦克卢汉"媒介即信息"的著名理论,我们发现,人们对以互联网为基础、以数字化技术为核心、以多媒体为手段的新媒体阅读颇有微词的一个主要缘故,在于,新媒介不但是阅读对象的承载者,是工具,它还兼具了信息的功能,成为阅读对象。也就是说,新媒介既是文本内容的承载者,又部分介入文本,构成文本。新媒介既是工具,也是信息,实现了从工具功能向兼具信息功能的转向。这种转向,使得部分阅读效果发生改变,甚至可能会产生某些消极的文化层面的影响。这种改变和影响,导致部分学者对新媒体阅读的全面质疑和否定。

二、新媒介对阅读的间接影响

新媒介对阅读的间接影响主要表现为"怎么读"和"为什么读"的问题化。

(一)怎么读?

现代心理学认为,人类的接受心理先天地存在着保守性与变异性两种相反相成的情形。在面对新生事物时,总是存在着一个排异同化的心理过程。新媒介既是工具也是信息,阅读文本的新的呈现形式,令缺乏准备的大众茫然失措,怎么读成为一个问题。而当前阅读活动中备受争议的阅读浅表化、娱乐化,尤其是青少年中存在的"浅阅读"现象,更是把怎么读推上了论争前端。

如何应对阅读领域的新变化?传统的阅读经验如何与新的阅读模式有效接轨?一般存在三种情形:凡是新事物都举双手欢迎。面对新媒介传递的海量信息,不辨别,不区分,不讲方法,结果被新媒介裹挟着陷入"网络注意综合征"[①],无法集中注意力在一件事情上,对所有东西都失去了兴趣。此种"短平快"的读法直接导致浅阅读发生,间接导致人的主体性丧失。有的读者则经历了排斥拒绝而后"顺应"的过程,将新媒介与传统阅读手段有效衔接,获得"积"的阅读效果。第三种读者则采取完全拒斥的态度,即或经过"顺应"作用最终接受了新媒介阅读,但在言论和立场上却丝毫不妥协。

在新媒介改变阅读格局与面貌的同时,人们大呼:视觉文化已然挤占了阅读的时间与空间。新媒介兼具的信息功能,使阅读不再是单纯的对抽象文字

---

① 网络注意综合征[N].扬子晚报,2011-06-19:网罗天下(B).

的阅读,影像也成为人们阅读的对象。人们担心影像阅读会导致人们思维浅表化,思想匮乏,缺乏想象和创造力。"从文字与影像的本质来看,阅读和观看之间包含着本质与现象、思想与直觉、间接交流与直接交流等矛盾。"[①]观看历来是一种浅层次的视知觉心理实践活动,读/观赏/鉴赏影像却完全不同。"一切知觉中都包含着思维"[②],优质影像信息的处理需要理性的介入和较高的文化素养、艺术情操、审美心理的积淀和准备。阅读内容及其呈现方式固然会对阅读者产生影响,但客观地说,无论是文字还是影像阅读,都有利有弊。如何趋利避害,关键在于"怎么读"。

"百度一下"、"宅"生活,某种程度上新媒介令人越来越懒,身体的、精神上、思维上,都懒得付出。"媒介依赖"的生存状态导致人体功能退化,其实质是破坏了生活世界的本质特征,损害了生活世界中人的主体性。而阅读主体性的丧失,最终只能产生被对象奴役的空洞的符号。由此层面,我们不得不警惕人可能受控于新媒介被物异化的前景。这迫使我们不得不反思:我们为什么读?

(二)为什么读?

为什么读实质上是一个价值命题,追问的是阅读的功效和价值实现。业界对数字阅读和纸质阅读的争论,对浅阅读的否定,实际上是对阅读效果的焦虑,直指阅读的功效和价值实现。众所周知,阅读是人类文明传承的桥梁,通过阅读,信息知识实现了从客体到主体、从古到今的传承,它不但有利于个体的自我成长,对民族未来的影响也举足轻重。一个不阅读的民族的未来是可怕的,一个阅读力破碎的民族,其发展前景是令人忧虑的。对个体来说,阅读主要有三个层面的功用:一是获得知识,实现智力的提升。二是修身养性,获得人格圆满。三是在前二者的基础上实现审美,达到自我的疗救与救赎,修复心理创伤。三者皆指向一点,即人类对自由理想的追寻。

新媒介出现之后,大众阅读似乎陷入了"大众文化"的狂欢之中。新媒介丰富了阅读内容,也培育着新的阅读者。前所未有地便捷地平等地适时地拥

---

① 彭吉象.影视美学[M].北京:北京大学出版社,2002:184.

② [美]鲁道夫·阿恩海姆.艺术与视知觉[M].北京:中国社会科学出版社,1984:引言5.

有海量信息,此种自由和平等,令大众几近忘乎所以。与此同时,浸染于后现代社会思潮深受消费主义、去中心、去深度、多元化、消极价值观等影响的芸芸众生,满载着急功近利和生活的重压,将社会的车轮驱向浅度的边缘。沉溺于新媒介带来的阅读快感,对于"为什么读?""读什么?"的深度话题,大众懒于深思。这样恶劣的社会风气和文化氛围,使身处其中的青年学子深受其害。诸此种种,既引发了学界关于新旧媒介阅读的论争,也触发了人们对媒介影响的焦虑。

三、新媒介与阅读的和谐关系构建

如何消解新媒介对阅读的消极影响,构建新媒介与阅读效果之间的和谐关系?基于新媒介影响的启示,笔者认为需从读者层面、社会教育层面和媒介层面予以干预。

(一)读者层面,加强受众"素质化"建设

我们谈论新媒介对阅读的影响,关注的是阅读效果。阅读能否实现,在于效果的生成,在于读者是否能动地参与到文本之中并与文本成功交流。这固然说明读者在阅读活动中占有的核心地位,也揭示了读者自身文化建设的重要性。一个积极有效的新媒体阅读,必然要求阅读主体具有相应的文化素养、艺术情操、基本的阅读技能和媒介信息素养。要实现这样的目标,使读者在阅读中走得更远,更富创造力,就必须对大众的基本阅读技能予以培训;对阅读主体文化素养有所要求,提高他们阅读和理解的能力;对读者的艺术情操进行熏陶,使他们拥有更敏悟的心灵。为了更好地"与狼共舞",就必须提高大众的信息技术素养和人文素质,使大众能正确使用媒介,以提高有效获取、评价和传播各种形式的信息的能力。从大众阅读角度而言,公众尤其是青少年媒介素养的教育尤为重要。

(二)社会教育层面,实现"三化"

即宣传活动大张旗鼓化。根据历年"世界读书日"公众访谈结果来看,很多人根本不知道本地开展了何种阅读活动。这反映出阅读推广活动中普遍存在的一个严重问题:宣传不到位。这个问题亟待解决。我们主张:无论是何种

层次、何种形式的阅读活动,宣传必须大张旗鼓。可充分借助媒体的推广效应,利用青少年的模仿心理,聘请名人/明星做阅读形象大使,拍阅读公益广告,或是对明星进行阅读访谈,借用名人的影响力和号召力,推广阅读,把阅读理念植入大众尤其是青少年心中,形成读书是一种潮、时尚、有意义的生活方式的认识。各级政府各部门不仅要常规化开展大众喜闻乐见、形式多样的阅读活动,参与各方更应广泛利用各种媒介和渠道,大张旗鼓进行宣传,使大众知道,吸引大众参与,真正把阅读推广落到实处,见到成效。

阅读技能培训常规化。阅读技能是一种能力,需要培养与训练。地方各级文化部门要把大众阅读技能培训列入年度工作目标,并使之常规化。可以定期请一些专家、学者、读书达人,传授、讲解如何选书、如何读书、阅读的技巧和方法以及阅读鉴赏、技能实战演练等,使大众逐步提高阅读技能。与此同时,亦应加强属地博物馆、文化馆、美术馆等的建设和免费开放工作,有导向性地开展各项面对大众的展出活动,使大众在潜移默化中提升文化品位。

阅读推广制度化,实践形式多样化。中国阅读学研究会、中国图书馆学会阅读推广委员会的成立及其开展的丰富多彩的阅读活动,将阅读推广制度化、实践活动形式多样化落到了实处。各地读书协会以及各城市开展的形式多样的阅读推广活动,给全民阅读的推广活动注入了生机和活力。在倡导引导全民阅读、探索阅读形式、推进阅读深入、打造书香社会方面,他们都做出了巨大的努力,阅读理念逐渐深入人心。目前,这一打造书香社会的努力,还有待于其他社会团体、地方高校与社会的多极联动参与。

(三)媒介层面,实现媒介整合效益最大化

一是要整合媒介资源优势,实现阅读效果最大化。多元化的文化需求,多样化的阅读,使得功能单一的媒介已经不能有效满足大众的阅读需求。这需要我们深入研究当下媒介特点,整合媒介资源优势,进行重组。新媒介具有开放性、包容性、无边界性、交互性,如何利用新媒介这种发展优势,与传统媒介优势互补,丰富阅读文本的表现和呈现形式? 如何对整合后的阅读实践方式进行有意义的探索? 是当前阅读研究中必须深入思考并解决的重要课题。

一是媒介整合"人性化",生成"积"的效果。媒介是人类的对象物,必须体

现人的目的和自由。因此,阅读媒介的整合,必须以人为中心,向着人性化的方向发展。这种整合不是简单的一加一的叠加,而是探索如何在融合中产生"积"的效果。如在研究新媒介丰富文本表现力的时候,注意有机融合文字和影像呈现间的和谐。通过文字的描述,运用想象力,我们可以对宇宙空间、南北极的物种生态、微生物世界的奥秘进行合理的想象,但这种想象是空洞乏味的。镜头呈现出的影像,使我们真切直观地触摸到那些足迹难以到达的宏观和微观世界,心灵受到震撼。文字与影像、感性与理性的有机融合,生成了积的综合效应,实现阅读最大化。

第二章　阅读的论与争

第一节　"纸数之争""阅读危机论争""阅读立法论争"

一、"纸数之争"

传播介质的数字化,在阅读领域掀起了一场声势浩大的阅读革命:网络阅读、电子阅读、移动阅读等种种新媒体阅读,独树一帜,巍然壮大,逐渐霸居阅读领域;大众的阅读心理、阅读效果也发生了异于往昔的巨大变化;纸质阅读模式式微,阅读浅表化现象涌现。这引起了文化界众多有识之士的警惕,也引发了阅读界方兴未艾的关于纸质阅读还是数字阅读的论争。

"纸数之争"是指以纸媒阅读为代表的传统阅读和以新媒介为表征的数字阅读之间的论争。论争分为三派,分别是传统派、中间派和新媒介派。论争的主要议题是数字阅读是不是一个好的阅读形式。面对不同的阅读形式,"传统派"坚守纸本阅读,"新媒介派"追逐数字阅读,中间派则"左拥右抱",既喜欢纸媒阅读也不反对数字阅读。论争主要发生在"传统派"和"新媒介派"之间。论争发生的原因,在于"传统派"将数字阅读与浅阅读画了等号。在"传统派"看来,网络超文本令轻、浅、碎、一扫而过的浅阅读流行,而这种阅读方式大多为无效阅读,既不利于个人素养的提升也不利于国民阅读力的构建。"新媒介派"则认为浅阅读古已有之,不能将数字阅读与浅阅读等同。而且,相对于文化资源极度匮乏的贫穷地区而言,以智能手机为代表的数字阅读形式给大众提供了丰富的信息资源,丰富了人们的精神文化生活,帮助有阅读需求的人实现阅读愿望。

就论争的发生来看,两派立足于不同的理性框架。"传统派"立足于文化和理性,注重文化传承,坚守纸质阅读的阵地;"新媒介派"则立足于感性和技术,注重个人阅读体验,坚持新媒体阅读趋势的不可逆转性。原因在于,"传统派"不正视新媒介所导致的阅读方式变迁本身所蕴含的历史必然性,"新媒介派"也故意忽略文化本身的复杂性,对新媒介可能导致的某种文化的失落缺乏人文关怀。①这种以凸显媒介为论争对象,以针对新媒体阅读可能造成的文化失落并断言阅读危机已经出现的论争,形象地反映出人们对于目前新媒体阅读现状的焦虑心理。这种焦虑,其实质是源自以网络为代表的新媒介对阅读影响的恐惧。

二、阅读危机的论争

2013年《光明日报》的一篇有关"中国人不读书"的文章和广西师范大学出版社一项"死活读不下去排行榜"的阅读调查结果,使阅读危机的论争"烽火重燃"。印度人孟莎美通过日常观察发现,无论是在飞机上还是在火车候车室里,"不在休息却在玩iPad的差不多都是中国人,而且他们都是在玩电脑游戏或看视频材料,没有看到有人在阅读"。作为"一个有全世界最悠久阅读传统的国家",现在的中国人"却似乎有些不耐烦坐下来安静地读一本书",这令孟莎美感到不解、诧异和忧虑。②同年,广西师范大学出版社在网上搞了个"死活读不下去排行榜"调研活动,近3000名读者参与了调研。按照得票高低,"死活读不下去排行榜"前十名分别是:《红楼梦》《百年孤独》《三国演义》《追忆似水年华》《瓦尔登湖》《水浒传》《不能承受的生命之轻》《西游记》《钢铁是怎样炼成的》《尤利西斯》。中国四大名著悉数在列,《红楼梦》得票最高。这一榜单已然令人震惊,而上榜理由更让人目瞪口呆:《红楼梦》书中大量的诗词,妨碍了理解故事;《追忆似水年华》和《尤利西斯》篇幅太长,有读者建议将其作为"十

---

① 李超平.我看纸质阅读与数字阅读之争[EB/OL].[2011-09-15].http://www.mingzhigu-wen.net.

② [印度]孟莎美.令人忧虑,不阅读的中国人[N].光明日报,2013-07-26.

年以上有期徒刑必备书"。①

国民阅读危机论争早已不是新鲜事。每年的"世界读书日"和一年一度的国民阅读调查数据公布之日,都会激起阅读危机论的涟漪。查阅文献,像《我们正在经历阅读危机吗》《"阅读危机"不是危言,时尚阅读像网瘾》《"死活读不下去排行榜"折射阅读危机》《阅读危机是谁的危机》《阅读危机是心灵缺氧》这类阅读危机论的文章不在少数。纵观阅读危机论争,其论争主题主要是当下中国是否存在阅读危机? 存在正反两种观点。

一是认为存在阅读危机。《中山日报》记者苏格日勒在2007年前往日本出差后写下了这样的感受:"笔者今年9月公差到日本,视觉冲击最强烈的是日本人的爱读书。无论是新干线、地铁还是车站,还是酒店会客堂,任何公共场合,任何交通工具上,笔者都能看到持书阅读的人群,比例甚高。"②去过德国的人写文章谈见闻,对德国人无论男女老幼,何种职业,在车船飞机上,在公园闹市里,在一切可利用的闲暇时间聚精会神地捧读的情景都钦佩不已。③而国内呢? 反观之下,作文者往往会像孟莎美一样发出"中国人为什么不读书?"的喟叹! 阅读推广工作虽然已经开展了许多年,但近两年的全国国民阅读调查数据显示的结果令人高兴不起来。数字化阅读方式(网络在线阅读、手机阅读、电子阅读器、iPad阅读等)保持持续增长的势头,2016年达到68.2%,2017年高达73%,增势显著。国民人均阅读量是否也有较大的增幅? 调查数据显示,2016年人均阅读量为7.86本,2017年人均阅读量为7.78本,其中人均纸质图书阅读量较上年增长了0.01本。④纸本阅读率的增长和增势不能令人满意。

数字阅读率高歌猛进的势头,以及人均纸本阅读数量远远低于阅读氛围浓厚的以色列、北欧等国的现实,让各类机构甚至是对精神文化生活有较高需求的普通民众都深感阅读危机的存在,并有着某种亟需改变阅读现状的紧迫

---

① "死活读不下去排行榜"[EB/OL].[2018-03-21].https://baikc.baidu.com/item/死活读不下去排行榜/12629492? fr=aladdin.

② 吴靖.转型时期的国民阅读危机[J].书屋,2014(11).

③ 周树山.叔本华论读书[J].书屋,2013(7).

④ 第十五次全国国民阅读调查成果发布[EB/OL].[2018-04-24].http://www.qstheory.cn/books/2018-04/25/c_1122732775.html.

感和需求。与普通的阅读危机论认知不同,部分专家学者认为,阅读危机不是读书读得少了,而是多了(余秋雨);不是不读书,而"是读'闲书'、陶冶性情的书太少"(张颐武)。

一是认为不存在阅读危机。持论者认为数字阅读也是阅读,数字阅读也可以深阅读,也可以阅读经典,获得知识和智慧。居高不下的数字阅读率就是一个很好的明证,表明国民社会阅读甚是繁荣。基于此种认知,甚至有人提出了阅读危机是一种假象,是调研数据所制造出来的一种数据危机。[①]也有人提出了阅读危机是谁的危机的观点,认为提出阅读危机论的论者多是为其行业生存、发展而鼓唇呐喊,与自身利益切身相关,并非真正意义上的阅读危机。

梳理阅读危机的论争,不难发现,阅读危机论争的关键点在于各方阅读观的不同,对阅读有着不同的理解,或者说,阅读危机论争是"纸数之争"的延伸。二者关注的焦点主要是以网络为表征的数字阅读是不是一种好的阅读形式,表现出的是一种媒介影响的焦虑。

三、阅读立法之争

阅读立法之争主要发生在以朱永新为代表的"立法派"和以余秋雨为代表的反对派之间。事情起因于2007年3月两会期间,朱永新委员向大会提交设立国家阅读节的提案,并邀请赵丽宏、王安忆、张抗抗、梁晓声等多位知名作家联合署名。同年3月22日,文化学者余秋雨在其博客上发表《对四个重大问题的紧急回答》,旗帜鲜明地提出反对设立国家阅读节。余文发表后,朱永新针对其中的观点,连续撰写了《余秋雨先生,请不要误导中国人》《阅读是浪费生命吗?》《饱读不知饿读饥》等文章回应。朱、余二位学者之间关于是否应当设立"国家阅读节"的争论,很快演变为一个是否"阅读立法"的热点话题,[②]引起相关各方的论争。

支持方认为设立国家阅读节具有建设性意义,通过设立国家阅读节,可以唤醒全社会对读书的重视,在仪式中培育全民阅读文化,实现公民文化权利,

---

① 刘军华.国民阅读统计转型及大数据融合的方法逻辑——基于阅读焦虑下数据错觉思考[J].图书馆,2016(9).

② 傅敏.设立国家阅读节刍议[J].图书馆,2014(3).

推动阅读社会的形成,促进社会和谐。①反对方则接连抛出《我为什么反对国家阅读日》(童大焕)、《设立阅读节犹如乱树典型》(陈蓉霞)等文章,针对设立国家阅读日可能出现的弊端提出各自的看法。反对意见归纳起来,主要有三点:一是质疑阅读立法的必要性。听到"阅读立法"四个字,许多民众的第一反应是:读书也要立法? 不读书难道也要罚钱、拘留? 二是质疑阅读立法的合法性。绝大多数人认为阅读是私人之事,政府不能干涉民众读或者不读、读几本、读什么书的权利。三是认为阅读立法缺乏可操作性。首先是阅读行为怎么认定,看微博浏览网页算不算? 其次是怎么统计、如何执法?②

论争的根源在于反对者对于阅读立法意图和作用的误解,将阅读立法理解为"限制读者阅读行为的规范",而实际上阅读立法所订立的是"促进读者阅读的保障制度",是促进型法律。促进型法律更多地强调政府的服务职能,对政府有超越其基本义务的要求,在设范方式上采用的多是鼓励性、授权性而较少义务性的规范。③

论争引起各方重视,促进了阅读立法的推进。2013年,全民阅读立法列入国家立法工作计划,2017年6月5日,国务院法制办审议通过《全民阅读促进条例(草案)》。地方先于中央,阅读立法在地方率先实现突破。《江苏省人民代表大会常务委员会关于促进全民阅读的决定》于2015年1月1日起正式实施,这是我国首部促进全民阅读活动的省级地方性法规。接着,《湖北省全民阅读促进办法》于2015年3月1日起施行,《深圳经济特区全民阅读促进条例》于2016年4月1日起正式生效。此后,福建、吉林等省市也陆续出台了地方阅读法规。

国家层面的《全民阅读促进条例》从以下四个方面对全民阅读进行了制度规定:第一,明确规定了从中央到地方各级政府领导全民阅读的责任,政府财税要保障全民阅读工作的责任,政府有宣传、倡导全民阅读活动的责任,还有未成年人监护人的导读责任。第二,就图书的出版发行、阅读设施,阅读活动

---

① 朱永新.中国人需要自己的"国家阅读节"// 我的阅读观[M].北京:人民大学出版社,2011:94.

② 付伟棠.我国阅读立法的得失与展望[J].图书馆,2015(6).

③ 李艳芳."促进型立法"研究[J].法学评论,2005(3).

及阅读推广,以及基础教育系统的"素质教育"和社会民间力量,提出了要求。其中要求教育系统应该加强阅读推广工作,培养学生的阅读兴趣,提高阅读能力,培养阅读习惯。有条件的学校还可以探索开设阅读课程,加强对教师阅读教学能力的培训。大专院校应该开设专门的阅读课程,提高大学生阅读能力和鉴赏水平。第三,对重点保障未成年人、农村留守儿童及进城务工人员、视力残障人士的阅读需求,做出明确需求。第四,作为法律,自然也对政府问责、社会监督和评价做出了必要的规定。①国家层面的阅读立法从制度、财政、设施和活动评价等方面为全民阅读提出了要求、规定并提供了保障,其所体现出的公平性、正义性和发展性令全民阅读的前景更加值得期待。

总而言之,无论是影响的焦虑还是各种形式的论争,其发生的根源在于目前我们尚无法把握新媒体阅读发展的最终形态和态势,无法预判新阅读范式会给人类精神文明带来怎样的革命性改变。既然无法明确,不如暂且搁置争议,先从理论层面来了解和认知网络阅读,把握新媒介影响阅读的运行机制和原理,或许能从中得到有关阅读发展与构建的有益启示。

第二节　理论之眼的观照与审视

一、接受美学理论视野下的网络阅读及其建设

众所周知,网络阅读时代,网络文本与阅读者都发生了迥异于纸媒阅读时代的结构性变化。网络在给大众带来阅读自由的同时,也产生了诸多问题,信息焦虑、网络阅读娱乐化、浅表化倾向、网瘾等网络阅读的病候表征,把网络阅读推上舆论的风口浪尖,网络文本和读者主体性构建也成为阅读文化关注的焦点。什么是网络阅读?目前被学界认可并引用最多的网络阅读定义是:网络阅读是一种专指网络文化语境中的阅读活动,它借助计算机、网络技术来获取包括文本在内的多媒体合成信息和知识,完成意义建构的一种超文本阅读

---

① 张文彦.回顾全民阅读法制化进程,展望全民阅读立法促进前景[J].图书馆杂志,2018(3).

行为。①如何科学而形象地认知网络阅读,接受美学的读者与文本理论为我们提供了一个崭新的视角。

(一)"期待视野"与"召唤结构"

传统的阅读认知多机械地将读者的阅读行为当作一种信息的被动接受过程,"只顾到高级水平的认识,换言之,只顾到认识的某些最后结果"②,而不关注阅读信息接受的发生过程。这种阅读观没有认识到阅读活动的本质其实是一种认知活动,是阅读者对阅读对象——文本或信息——的理解、阐释和再创造的过程,是阅读者不断接受信息、获取知识、提高自身认识水平的一种心理过程,是读者主体与文本客体间的信息交流和认识持续建构的过程。传统认识论没有看到认识本身所特有的建构过程,接受美学另辟蹊径,扭转了这种认知和研究范式。

接受美学肇始于20世纪60年代德国的康斯坦茨大学,其代表人物是素有接受美学"双璧"之称的汉斯·罗伯特·姚斯和沃尔夫冈·伊瑟尔。接受美学创立之前,作家、文本占据着文学研究的核心地位,是文学研究的主要对象,读者,这个文学和阅读构成的重要维度被严重忽略。姚斯扭转了这种研究范式,第一次从本体论的高度,提出了读者与阅读接受问题,建立了以读者为中心的研究范式,强调读者在阅读接受与作品传播中的核心地位、决定作用。它有两大研究方向。③以姚斯为代表的"接受研究",着重于读者研究,强调读者在阅读活动中的决定因素,关注读者的期待视野和审美经验。以伊瑟尔为代表的"效应研究",着重于文本研究,关注文本的空白点和召唤结构,强调读者与文本的"交流"和"对话"。接受美学不仅特别强调读者发挥主体能动性,对文本进行创造性解读和审美接受,还尤为关注阅读接受过程中读者阅读心理的变化,关注阅读信息接受过程中主客体间信息的交流和对话。

用接受美学理论来观照网络阅读,我们发现,当前网络阅读中普遍存在的一些标签式误读,诸如网络等同了信息媒介,发生的上网行为都是网络阅读,

---

① 王素芳.网络阅读的发展现状和前景探析[J].图书与情报,2004(3).

② [美]弗·杰姆逊.后现代主义与文化理论[M].唐小兵译.西安:陕西师范大学出版社,1997:17.

③ 金元浦.接受反应文论[M].济南:山东教育出版社,1998:47.

网络阅读是无思想无深度阅读,网络阅读就是浅阅读等,极易造成网络阅读者先入为主的错误认知,形成不科学的网络阅读"期待视野",这种"期待视野"会诱发网络阅读者以浅表化的阅读方式进行网络阅读。另外,网络阅读文本和网络阅读者的结构性变化,也间接导致了网络阅读实践过程中存在着阅读者主体性不足的情况。如何认识、把握和理解这种现象并对此类现象进行解释? 接受美学理论对读者主体地位和读者主体性的强调,对读者"期待视野"和文本"召唤结构"对阅读接受效果和读者主体性的影响的重视,为建设性利用接受美学相关理论审视和建设网络阅读提供了契机。

"期待视野"是姚斯接受美学理论的核心观点,"是指文学接受活动中,读者原先各种经验、趣味、素养、理想等综合形成的对文学作品的一种欣赏要求和欣赏水平,在具体阅读中,表现为一种潜在的审美期待"[①]。姚斯指出:"任何一个读者,在其阅读任何一部具体的作品之前,都已处在具备一种先在理解结构和先在知识框架的状态,这种先在理解就是文学的'期待视野'。期待视野是读者理解和阐释作品的立场、观点、方法的前提。没有它,任何作品的阅读都将不可能进行。从作品来看,它总是要激发读者开放某种特定的接受趋向,唤醒读者以往阅读的记忆,也即唤起一种期待。"[②]读者审美经验中的期待视野对于阅读具有重要的意义和作用。从广义上讲,从选择文本到理解文本再到认同文本、评价文本,每一步都离不开"期待视野"潜移默化的作用。换言之,读者在面对新文本时不是"白板"一块,而是带着由阅读前所拥有的个性心理视野、审美能力视野以及人文视野[③]所构成的期待视野进入阅读过程,并在文本提供的审美经验和读者期待视野的碰撞、融合之中满足、修正或提升这些视野,从而拓展自己的审美视野,提高个人的审美水平,建立起新的审美标准。也就是说,期待视野的融合、调整以及新期待视野的建立是人类认识得以发展的基础、自我意识获得提高的手段。

"召唤结构"是接受美学双璧之一的伊瑟尔文本理论的核心观点。接受美

---

① 张玉能.西方文论思潮[M].武汉:武汉出版社,1999:412.

② [美]Jauss H R.Toward an Aesthetic of Reception[M].Minneapolis:University of Minesota Press,1989:43-46.

③ 邹建林."期待视野"与接受美[J].中国音乐学,2007(3).

学理论认为,任何文学作品都具有未定性。这种未定性是由文本中存在的意义"空白点"和"未定点"共同形成的。"空白点""未定点"的存在,使各语义单位之间存在着意义阐释的空间,它们构成文本的召唤结构,对读者发出邀请,激发并唤起读者的期待视野以及读者作为接受主体进行再创造的欲望。在"召唤结构"的引导下,读者驰骋想象,对文本的意义空白点进行填充,使之"具体化"。因此,在读者-文本-作者的关系当中,文本的意义是在读者的主动参与解读中生成的。同一部作品,由于读者阐释能力和审美趣味的主体性差异,作为"第一文本"它们是相同的,但作为经过读者填充后所形成的"第二文本",则会因人而异,形成"一千个读者有一千个哈姆雷特"的"第二文本"现象。可见,文本的意义在读者的理解接受过程中不断地生成,作品的价值也随着读者的参与而不断得到修正、丰富和补充。故而,文本的意义是生长的、未完成的,其可能性是无限的。

在"期待视野"和"召唤结构"的基础上,伊瑟尔认为:"文学意义的实现既非完全在于本文,亦非完全在于读者的主观性,而在于双向交互作用的动态建构。"[①]换言之,阅读接受过程是一个读者主体与文本客体或作者客体之间信息相互交流和持续建构的动态过程。读者、文本、作者间的关系不再是线性交流模式,而是双向循环式的交互关系。文本意义空白点的存在,提供了构成作品的潜在要素,要成为作品,尚需读者能动地参与创造。在文本召唤结构和读者期待视野的相互作用下,读者对文本中的空白点进行创造性地补充、完形,作品的形象和意义在读者与文本的对话交流中生成,存在于读者的审美心理之中。在这种持续、交互、动态的信息构建过程中,读者不是被动的信息接受者,不是简单地对信息刺激做出对应反应的生物体,而是具有选择、创造意识的主体,读者的主观能动性得到了最大的发挥。

(二)网络阅读文本的结构性变化

接受美学的读者和文本理论虽然是基于纸本阅读提出的,但"空白点""召唤结构"和对读者主体性和主体地位的强调,却暗合了具有后现代性特点的网络超文本和阅读接受的要求。相较于纸媒时代,网络阅读首要的变化是文本

---

① 转引自金元浦.接受反应文论[M].济南:山东教育出版社,1998:59.

发生了结构性的变化,主要表现在以下两点:

文本形式的变化。首先是信息组织与结构的变化,即网络超文本的出现。传统纸质文本以线性方式组织,以页码为顺序标志按照因果逻辑排列组装,是一个以目录、章节、页码、"书个子"等元素构成的独立自足的静态结构,文本间彼此无外在联系。网络超文本的出现,则大大突破了线性阅读的传统。"超文本是一种以非线性为特征的数据系统。所谓'非线性'指的则是非顺序地访问信息的方法。构成超文本的基本单位是节点。节点可以包含文本、图表、音频、视频、动画和图像等。它们通过广泛的链接建立相互联系。"[①]非线性是超文本的本质特征,也是网络阅读的本质特征。其次,阅读对象的变化。纸媒阅读对象主要是抽象的文字,网络阅读的对象更加多元化,不仅有文字,还有图片、音频、视频、影像等。再者,文本的呈现与传播方式的改变。就文本自身来说,传统纸质文本以二维、平面的形态呈现,网络超文本则通过超链接将各类格式的信息节点以及图像、声音、动画、视频等多媒体文件立体化地呈现给读者。在传播过程中,纸质文本采取"推"的线性传播方式,文本、作者和读者之间是单向传播。超文本则采取了"拉"或者"推拉"结合的交互式、多线性传播方式,文本与读者、读者与读者、读者与作者是双向的循环式的交流关系。

文本内涵的结构性变化。超文本中的节点以文本形式呈现,它完全不同于线性文本,有以下特点[②],见表1。

表1　文本内涵的结构性变化

	纸质文本	超文本
文本主题	单一性	杂合性
文本结构	固态结构,封闭性,中心,整体感	开放结构,动态生成,无中心,碎片化
文本信息	静态,无更新	动态,更新
文本关系	孤立,自足	非线性,互文本
文本意义	意义自足,有空白点	未完成性,空白点多
文本审美	期待视野,文字沉思与品味,审美想象	直观现场感,虚拟真实的沉浸感,在线交互的动态审美

① 黄鸣奋.超文本诗学[M].厦门:厦门大学出版社,2002:13.
② 周涛.论媒介汇聚语境中的网络超文本的媒质特征[J].浙江工艺美术,2009(12).

相较于纸媒相对孤立的线性文本,超文本是一种动态开放的网状结构,"网络节点处在多维面的交叉点上,向多重时空辐射和伸展,提供了无限大的结构空白和读者参与创造的浩瀚空间。它有着众多的交互式开放节点,可以伸向任何其他地方的相关文本。"①超文本的出现不单是一个技术进步的问题,亦蕴含了内在观念的演变。它不仅具有去中心、去权威、多元化的后现代特质,也为凸显读者主体性提供了大量结构性空白。文本如何阅读? 意义怎样链接? 主动权完全掌握在读者的手里。读者的主体性上升到历史的最大值。

(三)阅读者的结构性变化

"在将超文本与阅读联系起来时,我们有必要区分两个相关的概念:一是对于超文本的阅读,二是以超文本的方式来进行阅读。"②对超文本的阅读强调的是阅读对象,以超文本方式进行阅读关注的则是阅读方式。一般来说,纸质文本多采用线性阅读方式,即按照文本内部逻辑与页码标注顺序通读。而超文本因其非线性、无页码、无固定顺序的特性,大多采取跳跃式的非线性阅读方式。但亦可反其道而行之。超文本采取线性阅读方式,线性文本,也可以"一边跳来跳去地读,一边查找手边的辞典、对照其他文本,试图找到文本之间的联系。有人认为,这一意义上的阅读(即以超文本的方式进行阅读)便是'超阅读',它适用于一切文本(包括成套的文本)"③。此种区分,揭示出阅读过程中阅读主体所固有的受动性与能动性,也即读者主体性的强弱。读者主体性的强弱与读者的结构性变化有关。

首先是读者期待视野发生变化。当下,大众对于网络阅读的认知尚不全面。一提到网络阅读,就将之与"浅阅读"捆绑在一起。超阅读则被贴上了"冲浪""巡航"的标签。这些不加区分的捆绑,会对网络阅读人群尤其是青少年产生不良影响,导致网络知识缺乏的青少年产生错误的网络信仰,形成特定的网络阅读认知模式。在此种期待视野的引导下,读者对于网络阅读内容大多会采取以超文本的方式阅读。因为在这些受众的思维定式中,网络阅读已成为

① 刘忠华.试论网络阅读的特点[J].零陵师范高等专科学校学报,2002(2).
② 黄鸣奋.超阅读:数码时代的文本变革[J].厦门大学学报(社科版),2001(1).
③ 黄鸣奋.超阅读:数码时代的文本变革[J].厦门大学学报(社科版),2001(1).

漫游、闲逛的代名词,不需要聚精会神、深入研读,故而,多数情况下,网络阅读心理层次明显低于纸质文本阅读。

其次是阅读信仰的变化。阅读在人们的心中曾经占有神圣的地位,"书中自有颜如玉……""万般皆下品唯有读书高"即是写照。时下新媒体为阅读狂欢提供了技术支撑,但同时我们亦注意到,阅读品质正在下滑。消费主义思潮的盛行,文化产品工业化生产、商业化的运作模式,把阅读从曾经的神坛上拉下,变成人皆可以消费把玩的商品。从曾经的敬畏到如今的消费,阅读主体的消失,致使阅读信仰塌陷。"商品可以被消耗消费,文化、精神甚至人类的终极价值却不应被消费。因此,在各种阅读载体呈现在我们面前的时候,我们格外需要阅读者作为主体的觉醒和信仰的重构。"[①]

(四)接受美学视域下的网络阅读建设

阅读媒介的变化,技术的支持,使得网络阅读不再是青灯枯坐中一个人的思想盛宴。作为技术媒介,网络本身具有开放与互动的特性,它不但提供阅读文本,还提供评论、链接、回复等功能。在网络阅读中,读者-文本-作者之间不再是传统的一对一的交流模式,读者与作者、读者与读者可以在虚拟的赛博空间通过共同的平台进行交流、对话,碰撞出思想的火花。而且,读者与作者之间的身份也可以在交流切磋中互换。无论是blog还是学术论坛的跟帖,抑或是豆瓣网、时光网等阅读、观影网站中的阅读观影欣赏、推荐与切磋,再或是网络文学创作,读者与作者、读者、文本之间多向或双向的交互式的对话交流模式,无疑调动了阅读者的主体性,令网络阅读成为伸张自我的自由阅读。同时,这种动态的信息建构模式也使网络文本处于未完成的生长状态,网络文本意义呈现出"未定性"。这种"未定性"召唤读者对文本进行"完形"创造,使之"具体化"。读者在文本召唤和自身"完形"心理冲动的共同作用下,对文本进行"填充""完形",创造出作品的"复合形象"[②]并构建出作品的意义。这种"未定性"为读者阅读接受提供了巨大的发挥空间,满足了主体对阅读自由和创造

① 刘伟见.重构阅读信仰[N].人民日报,2010-04-30(19).

② [匈]伊芙特·皮洛.世俗神话——电影的野性思维[M].北京:中国电影出版社,1994:54.

自由的享受,使读者主体意识获得空前释放,同时,我们也必须注意到,文本的未完成性对网络文本的经典性和永恒价值提出了挑战,构成了威胁。

基于接受美学理论给予的启示,网络阅读建设可从网络文本和阅读者入手。

第一,构建适宜的超文本结构模型。超文本灵活的结构与链接,要求读者在阅读之时进行大量的信息建构与整合,这对读者的已有知识提出了要求。Amadieu 等人①从超文本的层次结构(组织链接)或网络结构(关系链接)中调查已有知识在学习中的影响。结果表明,已有知识低的学习者受益于层次结构学习,而已有知识高的学习者受益于网络结构。这种对某种结构类型接受的差异性,令我们认识到,面对接受能力不同、价值观不同的读者,应对其期待视野和阅读需求进行研究,选择并建构适宜的文本结构模式,契合其阅读需要。

第二,合理设置文本"空白点"。文本空白点的设置存在两种情况,一是太少,文本视野满足不了读者期待视野,阅读变成一种对过去知识的重复,读者期待视野无法获得提升。二是空白点过多,造成文本视野与读者期待视野差距过大,导致阅读困难。适量的空白则能吸引读者激发其阅读兴趣,因此,信息节点的设置及其链接就显得尤为关键。可从三方面处理:设置合理信息节点数量,加强连续节点之间内容的关联性,将读者认知负荷降到最小。链接数量要适当。合理链接能够实现最大化的知识获取,反之,则易造成链接节点过度或联系不紧密,需要推理,消耗了额外的认知能量,增加认知负荷。因此,链接设置要简明易懂,数量也要适当。标记符号多元化。链接是通过一定的标记符号表明信息节点之间的关系。链接标记提示读者期待何类信息并减少由链接引起的决策负荷。各类链接标记如图标、方向、位置等的综合运用,有利于不同层次的读者选择相应的标记符号提高理解效率。

第三,文本经典化。姚斯认为经典文学不同于通俗文学。经典文学在一

---

②［美］Amadieu F,Tricot A,Mariné C.Prior Knowledge in Learning from A Non-linear Electronic Document:Disorientation and Coherence of the Reading Sequences［J］.Computers in Human Behavior,2009:25.

次次的解读中,能不断地扩大读者视野,而通俗文学的视野则是不变的。如果读者在阅读中未对文本中的"空白点"进行"完形",读者在阅读过程中的主体地位就得不到凸显,读者的主观能动性就得不到充分发挥,因而也就无法充分实现文本的意义并对文本进行审美欣赏。因此,无论是从作品的传播效果还是作品对读者的塑造来说,主流网络文本都应该走经典化的构建路径。

第四,加强网络阅读者的建设。网络超文本非线性、开放、动态与交互的结构特性,决定其具有意义和结构的未完成性,这给读者留下大量的创造空间,不单对读者的主体意识、期待视野提出要求,也对读者的信息素养提出要求。

读者主体意识的衰弱乃至消失是造成网络阅读浅表化的决定因素。唤醒并强化读者主体意识调动读者在阅读中的主体能动性,已成为网络阅读必须解决的关键问题。可从三方面[①]着手:(1)提高网络读者的鉴别能力,与经典同行。当下网络信息乃至图书出版,均存在着良莠不齐、泥沙俱下的乱象,需要读者学会鉴别、选择,建立起自身的阅读品味,从善如流,与经典同行。(2)独立抉择自己的阅读取向。在多元选择的今天,每个人都可以从自身的期待视野出发,对自己的阅读方式进行抉择,这体现了人在阅读时的能动性。作为具有主体意识的阅读者,应当掌握各种阅读载体所对应的阅读方式和阅读风格,选择适合自己的阅读方式。(3)将阅读与自我生命体认结合。阅读是人类用心灵觉照世界的方式,读者只有找到适合自己的阅读方式并确立个人的阅读价值,才能将知识与自我身心两相融合,培养性情、启迪思想,获得生命的安顿。

读者期待视野的构建应着重于文化素养和心理能力建设。文化素养建设的核心是价值观的构建。读还是不读?深读还是浅读?消遣还是求知?均由读者的文化素养和价值观决定。超文本对读者的选择、综合、归纳、提炼能力提出了更高的要求。读者已有知识的高低会严重影响阅读接受过程和结果。因此,读者的文化修养和人文素养的建设就显得尤为重要。海量信息和非线性阅读方式也对读者的心理能力提出新要求。读者需要有足够的自我控制

---

① 张水云.超文本阅读中信息整合研究[J].电化教育研究,2009(4).

力、专注力、坚定的执行能力,方能使阅读主体在阅读中不致自我迷失。阅读的基本知识与技能等可以在短期内通过学习获得,心理能力的持有和建构却非一日之功,需长久练习。

网络阅读模式是信息需求模式、信息搜索模式、信息使用以及信息反馈传播模式的集合体,[①]它不但要求读者具备线性阅读的知识和技能,亦要求读者熟悉掌握各种计算机知识、导航知识、超文本链接知识,同时能熟练地运用网络媒介,制定恰当的信息搜索策略,筛选出自己所需信息,并能对这些信息进行建构和整合,使之融入自己的知识体系之中,为我所用。

二、新媒介运行机制及其启示

通过接受美学理论的视角,我们已对网络阅读中的超文本和阅读者有所认知和了解,对新媒介尚缺乏学理上的认知。以网络为表征的新媒介在阅读中如何发挥作用? 其内在的运行机制是什么? 根据近年来相关媒介视角的阅读研究成果来看,媒介视角的阅读研究的焦点多集中在新媒体阅读与传统阅读的比较、新媒体阅读对受众的影响、国民数字阅读行为嬗变、新媒介对阅读文化的影响、新媒体阅读应对举措等方面,对新媒介影响阅读的机制及其运行原理等缺乏必要的关注,目前亦无此角度的专题研究。

一方面相关研究缺乏,另一方面,当下图书馆界甚是流行这样一种观点:阅读与媒介载体无关。若仅从阅读行为发生的角度而言,该观点没有错误,但是若从阅读范式的演进、阅读生态的重构、文化传播的角度来看,此观点则失于片面。

自古以来,阅读研究者往往有意无意地忽略媒介在阅读范式演进和阅读生态形塑过程中所扮演的角色,观照的目光大多投放在对文本和阅读方法以及阅读者的主体性的研究上,关注文本的结构、类型、性质及其所蕴含的意识形态、审美趣味,关注如何"细读"、如何"症候式"阅读[②],关注从空白处读出未

---

① 时少华,何明升.网络阅读一般模式的构建[J].哈尔滨工业大学学报(社科版),2003(4).

② 马新国.西方文论史[M].北京:高等教育出版社,2008:482,441.

曾言说的东西,而忽略了承载知识和信息、推动阅读发展和演进的媒介以及推动这一切发生发展的媒介运行机制。

作为一种社会文化现象,阅读发生在一定的"场域"①之中,受多种因素影响。从哲学角度而言,阅读主要由主体、客体、本体、环境等四大维度构成。此处的主体主要指阅读者,阅读行动的发出者;客体指阅读对象(文本),阅读行为作用的对象;本体指阅读行为;环境既指阅读的物理环境(其中包括媒介环境),也指阅读的社会文化环境、信息环境、传播环境等,是阅读行为发生的环境。阅读对象在印刷环境中主要是指文本,在数字化环境下还包括新媒介。就本体而言,数字化环境下人们对阅读行为是否存在的关注就像忽略媒介的存在和影响一样。而事实上,正是被忽略的媒介及其运行机制和读者的阅读行为,决定着阅读的形态、面貌及性质。尤其是当下,新媒介及其技术扮演着第一生产力的角色:不仅重构阅读者和阅读环境,还决定着阅读发展的形态和方向,形塑新的阅读文化面貌。因此,单独将阅读构成的某一维度强调至极限而忽略其他维度,既不利于对该事物的全面正确认知也不利于该事物的发展与建构,且极易造成读者与媒介之间关系的紧张感,令读者产生不安全和焦虑心理。要缓解并消除这种不安全感、焦虑心理,就要了解并掌握新媒介的属性及其运行规律,能够合理自如地掌握新媒介、有效地控制新媒体阅读环境。

(一)新媒介运行机制分析

媒介环境学派著名学者尼尔·波兹曼认为,媒介不仅是物理形态的介质,它还是一个复杂的信息系统,通过特定的机制作用于受众,对人的感官、认知和情感产生巨大影响。②在新媒体阅读中,这个特定的机制即是"媒介即环境""媒介即语法""媒介即隐喻"。这一机制通过新媒介的技术力、结构力和偏向力发挥作用,重构阅读场域,形构具有新阅读习性的阅读者,继而形塑新的阅读文化景观(运行图式见图1)。

---

① [法]布迪厄,华康德.实践与反思:反思社会学理论[M].李猛,李康译.北京:中央编译出版社,1998年版.

② [美]林文刚编.媒介环境学:思想沿革与多维视野[M].何道宽译.北京:北京大学出版社,2007:27.

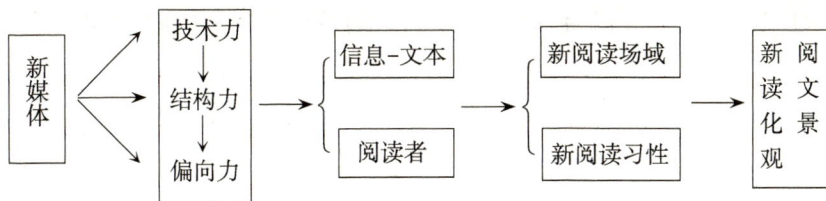

图1　新媒体阅读中媒介运行机制范式图

1."媒介即环境":新媒介技术力为新媒体阅读构建了一个巨大的网络数字空间

新媒介技术力是指支撑新媒体阅读得以实现和普及的几大关键信息技术所具有的能力,即数字技术、计算机网络技术、移动通信技术和压缩技术。通过数字技术,各种信息如文字、图像、声音等可以转化为计算机可识别的二进制数字。通过信息压缩技术的革命性创新,压缩了图像、声音、系统等所需的存储空间,降低了信息保存和传输成本,拓展了"信息仓储空间",还使即时传输成为可能。借助于4G移动通信技术,新媒体突破了印刷媒体实体运输的局限,创造性地实现了虚拟化即时传输。借助于计算机网络技术和移动通信技术,新媒介不但为阅读者提供了一个巨大的网络信息空间,将各种信息一网打尽,还构建了多种信息流动通道,打破了印刷媒介单向的延时的交流模式,创造出一种新型的信息系统流动模式,即双向或多向流动。信息系统流动模式的变化重新定义了阅读场景和阅读,使私密性的印刷阅读变身为具有公开性和社交化的数字化阅读。

借助于技术力,新媒介为新媒体阅读打造了一个数字化的具有融合功能的新型阅读环境。在传统媒介中,不同媒介构成不同类型和不同数量的信息系统。以印刷媒介和电影为例,通常情况下,印刷媒介和电影会对其信息系统进行区分,将不同信息系统的阅读对象分隔在不同的阅读场景中。电脑、智能手机等新媒介打破了这种文化界限,将所有类型的信息系统不加遮蔽地呈现给所有阅读者。这使儿童信息系统与成人信息系统相互融合,抽象信息系统[①]

---

① 抽象信息系统是指以表意文字为表征的信息符号.

与表象信息系统①相互融合,孩子与成人的角色被重塑。因此,作为信息系统的新媒体阅读场景具有超越地域的特性②,它消除了阅读场景的物理空间限制,使社会场景与私人场景融合、前台信息与后台信息③融合,削弱了对信息的控制。

2."媒介即语法":新媒介结构力构建了新媒体阅读的"语法"体系

媒介环境学理论认为,媒介不同,媒介的物质结构和符号特征也就不同,其所承载的信息性质不同,信息的编码、解码和传输形式也不同。以印刷媒体为例,传统纸媒承载的多是以抽象符号(文字)为表征的信息,信息编码的方式较为复杂,不仅有音、形、意的辨识还有语法、单词长短复杂程度以及话语"范式"的区分。复杂编码导致了信息不易获得,使得阅读成为一种耗时费精力的"慢活",需要长时间的练习方能准确解码文字获取信息。新媒介承载的信息不仅有抽象符号表征的文字信息还有表象符号表征的图像、声音等信息,且以表象符号信息为主。这些信息以"0"和"1"的数据形式进行编码、运算、加工、存储、运输、解码,再通过相应的物理装置发射出去(见图2)。

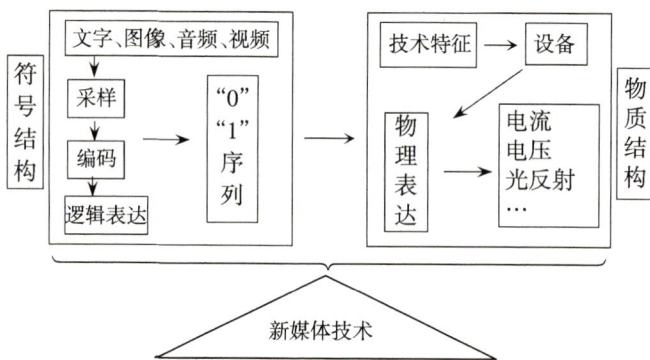

图2 新媒体技术支撑下的新媒体阅读结构及其信息表达

网络超文本的信息组织、结构方式不同于纸媒。"当你利用书籍来承载知

① 表象信息系统是指以表情、姿势、动作、图像、声音等为表征的信息符号.

② [美]约书亚·梅罗维兹.消失的地域:电子媒介对社会行为的影响[M].肖志军译.北京:清华大学出版社,2002:76.

③ 前台、后台是表演用语,前台是指表演区,后台是指非表演区分。根据戈夫曼的场景理论,表演区的行为带有表演性质,后台行为则带有私人性质。不同区域,信息系列流动模式和性质不同.

识时,你必须用以卷、本、章节、段落、句子构成的树形构架来容纳那些知识。"①网络超文本则是通过非线性的超链接功能将各种处于不同空间的信息节点组织在一起。超文本是一个具有无限延伸、扩展可能的立体文本,一个关系庞杂而混乱的信息迷宫,其知识结构体系为网状形态。与此同时,众多存在竞争关系的超文本以标题形式存在于同一面网页之上,构成网页阅读目录。超文本总标题与各信息节点之间是一种包裹式结构关系。这种包裹式结构必须采取"剥洋葱"的方式打开,即点击标题,随机或有目的地点击信息节点中的某个链接。因此,超文本要想"活",须在标题上做文章。只有标题足够诱惑人,其信息才能得"生"。"剥洋葱"式的打开方式对新媒体阅读的信息生产和传播带来巨大影响。

印刷知识具有结构性、稳定性和位置单一性的特点,多元无序的数字信息却有多个位置,这决定了二者获取知识方式的不同。印刷媒介鼓励记忆和保存,因此,只要记忆并保存了某个知识点,即可随时从脑海中将其调取出来。若采取检索方式查询,则需要谨慎地选择元数据作为检索词。因为印刷媒体采用树形知识架构方式,知识点位置单一,查询路径也唯一。数字世界不鼓励记忆和保存而鼓励检索。网状构架的知识体系为某一个信息节点提供了多个通达路径,也为阅读者提供了多个查询路径。

故而,"新媒介不仅具有工具性的意义,还具有技术哲学意义上的'装置范式'功能,是一种'结构性'力量"②。主要表现为:

将各种媒介/技术结构于一体。传统阅读媒介多为单一媒介,几乎不具有搭载功能。随着互联网技术、数据压缩技术的成熟,新媒介搭载平台实现了将多媒体或超媒体融于一体的愿景。将不同类型信息结构在一起,实现多元信息海量储藏。通过超链接功能,超文本可以同时拥有文字、图像、音频、视频等不同类型信息。

通过一线(网线)黏合,实现受众融合。有数据表明,随着三大技术的飞速发展,短短一二十年间,新媒介受众的数量和发展速度远远超越了传统媒介近

---

① [美]戴维·温伯格.数字新秩序革命[M].张岩译.北京:中信出版社,2008:99.
② 杨沉.全民阅读视角下的微阅读推广建构研究[J].图书情报知识,2016(5).

百年的经营结果。以 facabook 为例,截至2016年全球用户已达24亿,后起之秀的微信,至2016年底也已拥有了10.3亿受众。①

搭建虚拟平台,实现场景融合。新媒介构建的新阅读场景兼具平台和仓库的功能和作用,聚集了文化、技术、资本、受众等资源,成为利益生产的场所。此外,它还"提供了数不清的终端入口,个体用户可通过任何一种方式迅速进入新兴媒体场景"。这种"虚拟场景成为信息流、服务流和关系流的新入口"②。

构建不同部落,实现关系融合。新媒介通过其技术、结构和运行方式,聚集了大批用户群,这些用户群根据线下关系属性、审美趣味选择等特点组合成各种各样的"文化部落""文化共同体"。

新媒介通过其结构力在将技术、信息、资源、受众等结构进自身体系构建一个个虚拟场景的同时,还为这种"新结构"提供"语法规则"。这套"语法规则"不仅从功能上规定了新媒体阅读信息的生成、流转和消费,也从符号系统的编码和解码方面规定了超链接的信息组织方式、多媒体或超媒体的呈现方式,互动的交流方式以及几何级增值的传播方式。③

3."媒介即隐喻":通过新媒介偏向力,形塑新的阅读景观

新媒介偏向力是指新媒体因其偏向性而具有的一种影响能力,表现为对信息流向、信息质量和阅读行为的控制,并形构阅读者和阅读环境。

根据尼斯纯的理论,媒介因其物质结构和符号形态的不同,或具有理性的或感性的偏向,或具有内容的、时空的、政治的、认识论的偏向。④同理,新媒体阅读中的新媒介亦具有时空的、内容的、情感的偏向。

就其时空偏向而言,以互联网为表征以比特为符号形态以各种智能装置为载体的新媒介,因其编译、存储和传输的信息具有数字化、虚拟性的特征,令

---

① 《中国移动互联网发展状况及其安全报告(2017)》发布[EB/OL].[2017-09-11].http://news.xinhuanet.com/info/2017-05/17/c_136291536.htm? from=groupmessage&isappinstalled=0.

② 杨保军,等.论新兴媒介演进规律[J].编辑之友,2016(8).

③ 杨沉.消解与建构:基于文化视角的微阅读考察[J].图书馆工作与研究,2016(11).

④ 转引自:林文刚编.媒介环境学:思想沿革与多维视野[M].何道宽译.北京:北京大学出版社,2007:31.

其在信息存储、运输和传播方面具有成本更低、更方便快捷的特点,而网络化的传输方式和多向交互的传播方式,更是令信息传播突破了有限时空的限制。新媒介及其传播无疑具有时空的优越性,尤其具有空间的偏向性。"地球村"就是这种偏向性的最佳注脚。

就其内容偏向而言,不同的媒介因其物质形式和符号形式的不同而具有不同的内容偏向。以手机阅读为例,互联网搭建了一个五彩缤纷、立体多元的信息大世界,文字、图像、音频、视频等信息符号同时呈现。面对海量信息,就一般阅读心理而言,大多数阅读者都更倾向于阅读简单、浅显令人愉快的信息,也更偏爱直观生动的图片、影像信息。加之受手机物理性质和文本制式的影响,手机阅读的内容多偏向于各类浅显、直白、碎片化的资讯和娱乐信息,严肃的需要耗费脑力思考的"高头讲章"多不适宜。

就其情感偏向而言,不同媒体给信息编码的符号形式不同,其所携带的思想和情感偏向亦不同。以纸媒阅读和图像阅读为例,纸媒阅读以文字为主,文字本身所具有的含蓄性抽象性需要阅读大脑将之转化为场景,因而更注重想象力的运用和深层次情感的内在体验性。以图像为主的阅读则省略了大脑这种文字–场景的转化功能,更关注画面给予的感官刺激,情感反应多具有"一过式"的特征,其情感和思想体验也更浅薄,更碎片化、情绪化。换言之,"媒介的技术性决定了媒介形态的演进方向,媒介的符号性则决定着媒介思维的深刻程度。"[①]

(二)对新媒介阅读建构的启示

根据新媒介运行机制及其作用我们可知,新媒介即环境。新阅读环境有新的行为规则,阅读者扮演着不同于纸媒阅读环境中的角色。故而,在新媒体阅读建构中,阅读生态链中拥有不同位置和身份的信息人、阅读者均需遵守新的行为规则、按照新规则行事。这启示我们,在新媒体阅读构建中,第一要务是重构阅读环境。阅读环境包括宏观的阅读环境也包括微观的阅读场景。宏观的阅读环境由权力者界定,微观的阅读场景由阅读者界定。因此,新媒体阅读环境重构,要从宏观阅读环境和阅读者的重新定义着手。

---

① 杨保军,等.论新兴媒介演进规律[J].编辑之友,2016(8).

　　能够重新定义宏观阅读环境的无疑是权力者。对于包含着媒介环境、信息环境、传播环境的阅读环境而言,只有政府有重新定义的权力和能力。政府可以通过一系列相关的具有针对性的政策、法规、法律为新媒体阅读提供新的行为规则,通过新规则来重新定义阅读环境,进而改造、约束、规范、引导、培养信息相关者的信息行为。这种定义主要表现在以下几方面:(1)对信息环境重新定义。定义重点是信息数量和质量,目标是减少并削弱厌恶性信息刺激。(2)对传播环境重新定义。重点定义信息"把关人",从信息源头控制信息质量和数量,目标是优化信息环境。(3)媒介环境定义的重点是媒介功能的控制,目标是优化媒介环境。(4)社会环境本文重点探讨监管环境,重点是规则的控制,目标是优化阅读生态环境。2017年11月通过的《中华人民共和国图书馆法》,就是通过对与阅读相关的各行为主体的责任、行为规则的重新定义来改造和完善阅读环境。近期国家信网办颁布的网络域名实名注册等一系列规范网络信息生产和传播的规定,则为从信息源头控制信息、减少信息污染提供制度建设。九年义务教育阶段新发放的教育部版本的语文教材,其新增的古代文化常识、古代诗词、亲子阅读板块等,亦着眼于阅读环境的重新定义和阅读行为的引导。近些年来,各地信网办也多次出台相关政策和管理条例,对低俗恶俗的标题党、扭曲事实真相夸大报道的新闻传播行为进行治理,并查处取缔色情、趣味低级的网络直播平台。与此同时,文化生产、出版、传播行业及其执业人员亦应肩负起社会责任,遵守职业伦理和职业道德,为满足人民群众更好的精神文化追求打造优雅的阅读环境,提供优质阅读内容,为新时代的精神文明建设砥砺奋进。

　　阅读者为特定阅读场景中的权力者,有权力和能力通过重新定义阅读者的角色来定义阅读场景。阅读者角色的重新定义需要通过以下几个建构来实现:

　　阅读认知建构。阅读认知包括阅读习惯认知、阅读价值观认知、人是媒介的尺度的认知等几个方面。(1)近年来随着公共文化服务体系标准化、均等化建构,多层次立体式公共图书馆服务体系布局日趋完善,已基本实现图书馆(室)到社区到村镇的全覆盖,但是,农村地区尤其是边穷地区的阅读现状并没有多大改善。导致这种现状的原因既在于阅读习惯的缺乏,更在于民众内心深处缺乏改善文化贫困的愿望和动力,并且认为阅读习惯的养成非常困难。如何改善这种"内生性文化贫困"①是阅读推广和新媒体阅读文化体系建构必须要解决的问题。(2)自进入后阅读社会,无边界、无中心、否定权威、取消经典等后现代思潮也已成为数字化阅读的"标签"。消费主义价值观、功利主义如读书无用论等的虚假繁荣,令阅读成为奢侈的装饰,不再是人们生活和精神的必需品。数字化阅读在自我建构的同时也在解构着阅读和传统阅读价值观。但正因如此,在信仰虚无、无聊盛行的后现代社会,阅读更有其"成人""立根基"的大用。因此,重构阅读价值观建立起对阅读的信仰,成为新媒体阅读建构的首要任务。(3)树立人是媒介的尺度的认知。人虽然是环境的产物,但作为万物之灵长,人有能力通过实践来改造、改善环境。阅读者要时刻秉持人是媒介的尺度的认知,在阅读实践中努力构建人文与技术关系的平衡,开展新媒体阅读实践。

知识技能建构。依赖于信息技术的成熟,新媒介提高了阅读媒介和信息的易于获得性与共享性,大众能够更加方便、迅疾地接触到信息,但是,相对于纸媒阅读,新媒体阅读对阅读者提出了知识与技能方面的更高要求。首先,阅读者应对新媒介有足够的认知和了解,认识其运行机制、工作原理、影响路径及其影响,会使用与新媒介相关的技术,能够合理地利用新媒介及其技术进行新媒体阅读,能够准确查找到自己所需的信息、获取信息并对信息进行甄别批判。只有掌握了新媒介的知识和使用技能,培养其健康的新媒介使用观,阅读者在新媒体阅读实践时方能趋利避害,科学合理地利用新媒介,进而有效缓解因为不了解不熟悉新媒介及其影响而产生的阅读焦虑。

其次,提升新媒体阅读的知识与技能。阅读是一种复杂的文化活动现象,不仅涉及读物、媒介等更涉及阅读者一系列复杂的生理和心理活动。阅读者不仅要具有基础的识字能力还需掌握相应的阅读方法、阅读技巧等。比起纸媒阅读,新媒体阅读的知识和技能更为复杂。这要求阅读者必须要有丰富的新媒体阅读知识,能够准确地识别所阅读文本的类型、信息的质量,了解自己

---

① 李晶.贫困地区文化内生性重构研究[J].图书馆论坛,2016(6).

的阅读目标,并能运用恰当的阅读方法进行阅读。需要指出的是,当下图书馆阅读推广活动中普遍存在着对大众阅读技能研究和培训的忽视。笔者以为,图书馆不仅不能忽视大众阅读方法和阅读技能的培育,而且要格外重视新媒体阅读技能尤其是数字化时代深度阅读技能的培训。

阅读行为建构。着重从以下五个方面进行构建:

阅读习惯培训。这不仅要求个体克服阅读惰性和不舒适感,每天拿出一定的时间来培育自己的阅读习惯,还要求公共文化服务体系拿出相应的措施,如开展阅读技能包含阅读习惯的培训讲座,促进良好阅读行为的养育和生成。

加强阅读主体自控能力、专注能力的控制。尽管趋利避害、获取舒适是人类的天性,但是对于海量信息而言,阅读者必须要有较高的专注力和自控能力,才可能避免信息迷航,始终保持阅读目标,控制媒介接触的方式和时间,完成阅读。

建立明确的阅读目标。在新媒体阅读中,阅读目标的丧失、信息迷航的产生不仅在于主体的自控能力和专注力的缺失,也在于阅读主体缺乏明确的阅读目标。没有明确目标的新媒体阅读,最终会陷入信息海洋之中并被淹没,阅读也就成为镜花水月。

网络阅读度的把控。目前尚有不少阅读者既无阅读目标也缺乏自控能力,常常深陷网络阅读不能自拔,产生信息焦虑症。对于这部分阅读者,不仅要加强主体性建构,更要有意识地进行网络戒断训练,把网络阅读控制在适度的范围之内。

培育沉浸式的阅读方式。针对浅阅读、消遣阅读的盛行,每一个阅读者都有必要培养深度阅读、经典阅读的意识和习惯。通过有意识地经典阅读、深度阅读行为的培育,重新定义新媒体阅读环境,改善新媒体阅读。

第三节　对网络阅读的理性思考

作为伴随网络而生的一种新生事物,大众对网络阅读是既爱又恨,情绪复杂。爱它的方便快捷,自由平等;恨它的包容无界,鱼龙混杂,令受众迷失……

网络阅读与纸质阅读的最大外在区别是阅读载体的变化。这种变化给阅读带来的影响和冲击，是空前的。网络阅读的强劲发展势头引起了学界的持续高度关注。网络阅读也因此成为过去十年间学界的热点论题①②，焦点多集中在对网络阅读诸种流弊的探讨上。概言之，网络阅读是有"毒性"的礼物。它挤占了图书阅读的领地，改变了受众的思维模式，使人趋于浅化、低能化，引发阅读危机。这种"媒介主导论"的观点无疑是错误的。当下，有必要对此种错误认识予以澄清，还原网络阅读本来面目。

一、网络阅读误读的具体表现

网络阅读对象界定的泛化。随着阅读媒介的变迁更替，阅读的概念也一直处于动态的变化中。史蒂文·罗杰·费希尔在《阅读的历史》中认为，原始意义的阅读即"对记忆之物和图示进行解码"。电脑的发明与广泛使用，改写了人类阅读的历史，阅读及其对象中增加了"从电子屏幕上获取编码信息的能力"。③移动阅读时代的来临，进一步解构了对阅读的界定，模糊了网络阅读的边界。概念的模糊、界定的困难，使当下的阅读理论研究陷入一种困局。本体尚且不清，如何逐其末流？即使有所得，恐怕也是似是而非。令人忧虑的是，这种状态目前尚未引起阅读研究者足够的重视。

概念的模糊引发认知的混乱，这正是误读产生的原因，主要表现在对网络阅读对象/行为界定的泛化。在传统阅读中，阅读对象主要是纸质文献，网络阅读呢？刘尔明认为网络阅读的对象是网络文本，是"经过电子数字化处理的储存在计算机网络中由多媒体技术合成的信息和知识材料"④，构成元素包括文字、声频、音频、视像等诸多符号。由此，牵涉出当下一个很普遍的需引起研究者注意并亟待解决的问题：能否把对图片、声频和音频等的观看行为都视为网络阅读？比如按发生频率高低，王海明等把青少年上网阅读依次排序为：收

① 梁桂英.1997—2007 年国内网络阅读研究综述[J].图书馆杂志,2008(4).

② 刘元荣.2000—2010 年网络阅读研究述评[J].图书馆学研究,2011(3).

③ [新西兰]史蒂文·罗杰·费希尔.阅读的历史[M].北京:商务印书馆2009:44,299.

④ 刘尔明.网络阅读理论探微[J].广东广播电视大学学报,2006(4).

看下载电影音乐、聊天交友、网络游戏……①张岚认为广义的网络阅读涵盖了以下行为:使用搜索引擎;阅读计算机程序;部分网络聊天行为:阅读对方传送的文字……②更有学者提出"视觉阅读、触觉阅读、听觉阅读、嗅觉阅读和味觉阅读"③。阅读界定的泛化导致我们对阅读本体的认识愈加模糊。到底何谓阅读? 阅读的本质是什么? 阅读还有没有边界? 这些关系阅读存在合法性的关键问题必须予以明晰。

将网络阅读等于浅阅读。在质疑者的潜意识中,网络阅读等于浅阅读,是碎片化、娱乐化、快餐化、浅表化的代名词。大部分论者认为网络阅读通常是走马观花,最大的弊端是缺少深度。周红在《如何利用图书馆应对阅读危机》一文中的观点比较具有代表性:"网络信息只是浏览式的、跳跃式的,难以使人形成系统缜密的思考;影像的视觉冲击会令人产生思想上的惰性,使读者不再花费精力和时间去理解语句的内在逻辑和文本的深层意蕴。因此倍受青年人推崇的网络阅读实际上是一种'浅阅读',它导致了当今学生的思维方式呈碎片化、跳跃式和平面化,语言本质上所带来的主体的批判精神、创造活力、想象力和反思能力逐渐被消解。"④作为阅读的一种方式,网络阅读是否仅表现为浅阅读? 网络阅读与浅阅读、与阅读主体、阅读危机论又有何关联,尚需我们深入剖析。

认为网络阅读引发阅读危机。笔者以阅读危机为关键词,检索CNKI全文期刊库,时间设定为1979—2017年,检索到相关文献92篇,梳理出两种观点。一种以沈杰为代表,认为人文精神和终极价值的衰落造成了阅读危机。一种以龚芙蓉等为代表,坚持网络阅读危机论,认为"在现代社会中,网络阅读、浅阅读、阅读危机三者之间有着内在的联系。网络阅读使人们在阅读活动中追求文化快餐,快速阅读,从而形成了浅阅读;而浅阅读的结果则导致读者的思

① 王海明,等.青少年网络行为特征及其与网络认知的相关性研究[J].兰州大学学报, 2005(4).

② 张岚.网络阅读研究[J].沈阳工程学院学报,2008(3).

③ [美]Tom Peter.The Future of Reading[J].Library Journal,2009(11).

④ 周红.如何利用图书馆应对阅读危机[J].理论学习,2007(6).

维的断链、游离,缺乏深度思考,出现了阅读思维的危机"①。

二、为网络阅读正名

首先,正确认知阅读和网络阅读对象的边界。阅读界定的困难,网络阅读对象界定的泛化,使我们在阅读研究时必须面对一系列问题:本体问题、客体问题以及本体与客体之间的关系问题。关于阅读的定义,目前有学者将之界定为:阅读是人从符号中获得意义的一种社会行为、实践活动和心理过程,也是信息知识的生产者和接受者借助文本所实现的一种信息知识传递过程。②此定义比较深刻,抓住了阅读的本质,即阅读的终极追求是人在阅读中能够实现自我反省,获得自我超越的能量和能力,这种能力促使人以一种崭新的生命状态面对社会和人生,更具创造力和人文情怀,从而促进社会与自我的发展。但是,不得不提的是,定义中"符号"与"文本"的"所指"流于宽泛。何谓文本?符号意指何种符号? 这种宽泛让人面对具体问题时,手足无措,无据可依。

在笔者看来,导致阅读界定困难的根本原因不在于阅读媒介的变化,而在于阅读对象的不同。网络阅读介质的信息文化功能转向,令媒介本身也成为阅读对象的构件,视像、音频等非文字共享了阅读的空间。阅读对象大家庭的壮大,令科学、恰当、精确地界定阅读更加困难。阅读界定的困难,在于现象世界的纷繁复杂,丰富多元,在表象之中抽离本质并用抽象的语言精确地规定本质,本是一项困难的任务。但不能因此把所有视觉或知觉行为都归之为阅读,这无疑是不科学的。这种行为,将会直接导致人们对网络阅读的错误认知,间接导致另一种阅读危机的产生,即阅读学学科存在的科学性、合法性将遭到质疑和否定,阅读将遭到颠覆。故而,阅读的定义不能泛化,应该有一个更为严谨的学术界定,关键是要抓住阅读的本质对阅读对象加以规范。这还有待于学界专家、学者们继续探索。而纯粹消遣式的网上聊天、玩游戏、社交等行为应该从网络阅读中剔除出去。

其次,网络阅读不等于浅阅读。把网络阅读简单地等同于浅阅读,无疑是

---

① 龚芙蓉,林伟.国内外图书馆化解阅读危机现象的案例比较及分析[J].图书馆论坛,2008(2).

② 王余光,徐雁.中国读书大辞典[M].南京:南京大学出版社,1999:350.

混淆了某种文化现象与阅读本质的关系,同时,也完全忽视了阅读者的主体性。

从事物的属性来说,众所周知,网络阅读和浅阅读属于两个范畴,前者是阅读模式,属于本体范畴,后者属于方法论范畴,是阅读的策略或手段。网络阅读不仅有休闲式的浅阅读、大众阅读,也有学术研究的深度阅读、精英阅读。将二者混淆,实是对网络阅读责之过切,有失公允。以电子类图书、期刊为例,无论是在线还是下载阅读,其阅读文本、阅读内容乃至阅读模式,与纸质阅读相比,基本没有质的差异,唯一变化的是,承载信息的介质由纸变成了电子网络。而且,随着电子信息技术的飞速发展,新的阅读方式相继推陈出新,向着更人性化的方向发展。显然,"印刷物是思想媒介,电视是娱乐媒介,网络是信息媒介"的分类,是将阅读媒介与阅读思维、阅读功用简单对应,将复杂问题简单化了的机械认知。

从网络阅读的发展来说,网络阅读和网络读者正在走向成熟。中国出版科学研究所所长郝振省在对2008年龙源期刊网的网络传播排行发布的解读中认为,2008年的网络读者不再"像2007年那样目光散漫、随意拿个词搜索……他们不再心思游移不定、无心阅读,而是心无旁骛地为他们所喜欢的期刊内容而来"。"读者的阅读除了注重传统的休闲性阅读也开始注重知识性阅读。"[①]

从阅读主体的"教育程度上来看,受教育程度越高,对于网络阅读的认知与接受度越高,博士研究生的比率竟高达90.9%。中国国民的高知群体,在一般的价值观念体系中是更趋于精英化的;依据数据结果,无法认定网络阅读将导致浅尝辄止的、平面化、娱乐化的浅阅读趋势"[②]。

从阅读主体的角度来说,不论是纸质阅读还是网络阅读,读者的主体性不容忽视。"至于人们面对不同的媒介究竟是在思想、在娱乐,还是在获取信息;是追求智慧与高雅,还是迷恋低俗,这主要取决于有主体意识的人。"[③]总而言

---

① 郝振省.网络阅读走向成熟——2008期刊网络传播排行发布解读[J].传媒,2008(6).
② 董朝峰.电子传媒时代的深浅阅读再辨析[J].图书馆杂志,2011(3).
③ 闵惠泉,陈洁.阅读的嬗变:对象、未来及其缺憾[J].现代传播,2010(11).

之,阅读媒介并不直接导致阅读主体阅读层次的深浅,也不会导致阅读者阅读境界的高下。所以,网络阅读并不能与浅阅读画等号。

再次,正确看待网络阅读危机论。网络阅读引发阅读危机的论调,是针对图书阅读率日渐式微而言的。历年的全国国民阅读统计重点关注的是图书阅读率的大小,高则喜,低则忧。近几年的国民阅读调查结果显示,图书阅读率有所反弹,升至过半,例如,2017年的综合阅读已经升至80.3%,纸媒阅读率也达到59.7%。阅读者显然不把这种变化当作利好消息,仍坚持网络阅读危机论,认为是网络和媒介的多元化导致了阅读危机。这种媒介危机理论,无疑是不公正的。

网络阅读是否引发阅读危机,要从两点来看:(1)阅读的认知要清晰。如前文所论,网络阅读并不必然导致浅阅读。失去其"网络阅读 → 浅阅读 → 阅读危机"的立论根基,网络阅读危机论也就不攻自破了。对网络阅读,人们应怀着理性和建设性的心态,毕竟,网络阅读是阅读构成的重要一维。(2)要看人们读什么? 怎么读? 这个决定权在阅读主体手中。是一头扎进娱乐里无暇旁顾还是关注自我成长的实现? 是凝神不分沉浸其中,还是走马观花随意逛逛? 都由阅读者自己掌控。纸质阅读也好网络阅读也好,并不都是"开卷有益",阅读者要有自己的价值判断和阅读选择,取其精华去其糟粕。如果过度关注阅读的功利和消遣功能而忽略了精神食粮的获得,阅读的人文关怀恐将丧失殆尽,人将成为一个单向度的人,阅读危机也就不远了。

阅读领域确实存在着阅读功利化、浅表化、娱乐化的倾向,但是,在讨论"阅读危机"时,我们不能把危机的原因,只归结于浮躁的时代、喧哗的环境、物欲充斥的文化氛围,以及日益浅薄的精神趣味,更不能仅仅归结于某种媒介的变革和某种阅读形式。实际上,它更反映了阅读者的精神、心灵与灵魂都出了问题。所以,我们要重视阅读者的主体性建设,提倡人文阅读以及对终极价值的追求。

三、理性看待网络阅读

网络阅读对阅读格局的冲击是巨大的,网络媒介给阅读带来的影响是双重的。在阅读研究和阅读推广中,如果我们只一味地强调网络阅读的优势和积极影响而忽略其缺点和可能诱发的不利影响,无疑是不客观的。因此,理性看待网络阅读就显得尤为重要。

从技术发展角度看,人类一直在通过改造媒体来克服传播活动的时空局限性,满足人类对自由的追寻。每一次技术革新,都引发了阅读媒体的变革,改变了阅读模式。当传统的书写文明限制了人们随时随地获取信息、面对面交流的自由时,新的阅读媒介应运而生。从电脑、手机、MP4 到基于电子墨水技术的 Kindle 再到平板电脑 iPad,新技术引导着阅读媒体不断地向着人性化的方向发展,满足人们对传统阅读的种种怀旧心理。凭借 3D 和 3G 技术,号称"第五媒体"的移动终端逐渐融入大众生活,成为人们进行数字文档阅读的载体,实现了任何用户在任何时间、任何地点以任何方式获取任何内容的阅读需求。这一切都是技术发展带来的革新。

以联系、开放的眼光看,网络阅读与传统阅读是博弈中共同发展的关系。作为信息载体,网络是传统媒介技术革新的产物,脱胎于旧媒介的形态变化中。对阅读媒介的此种推陈出新,保罗·利文森"补救性媒介"①理论有很好的总结。他认为,新媒介都是对旧有媒介不足的补救。这种补救物虽然会存在新的缺陷与不足,但总体上媒介的发展会越来越符合人性的需求。作为网络阅读的基本元素,网络语言亦是从以往的语言中脱胎而出。网络语言和网络媒介所具有的延续性,从方方面面影响着网络阅读,使它与以往的阅读形式密切相关。我们对阅读固有的认知模式与"期待视野"也或深或浅地影响着网络阅读,使网络阅读带有传统阅读的印迹。而网络阅读也给传统阅读带来了新的发展机遇,促使传统阅读按照社会的发展不断地调整自身的存在方式。也就是说,数字时代的阅读并非是去纸质化,而是信息时代资源存取与拥有的多元化,它提升而非消除原有的模式。

有人说,"一部人类阅读史,既是一部阅读对象越来越广泛、复杂与多样的历史,又是一部某种阅读媒体、阅读对象,从出现到主流,从主流到非主流,再

---

① [美]保罗·利文森.数字麦克卢汉[M].何道宽译.北京:社会科学文献出版社,2001:287-288.

到被边缘化乃至变成文物,以及阅读习惯被不断改变的历史"①。这是一个必然的过程。数字信息时代不可能一蹴而就。自诞生始,网络阅读就一直处于不断地自我修正之中。当电脑在线阅读无法满足人们随处、随时、随意翻动书页的阅读需求时,基于电子墨水技术的Kindle、功能强大的平板电脑满足了人们的这种需求。有人担心网络阅读界面过于繁杂,主体无法根据需要能动选择,网络阅读又推出了RSS(真正简易聚合)技术。RSS的应用改变了这一切。用户可以根据自己个性化的信息需求,通过RSS,即可获得信息发布者即时"推送"的内容。面对阅读媒介人性化的快速发展,我们有理由对网络阅读的未来充满信心。

　　用辩证的观点来看网络阅读,我们发现其像任何新生事物一样,影响都是利弊双面的。从积极影响方面来看,网络阅读促进了人类文化平等权的扩张与实现,使得人类追求自由的愿景得以实现,促进人类精神领域的表现更加深化更加多元。从消极影响方面来看,主要表现在以下几点:(1)海量的冗余的网络信息,令网络阅读面临一个选择和获得的困难,导致信息焦虑的产生。(2)网络技术是一把双刃剑,在给人类提供快捷便利的同时,也激发了人类懒惰的天性,使部分缺乏主体性的读者迷失了自我,形成媒体依赖症,导致人的异化。尤其是青少年,世界观价值观尚不成熟稳定,自控能力差,更容易对网络产生依赖,形成网瘾。(3)网络阅读可能导致浅阅读现象的出现,走马观花式的浏览,使阅读失去其应有的效应。(4)网络阅读上黄、黑、灰等不良信息,可能会对青少年的网络阅读带来不良后果,甚至可能诱发犯罪。(5)网络阅读存在部分盗版现象,知识产权管理还有待完善。

四、正确引导网络阅读

　　构建健康的网络阅读环境。大体涉及三个层面:(1)搭建人性化的阅读媒介平台。纸质阅读与网络阅读各有优劣势,目前二者处于博弈的发展状态中。为达致共赢,需要对媒介效益进行整合,将纸质阅读和网络阅读的阅读优势发挥到最大。(2)组织优质网络阅读信息资源库。借助信息构建(IA)理论已

---

　　① 闵惠泉,陈洁.阅读的嬗变:对象、未来及其缺憾[J].现代传播,2010(11).

有的研究和实践成果,构建外形良好内容厚实的文本,推送出可理解、易获得、有效性的信息资源。(3)建立良性互动的网络阅读环境,进行信息导航,为阅读辅导服务。人性化阅读平台的搭建,是此方面专业技术人员着力之处。优质网络阅读信息资源库的组织则主要是作为阅读第三方"信息建筑师"需要大力开拓的疆场。良性互动的网络阅读环境的建设则是图书馆开展阅读辅导和阅读推广的广阔天地。在人性化阅读平台和恰当有效的文本呈现方式得到保障之后,还需要信息导航者对信息进行把关、梳理、分类、编辑,而后推送出去,满足用户的需求。三者合力一处,目标是打造一个优质健康的数字化阅读环境。这对涉及的方方面面都提出了很高的要求。

作为阅读指导机构之一图书馆,在网络阅读时代,更应责无旁贷地在阅读教育、阅读辅导和阅读推广中积极作为。首先是充实馆藏资源,加强馆藏数字化信息资源建设,充当网络导航者,为读者提供健康的网络阅读环境。其次是建立书评数据库,并根据网络访问数据统计分析反馈,调整充实辅导策略和导读方向。再者,培养和提高读者的信息素养和阅读技能,发展其正确认识、使用和发展网络阅读的能力。

培养读者正确认知和使用网络媒介的能力。对于媒介的作用,因对人性持悲观的态度,加拿大著名传播学家麦克卢汉认为媒介会控制人类的未来。保罗·利文森则乐观得多,他认为人的主体性会促进媒介向着越来越人性化的方向发展。我们赞同保罗·利文森的观点。无疑,网络带给人类的是利是弊,关键还在于人作为阅读主体的选择。阅读者的主体意识一旦丧失,科技的先进也就容易成为其加速迷失的工具。因此,增强读者自身的专注力、控制力和对媒介的驾驭能力,已经成为一个迫在眉睫的问题。

鉴于青少年在阅读活动中的战略地位以及其将来对阅读和社会经济发展、社会走向的影响力,和其所处的特殊年龄段,我们尤其要重视青少年的网络使用和阅读问题。2010年,9—17周岁未成年人的上网率为53.6%,超过了18—70周岁国民上网率49.9%。调查同时显示:14—17周岁未成年人网络游戏的接触率高达42.3%,平均每天在网络游戏上的花费时长为68.32分钟。9—13周岁的,平均每天花费时长为56.06分钟。由此调查结果我们发现,青少年已经成为网络的主要使用人群,且大多数人接触网络的动机是玩网络游戏、看动漫和视频。由于青少年所处的特殊的年龄阶段,决定了其具有身心不成熟、心理不稳定、世界观价值观尚未定型、自控能力差、人生阅历欠缺、知识储备薄弱、判断能力差等特点,更容易被网络不良信息所诱导,被网络泡沫信息所淹没,甚至患上网瘾,成为网络的奴隶。同时,对于尚处在发育成长阶段的青少年来说,过度上网尤其不利于其身心健康发育。因此,对青少年进行网络媒介信息素质教育就显得尤为迫切。这需要家庭、学校、图书馆、社会全方位的关注和努力,既要为孩子打造一个健康的网络阅读环境,使其认识到网络阅读的利与弊,又要大力培养其"好读书"和"读好书"的优良习惯,为青少年提供丰富多彩的精神生活,帮助青少年摆脱对手机的依赖。

第三章　阅读的镜与像

第一节　大学生浅阅读

21世纪,以网络为代表的新媒介改变了人们生活的维度和深度,亦改变了人们的阅读模式。多次的国民阅读调查显示,纸质阅读率日渐下降,数字化阅读率居高不下。数字化阅读成为人们阅读的主要方式,尤其是青年学子们,几乎是毫不留恋地抛弃了传统的阅读方式,欣喜若狂地奔向了数字化技术、多媒体技术、电子技术开辟出的新兴阅读空间,成为新媒体阅读的主力军。大学阶段是青年们广泛阅读、完善自身知识结构、提高文化修养的关键时期,如今高校学子们的课外阅读状况却令人担忧。他们关心的是"在看",而不深究"在看什么",不去深思文字、图像背后的价值观,不再调动追问,不再思辨。阅读的深度遭到了解构。

一、浅阅读时代已来临

当下,阅读领域正发生着巨大的变化,从书斋阅读到马桶阅读,从文字阅读到视觉阅读,从知识阅读到娱乐阅读,从纸媒阅读到网络阅读,①阅读文化的重心由传统阅读转向网络阅读与声像阅读。深度阅读式微,网络阅读、声像阅读几呈一统阅读江湖的态势,占据着阅读文化的大半江山。大众的阅读动机、阅读心理也随之发生变化。获取信息、消遣成为大众阅读的首要目的。"15分

---

① 何道宽.网络阅读时代,纸媒书会不会消失[OL].[2006-2-24].http://www.qdewind.com/bbs/viewthread.php? tid=1883.

钟"阅读,点击式、快餐式、马桶式阅读成为大众日常阅读的主要模式。一个轻松、快乐的浅阅读时代来临了。

浅阅读是一种简单轻松、以消遣娱乐甚至感官刺激为最高旨归的浅层次的阅读形式,具有浅层次、碎片化的文化特征,主要表现在两方面:一是读书浅尝辄止,只停留在表面,不去深究其深刻价值;二是选择通俗易懂的浅文本,拒绝"厚且重"的经典。①其阅读对象多是快餐式的图像、简介、短信、帖子,或者是包装过的名著的缩读、速读。简单、直接、感性,瞬间得到愉悦与满足,是浅阅读文化流行的直接元素。快读,快感,快扔,是浅阅读最本质的消费特征。不可回避的是,正是因为它的肤浅、感性、刺激等特性,使得时下背负着各种压力的大众,乐于选择浅阅读,并从中得到娱乐与放松。浅阅读已然成为一种流行的生活方式。

较于浅阅读,深度阅读是一种更有价值的阅读,它包含着阅读、实践、印证、反省这样一个复杂的过程。一个人在阅读中只有不断地探索、思考,不断地反求诸己,才能逼近事物的本质,才能逐渐培养和增强判断是非和独立思考的能力,从中获得乐趣、责任与力量,也才能最终形成自己的人生哲学基础。"一个人的精神发育史,应该是一个人的阅读史;而一个民族的精神境界,在很大程度上取决于全民族的阅读水平"②。阅读,从某种意义上说,决定着一个民族思维的深度和高度,对文化传承、社会发展有着重要的意义。

技术的进步,直接改变了人们的生活方式,间接改变着人们的精神世界,也在改变着阅读文化的品质与格局。研究发现,新型阅读媒介催生了新的阅读模式和阅读习惯。网络阅读成为大众首选的阅读模式。网民的网络应用行为绝大部分为浅层次的网络阅读。不可否认,网络作为一种信息传递的新载体,有比纸质媒介更方便、快捷、直接、易沟通的优点,但它是一把"双刃剑",直接作用于读者的感官,造成读者阅读兴趣淡化,思维表达零碎化,容易在海量信息面前迷失自我。同时,电视电影等图像媒介也在争夺或排挤阅读。历次的阅读调查结果也证明了这一点。无论是影像还是图像,其所传达出的韵味

---

① 周宪.重建阅读文化[J].学术月刊,2007(5).

② 朱永新.个人精神发育史就是他的阅读史[J].人民论坛,2010(4).

与深度阅读所呈现出来的大不同,缺乏了文字所拥有的韵味与想象力,深度缺失,灵韵散尽。

诚然,看电视、上网本无可厚非,问题在于,看电视、上网几乎消耗了人们所有的业余时间,这就造成了对阅读的挤压。当大众弃"深"趋"浅",当官方政策和民间娱乐合力于大力发展和消费电视、网络文化时,我们不可避免地会冷落甚至远离阅读。[①]

二、浅阅读文化狂欢、深度阅读式微的深层原因

从技术层面看,技术的进步为人们提供了多样化的阅读载体,阅读对象实现了多元共生;电子声像媒介所具有的感性、当下性、震撼性等特征,更符合时下注意力经济的需要,符合大众的消费口味,网络也因其便捷、快速、易沟通等特点成为时尚大众的宠儿;扑面而来的海量信息使得时间精力有限的人们为了解把握身边的世界只能选择浅阅读。

从现实层面看,升学、工作、生存等压力迫使人们追求功利阅读、休闲阅读。无论是学生还是踏入社会的成年人,闲暇时光与精力总是有限的,而放松与快乐的"本我"追求,又总使得人们乐于选择浅阅读。一些缺乏社会文化责任担当的出版社出版的大量的文化垃圾,也导致人们的阅读缺少选择余地,而阅读意识、阅读习惯与阅读技能的培养更需相关部门的"在场"与作为。

从文化层面看,深度阅读是一种静态行为,反思、思辨、求证等皆需注意力的参与,是一种理性建构过程,耗时费神,缺乏网络、声像等视觉文化所具有的快感、无距离体验的优势,使得心态浮躁急功近利的阅读者畏于选择。而市场经济所带来的唯名利马首是瞻的成功观和消费文化所突出的游戏、娱乐性能,培育了大众消费至上、娱乐至死的精神欲望,这种欲望又产生了更多的生产性,更多的通俗读物、视觉影像等浅阅读读物被官方政策、媒体和大众共同塞上了当下的文化餐桌。

历史地看,中华民族有着古老的阅读文化,有着深厚的足以自豪的阅读传统。在大量视觉媒介网络文化急剧扩张的条件下,如何有节制地控制视觉媒

---

① 周宪.重建阅读文化[J].学术月刊,2007(5).

介对大众闲暇时间的过度侵占和剥夺,如何倡导和鼓励深度阅读,提倡从小开始培育良好的阅读习惯和兴趣,是当代文化建设中的一个严肃的任务。①

三、大学里流行浅阅读

20世纪30年代,美国哥伦比亚大学教授詹姆斯·默盖尔教授通过研究,首次提出了阅读层次论,即知识性阅读、理解性阅读和探索性阅读。其中,知识性阅读是基础,理解性阅读是提升,探索性阅读才是阅读的本质和最终目的。按理说,高校学子的阅读层次当在知识性阅读的基础上,向理解性阅读和探索性阅读纵深拓展。实际情况又如何呢?

从阅读对象来看,网络阅读、声像阅读、读图等成为大学生阅读的首选,纸媒阅读呈日渐萎缩态势。在"厚""薄"之间,大学生厚"薄"薄"厚",网络流行文学、时尚类、养生类、军体类、博弈案例、法制案例等通俗读物抓住了大学生的眼球,此类图书供不应求,流通周转极快;大部头的经典名著、艰深的理论著作、厚重的历史书籍等则被束之高阁。

从阅读方式看,无目的、打发时间、随意的消遣阅读,不求甚解不加思考追求刺激的感官阅读成为阅读的主要模式。有研究者曾在大学校园做阅读问卷调查,发现校园内流行"15分钟主义"阅读:15分钟的耐性,15分钟的注意力,15分钟的时效。

从阅读动机来说,有人将阅读动机分为三大类,即获取信息、知识与休闲。大学生的知识性阅读几乎完全被功利阅读、实用阅读所覆盖。阅读对象的选择以是否"有用"为标准。"有用"即是对当下的升学、就业、升职能产生直接效益。图书馆"有用"的图书借阅率极高,门庭若市,需早早预约。这类书多为成功学、考研/公务员/各类证书的考试类用书、财经炒股类和职场攻略等。对升学、就业、升职产生不了直接效益的"闲书""无用"的书如人文、历史、哲学等大多只能"尘满面,鬓如霜",望穿秋水,不见"伊人"到来。功利阅读虽然有其市场需求,但却非阅读本质。此正如林语堂所言:"今人读书,或为取资格,得学位;在男为娶美女,在女为嫁贤婿;或为求爵禄,刮地皮;或为做走狗,

---

① 周宪.重建阅读文化[J].学术月刊,2007(5).

拟宣言……诸如此类,都是借读书之名,取利禄之实,非读书本旨。"①言虽不中听,却一语中的。

从阅读功效上说,蜻蜓点水、浮光掠影、走马观花、不求甚解,阅读成为主体"不在场"的游戏。虽说浅层次阅读收获了轻松、愉悦、身心的放松,有其存在的合理之处。但只求速度、广度、新鲜度、刺激度,没有深度的碎片式、快餐式阅读最终如饮食,吃惯了肯德基、麦当劳的肠胃是否还能够接受富有营养的粗粮?是否还有消化粗粮、营养餐的能力?吃麦当劳、肯德基似乎挺时尚光鲜,肚子是填饱了,营养却没有多少。一餐可以,如若餐餐如此,终会营养不良。

从阅读统计数字来看,现在许多大学生作课外阅读只是为了休闲和消遣。据一项调查,经常阅读本科专业经典著作的学生只得15.2%,阅读人文社会科学典籍的22.8%,阅读专业学术期刊的是9.3%,阅读外文学术文献的仅有5.2%。②

综上所述,"浅阅读"在大学校园里蔚成风尚,成为大学生阅读的主要模式,并有强化的趋势。

四、大学生浅阅读流行的原因

从技术层面来看,数字技术、多媒体、电子技术、拟像技术改变了文献的载体形式,传统纸质媒介一统阅读文化的地位被多元阅读载体共存所替代。新兴媒介阅读改变了大学生们的阅读习惯和阅读方式。电脑、手机、电子阅读器等已经成为他们了解外界的主要工具。新兴媒介阅读比传统的纸质阅读更省时、省力,也更流行,更时尚,已日渐成为大学生阅读的主要方式。另外,机械复制技术及快餐式的生产方式,使得信息数量以几何级数增长着。2006年至2010年,全球信息量增幅为6倍,中国的信息增长速度高于全球,达到7倍。③而大众的阅读方式、阅读技能并没有产生相应的变革和有效的提升,传统的阅

---

① 林语堂.林语堂经典散文全编[M].北京:九州出版社,2004:10-11.

② 高路,刘冬.世界读书日透视部分大学生"浅阅读"[OL].[2008-4-23].http://www.xin-hua.org/.

③ 王晓玥.中国数字信息量增长迅速[N].北京商报,2007-07-15.

读模式已经难以有效满足公众对信息的需求,人们在良莠不齐的海量信息面前极易迷失自我。诺贝尔经济学奖获得者赫伯特·西蒙说过:"信息会消耗掉接受者的注意力。因此,过量的信息会导致注意力的贫乏。"为把握和了解自己周边的世界,浅阅读成为大学生快速获取信息的有效应对之策。

从教育体制层面来看,说某些教育模式对浅阅读流行负有相当的责任,是有道理的。主要表现在:

(1)对学生时间、精力的压榨。沉重的课业严峻的升学压力几乎完全剥夺了学生们娱乐放松、自我学习成长的闲暇时光,几乎窒息了青年学子蓬勃、旺盛的生命力,甚至是扼杀了他们的理想。为了明天更美好,他们长年累月埋首于书本,一旦考上大学、走上工作岗位,那些"敲门砖",曾经见证了他们青春岁月的各类考试书,被他们泄私愤般地撕扯毁坏。(2)抹杀了学生们阅读和主动学习的兴趣。这是最可怕的一点。时间精力的压榨是一时,而兴趣的丧失则是一世。有些学生学习,既不为知识,也不为精神世界的开拓,甚至与人格和信仰的形成无关——纯粹为升学、前程和收入。反过来,既然读书——自由的、非功利的、以提高对主客观世界之认识与觉悟为目的的阅读——无助于升学、前程和收入,试问,有几人还肯读书?[①]即使他们将来有时间,也不愿意把时间浪费在那些艰深"无用"的"闲书"上,电视、网络像生活伴侣一样完全占有了他们的闲暇时光。(3)剥夺了学子们独立思考及批判的精神和意识。灌输式的教育模式,培养的是缺乏个性、千人一面甚而是唯唯诺诺缺乏担当和创新能力的单面人。(4)缺乏对母语的重视,对文字的敬畏,对本民族文化的自豪感。无论是高考还是博士硕士研究生入学考试,英语是必需的,且具有一票否决权。就业应聘,外语是否过四、六级等都是门槛。中华民族文化的载体文明的结晶——汉语和文字——却从未享受过如此待遇。网络恶搞、图片恶搞、文字恶搞、名著戏说、垃圾语言、甜/软语言的泛滥,"无所谓""没什么大不了的"等不以为然精神充斥在一些青年学子的价值观念中。一个民族如果不敬畏本民族的语言文字,自轻贱必会招致他者轻贱。

从接受心理层面来看,弗洛伊德的"本我"理论从生物学心理学层面解释

---

① 李格非.读图时代与"文化救亡"[N].文学报,2006-8-10(3).

了浅阅读流行的原因。"本我"追求感性,以快乐主义为原则和出发点,因此,人类生而倾向于感性、轻松、快乐的阅读。另外,从众心理、好奇心理、时尚心理和炫示心理,也助长了浅阅读。从众心理使大学生盲目跟风阅读,大多数人在读什么自己就跟着读。好奇(猎奇)心理使得大学生对新鲜事物都希望了解一下,不区分良莠,越禁止的越想越界看一下。时尚阅读则是社会上流行什么则读什么。炫示心理是市场经济催生培育出来的一种心理,人无我有,人有我更有,否则就没有可炫示的资本了。以郭敬明、唐家三少等为代表的新生代写手、网络写手在大学生中拥有众多的粉丝就很能说明这些问题。

从文化层面来看,浅阅读的选择并不是单向的。一方面是大学生对浅阅读的主动选择;一方面是文化市场的培育。为获取最大利润,吸引更多消费者,大众文化的生产者们如创作者、出版者、媒体日渐抛弃经典,迎合和改造受众审美口味,有目的地制造浅阅读作品并强化浅阅读的取向。此外,当下的某些"成功"观也对青年学子们产生了不良影响,促使青年学子追求最实惠最功利的阅读。

五、大学生浅阅读的危害

复旦大学历史系赵立行教授认为,"浅阅读"的人多起来,与大学精神的要义是背道而驰的。大学精神的核心,是提升思考力,增强社会责任感,而学子们热衷"浅阅读",最终会丢弃深邃的思考、开阔的视野和心系国运的责任感。[①]

大学生浅阅读的危害主要表现在四个方面:

长期的大剂量的浅阅读会导致大学生知识结构不合理。现在学科专业越分越细,大学生阅读教辅材料所获得的知识,因其功利性,毕业后一般都"还给了老师"。课外深度阅读的缺乏,大量浅阅读行为和浅阅读的趣味选择,使得大学生的知识面狭窄,知识结构存在巨大缺陷。如此的知识结构怎可能具有创新能力,人文情怀的缺乏也就成为必然。有些理工出身的学者专家竟然放

---

① 高路,刘冬.世界读书日透视部分大学生"浅阅读"[Z].[2008-4-23].http://www.xinhua.org/.

言文科无足轻重，无用，这本身就很说明问题。

导致大学生思维钝化语言运用能力的弱化。深度阅读过程中理性思维的锻炼与运用，想象力的发挥，培养了大学生的思维能力、想象力、逻辑能力以及创新能力。大量碎片式、不求甚解、拒绝思考的浅阅读，只能造就一批新型文盲：提笔忘字，词不达意，语言表达能力严重弱化。文字背后的意思和语句的内在逻辑及深层意蕴，让人觉得"累"，长期逃避理性思考的结果是思维钝化，只能"拿来主义""拼接主义"，会使用新型工具而无创新能力。复旦大学中文系教授张新颖认为，近年来，一些大学生的阅读和写作能力已呈现弱化趋势，阅读的娱乐化和实用主义，最终会泯灭全民族的文化感受力。

造成大量"单向度的人"[①]。市场经济所带来的观念与价值危机日益侵蚀着大学生们。如前所述，放弃对终极价值、信仰的追求，不再关心自己精神和心灵的成长、"只要活着就好"的价值观培育出的只能是人格结构不健全、丧失批判意识的"新型顺从主义"的顺民，即"单向度的人"。这种人丧失了否定、批判与超越的能力，不再有能力去追求，甚至不再有能力去想象与现实生活不同的另一种生活。这种单向度的人实际上完全变成了僵化的物。[②]最终，社会上会存在一些冷漠、自私、缺乏理性建树且正义感萎缩的人。

可能导致文化传承的危机。文字有几千年的发展历史，在这一过程中，人们形成了对文字的一种理解力，浅阅读却把这种理解力"去魅"了。经典文本所追求的思想内容的超越性、反思性、批判性，艺术形式的独创性、实验性、先锋性，以及充盈其间的忧患意识、苦难意识、神圣意识，在"浅阅读"中通通被抛弃。搞笑取代了幽默，调侃取代了智慧，西化取代了民族化，语言的韵味也丧失殆尽。一个对本民族文化、语言文字缺乏敬畏的民族，其将来要拿什么来传播文化，靠什么人来传承文明？值得今人警醒和深思。

六、构建由"浅"入"深"的阶梯阅读

早在几十年前，法兰克福学派代表人物马尔库塞就在自己的著作《单向度

---

① ［美］马尔库塞.单向度的人［M］.刘继译.上海：上海译文出版社,1989:78.
② 黄见德,等.现代西方人本主义哲学研究［M］.武汉：华中理工大学出版社,1994:209.

的人》中警醒世人:丧失了批判意识的人会成为"单向度"的人。习惯了阅读不动脑的人,容易"单向度"。后现代文化在建构的同时亦在解构,去深度、去中心、多元化在给公众带来多维视角和解放的同时,也带来了缺乏深度、无历史感的文化产品。无论是人还是艺术品,都处在逐渐被人遗忘的境地。整个社会生存在一个永恒的当下和一个永恒的转变中,开始渐渐丧失保留它自身的过去的能力。面对这种挑战,明日国家之栋梁,未来的建设者——大学生们,如何通过有效阅读来传播文化、传承文明,就不是一个无足轻重的小问题了。

笔者认为,面对多元共生的阅读对象,大学生读者要经常提醒自己:我要什么? 我在阅读中要得到什么? 大学生既要与经典同行,选择深度阅读,亦应将浅阅读和深度阅读结合起来,以深度阅读为主,浅阅读为辅,寓教于乐,"深""浅"并行不悖。如果只一味强调深度阅读,排斥浅阅读,则既提高了阅读的门槛,也不符合当下社会现状和青年学子的生理特点,难以激发大学生持久的阅读兴趣,甚至会导致浅阅读的丧失。若只沉溺于浅阅读,则我们民族的文明程度、创造能力、审美能力以及民主建设等都将停滞不前。因此,须把浅阅读当作阅读活动的开端,以此引导大学生们进入深度的、高文化品位的阅读,在相得益彰的互补中循序渐进,将深度阅读进行到底。

在这一过程中,国家、出版者、学校和图书馆需各司其职,有所作为。

政府层面的深度倡导和支持。政府已及时意识到阅读问题的严峻性,除了实施4月23日"世界读书日"相关活动,大力宣传、提倡阅读,开展各种形式的阅读推广活动,推进全民阅读,还坚决制止和打击网络、电视、各类新兴自媒体上日益泛滥的"三俗"现象,出台相关支持阅读的政策法规,为全民阅读提供制度、财政和价值观导向上的支持,积极鼓吹倡导人们建立积极健康向上的审美趣味。近些年来各地持续开展的全民阅读推广活动成效显著,阅读意识已经深入人心,各地、各图书馆的阅读推广活动也在走向常态化,走向增量提质增效的发展方向。

出版社与媒体要有所作为。在唯利益最大化的价值评价体系中,出版社、电视等媒体要生存要从市场中分得一杯羹,似乎就得迎合大众消费文化的需求,以市场为导向,走通俗化甚至是媚俗化的路线。如果只走精英路线、雅文化路线,生存似乎又成为问题。这无疑是两难的处境。在这种生存夹缝中,出版社、媒体在文化出版事业、文化产品的导向、文化趣味的引导以及生存之间怎样平衡、兼顾,笔者认为,这不仅是出版社、媒体机构的事情,也需要政府和某些财团的合力作为。但是,无论如何,出版与传媒要承担起自身的社会责任,遵守职业伦理,为大学生努力创造健康的信息生态环境。

学校层面,应从两个角度构建校园阅读文化。一是引导。学校应发动图书馆、学生会、团委、大学生社团等,从各个维度营造"好读书""读好书"的文化氛围,开展形式多样的阅读活动,吸引大学生参与,把大学生阅读构建成校园一道亮丽的文化风景。二是强制。在课程设置上,设定相关科目,开展经典阅读,以此强制并引导学生在修学分的基础上,融入经典阅读中,建立起良好的阅读品位。

图书馆历来是各种介质文献资源收藏丰富之地,尤其是高校图书馆,一直承担着教育传播知识和文明的重任。在浅阅读时代,在全民阅读活动中,如何避免浅阅读趋向更浅,如何吸引、培养、指导读者深度阅读,高校图书馆责无旁贷。

首先,高校图书馆应提升自身软硬件建设,打造健康舒适的阅读环境。根据学校自身特色、办学定位和教研的需要,确定各类型藏书比例,丰富馆藏,提高办馆水平。在藏书类型方面,需注意以下几个方面藏书比例。实用性文献:包括计算机、英语、公务员考试、考研等应用性考试类最新最权威的文献资料。休闲文献:这一点尤其要用心,很多非文科专业读者把文艺类文献都视作闲书。顺应社会发展潮流,加大健身、旅游、保健等方面的馆藏比例。专业性文献:为稻粱谋的文章、图书、教材充斥市场,信息泛滥质量不高,导致高端读者感叹没有书读! 因此,选择有思想性、前沿性、艺术性、高质量的文献资源成为图书馆要下力气花功夫研究解决的大事。可采取针对性访谈咨询教师需求、读者好书推荐等方式确定每年购买书目,做到及采及录及时上架,最大化发挥新书的效益。

其次,开展多元化推介服务,组织读书协会,引导深度阅读。包括宣传推介馆藏资源、新到图书、新数字资源以及本馆所开展的各种服务。以培训为抓手,强化图书馆的利用、网络资源及其网络工具的使用、检索技术的培训工作。组织读书协会,开展形式多样的读书活动及阅读指导活动,做好书目推荐及书评工作,培养读者的阅读技能。书目方面,针对不同阅读群体、阅读目的、阅读潮流,及时组织更新。建立多层次多侧面的书评体系,网罗呈现媒体书评、馆员书评、读者书评,给读者提供更全面更客观的评价和推荐。[①]对于如何选择适合自己的书,图书馆除了指导读者有选择有计划地读书外,还应通过培训和经验传授等,使读者在理论和实践中逐步掌握速读、略读、精读、研读等不同层次的阅读技巧。[②]

立足校园,和相关系科建立战略合作伙伴关系,有针对性地对学生进行阅读辅导。比如针对理工科学生人文图书阅读相对较少的情况,图书馆可以和学科老师沟通协调,在理工科学生中开展人文图书经典阅读活动以开拓学生的阅读视野。

第二节　微阅读的消解与建构

一、文化视角的微阅读考察

随着一款免费即时通讯装置——微信的普及性应用,短短数年内,大众的社交方式、商品营销模式、生活方式以及阅读方式被其彻底改变。其移动性、免费性、即时性、交互性最大限度地满足了受众随时随地碎片化阅读的潜在需求,繁盛了一种新的阅读形式——微阅读。作为一种新型的网络阅读,"微阅读"异于传统网络阅读,其微装置功能更强大,内容更轻松时尚,更具社交性,资讯获取也更方便快捷,实现了"让阅读成为一种生活方式"的美好愿景。随着第四次工业革命的临近,未来人工智能技术、物联网以及可穿戴设备将最大程度融入生活。不难想象,随着"数字世界、物理世界和人类自身的融合",[③]人

---

① 沈颐.建阅读社会,从书评开始[J].图书馆论坛,2006(1).
② 张作为.探究读者阅读心理,注重读者阅读指导[J].图书馆,2002(4).
③ [美]尼古拉斯·戴维斯.理解第四次工业革命的五种路径[J].张秋江译.国外社会科学文摘,2016(4).

们将生活在一个被软件吞噬的世界里,借力科技而繁荣的微阅读将更加繁荣并主导未来阅读。

微阅读在大范围、多方位改变阅读受众日常生活方式和精神生活的同时,也在改变着阅读文化,改变着这个时代的文化面貌。它的后果与走向正在引起更多领域专家和学者的关注。

(一)微阅读的界定

从字源学角度来说,清《康熙字典》在总结《说文》《尔雅》《广韵》《玉篇》《韵会》等古代字书释义的基础上,列出了"微"字的十八种含义。《汉语大字典》以《康熙字典》为基础,经过细化、增添,将"微"字释义扩充到二十种。[1]本文归纳《汉语大字典》《辞海》《朗文当代高级英语辞典》中的"微"字释义,梳理出与微阅读相关的释义共有九种:一细、小;二少;三稍微;四隐匿;五表示扩大、放大;六昏暗、不明;七非、无;八卑贱;九衰败。结合微阅读现状来看,九种微释义基本囊括了微阅读三个方面的特征:即体貌微小、内容轻浅语义模糊及其最终发展走向。

最早提出"微阅读"概念的是闫肖锋。2009年其在《新青年》杂志发表了《微阅读时代》一文,首次提出"微阅读"。闫肖锋认为,微阅读是"浅阅读"的延伸发展,口袋书、手机报、Twitter,都代表微阅读。他认为,开机化生存将成为常态,垃圾时段阅读也将成为常态,并预言手机阅读将主导未来阅读。2015年3月,周志强在《中国图书评论》卷首语中如此定义微阅读:什么叫"微阅读"? 就是随时随地拿出手机或者平板,无论在公车上、候机厅里或者朋友的饭桌前,都"迅速"陷入阅读状态,又瞬间离开。周志强认为微阅读是无所用心的碎片化阅读,获得的"不再是连贯的逻辑性信息,也不会是严密的结构性存在的知识性信息"[2]。

对于微阅读,有人认为早已有之,浅阅读即是;有人认为微阅读是浅阅读的延伸发展。到底何谓微阅读? 其有何独特性? 这需对微阅读和浅阅读进行辨析。

---

① 王小燕.浅议微文化的内涵及现实形态[J].艺术品鉴,2015(9).
② 周志强.微阅读[J].中国图书评论,2015(1),卷首语.

从本质上看,微阅读是浅阅读的一种,是浅阅读的延伸与发展,但二者仍有诸多不同。媒介载体上,浅阅读主纸质文本,侧重线下阅读,包括部分线上阅读。微阅读是数字通信技术的产物,侧重媒介属性,强调在线阅读。阅读对象上,浅阅读既有短文浅文也有深度长文,以文字为主;微阅读主要为在线文本,形式多样,以"微"为主。从阅读过程看,二者都具有走马观花、蜻蜓点水、浅尝辄止的特点,比较而言,微阅读更加碎微化。从阅读方式看,微阅读是一种强力浏览式的闪电阅读。实验表明,受众浏览网页阅读网文甚至是期刊论文,用时一般仅需十几秒、几秒。"他们一目十行,通常只阅读某个文献的一两页内容,只关注标题、页面、摘要等"①。从后遗症来说,微阅读对数字世界的依赖性更强,而且,强力浏览式阅读所造成的浮躁心态和闪读方式,会从线上延伸到线下生活,影响深度阅读。

(二)微阅读的文化症候

综合微阅读的相关研究,微阅读文化症候可归纳为:微型、海量、快捷、快感,超级注意力是其核心特征②。微型是指信息文本体量微小;海量则指其信息容量巨大;快捷是指信息传播速度迅捷获得便利;快感指信息内容轻松愉悦,富有刺激性,能给人带来快感。微阅读有两个最主要的文化症候,"碎片化"是其首要特征,"超级注意力"是核心特征。具体来说,"碎片化"具有"碎"与"浅"两个层面的含义。其中,"碎"主要指向三个方面:(1)微阅读文本体量微型化,文本呈现形式碎片化;(2)阅读方式/阅读时间碎片化;(3)阅读所得碎片化,缺乏系统性和逻辑性。"浅"一方面是指所推送内容浅易,是一种快餐式的阅读文化,同时是指由于海量信息裸奔,受众的专注力、理解力以及还原语境、整合文本和阅读所得的能力浅表化,阅读效果"浅"。"碎"与"浅"既是由微平台传播方式决定的,即"传播内容的碎片化,传播行为的去中心化,传播频率的几何级数化,传播架构的超级链接化"③,也是微阅读主体运用"超级注意力"的结果。"超级注意力"是相对于"深度注意力"而言的,它是美国学者Hayles的

---

① [美]尼古拉斯·卡尔.浅薄:互联网如何毒害了我们的大脑[M].刘纯毅译.北京:中信出版社,2010.

② 周宪.时代的碎微化及其反思[J].学术月刊,2014(12).

③ 陶东风,等.微文化需大关注[N].光明日报,2013-12-24(14).

研究成果。Hayles认为，相对于"深度注意力"的专注、持久等特性，"超级注意力"以转换、多样、刺激和容忍度低为特征。[①]超级注意力是微阅读的核心特征，决定着阅读的属性。

微阅读不仅是时代经济、技术发展的产物，也是文化和心理作用的共同产物。有研究表明，当经济发展到一定阶段，即社会处于由传统向现代转型的过渡期时，社会便会呈现出"碎片化"症状："传统的社会关系、市场结构及社会观念的整一性——从精神家园到信用体系，从话语方式到消费模式——瓦解了，代之以一个一个利益族群和'文化部落'的差异化诉求及社会成分的碎片化分割。"[②]自比特、通信技术革命以来，"去中心""碎片化"等后现代文化的价值诉求蔓延全球。信仰的缺失伴随着一种无聊的心理状态弥漫开去，人们需要在无聊的人间用即时的碎片化的信息填充自己无聊空洞的内心，获得瞬间、即时性的填满和抚慰。信息技术发展为这种需求提供了技术支撑，经济发展则提供了装置和设施上的支持。微阅读的装置平台和传播机制将后现代文化碎片化、零散化的特征在传播内容、传播方式以及受众应用上表现得淋漓尽致。与此相应的是情感和历史感的消失，内在和外在、本质与现象、隐义与显义、真实性与非真实性、能指与所指等深层次模式的消失。[③]

既然微阅读能随新媒介的普及而大行其道，甚至霸屏，那么，微阅读必有其独特性。综合微阅读相关研究成果，我们发现，微阅读是一种新的阅读形式，它是数字技术的产物，其核心特质在于碎片化强力浏览式阅读所培养出的"超级注意力"。综上所述，笔者认为，微阅读是数字技术的产物，是指一种以微装置为搭载平台以超级注意力为核心以短文本为阅读对象的碎片化的在线阅读形式。

(三)微阅读的工具属性、文化属性和价值属性

在微阅读语境中，新技术是指以微信为代表的微装置应用软件，类似装置

① ［美］N·Katherine Hayles.Hyper and Deep Attention: The Generational Divide in Cognitive Modes[M].Profession，2007:18.

② 喻国明.解读新媒体的几个关键词[J].广告大观，2006(5).

③ 陈莉.碎片化与意识形态批评——詹姆逊后现代文化批评研究[J].阜阳师范学院学报，2007(2).

还有微博、QQ、Titter等;新媒介则是指搭载了微装置的智能手机、平板等。新媒介不仅具有工具性的意义,还具有技术哲学意义上的"装置范式"①功能,是一种结构性力量。它不仅改变了阅读生态,重塑了阅读构成要素,还改变了阅读的传播机制。作为阅读载体和媒介平台,它塑造了一种新型的社交阅读,使微阅读在充分利用碎片时间获取信息的同时,悄悄地改变了受众的阅读观:阅读成为一种时尚的社交方式、休闲方式。而微阅读所具有的高黏性,使受众对新技术过度关注并产生依赖心理,甚至产生分裂心态,使平衡连接和未连接的生活成为受众、阅读推广和教育面临的严峻挑战。

微阅读有两个突出的文化症候:"碎片化"和超级注意力。"碎片化"有碎与浅两个层面的含义。"碎"主要是指文本的体量、内容和呈现形式的碎片化,也指阅读方式、阅读时间的碎片化,还指阅读所得碎片化。"浅"既指所推送内容浅易,也指阅读效果浅。②具体来说,"碎片化"源于媒介和信息的易得性。易于携带、易于获得、信息易于阅读,使阅读者可以随时随地随意地进入或结束阅读状态。而超链接的信息组织方式和多媒体的呈现方式,制造了无数个信息岔路口,不但使读者产生选择的焦虑且易于迷航,失去阅读的专注力,还极易培养出一种跳跃式的阅读方式,制造出超级注意力。对于大众阅读而言,"碎微化"的阅读方式和超级注意力,均阻碍了深度阅读的发生。浮躁,不愿意思考,成为当前微阅读者的主要文化心理状态。

阅读价值是阅读发生的根本动力,满足着个体的某种需求,有个体价值和社会价值之分。概括来说,阅读通过主客体间的相互作用和持续建构来获得知识提升认识,并通过作用于人们的观念或价值体系影响个体的精神发育和人生态度,进而影响社会责任体系的价值共识以及国家和民族的发展。阅读价值实现的基点,在于阅读本质和阅读目的的实现。阅读在本质上是基于文本对话而实现人之自我构建的一种实践活动,个体自我实现是目的。阅读不仅使个体成为传承人类文化的动态性载体,还对个体有着不可忽视的精神安

① 参见[美]Albert Borgmann.Technology and the Character of Contemporary Life:A Philosophical Inquiry[M].Chicago: University of Chicago,1984.
② 杨沉.消解与建构:基于文化视角的微阅读考察[J].图书馆工作与研究,2016(11).

顿价值,并对社会精神文明建设及构建和谐社会具有基础性作用。[①]

以此观之,微阅读是对阅读本质和阅读目的的背离。研究过程中,我们发现,"微阅读接受具有碎片化、非持续建构的特性,其中'同化于己'尤其是'顺应于物'的认识活动比较微弱,主体意识也较薄弱"[②]。沉溺其中的主体大多具有"空心化""浅薄化""碎微化"的特点。由于主体自我"不在场",阅读过程缺乏"活动"投入,微阅读大多只能满足个体获取信息、增长见闻、消遣娱乐的价值取向,无法实现智慧提升、精神成长的价值需要。而微阅读的低门槛和反智化倾向,又令"知识的体系性和理性化程度都有所降低,使得我们通过传统知识体系整合社会时将会面临极大的困难。也对知识的传承、理性精神的建构、群落对立的协商提出了新的考验"[③]。毫无疑问,在微阅读乐园中,"阅读作为一种信息获取和知识积累,特别是精神成长的主要方式正在受到质疑和忘却。而过分地工具化阅读,又使得阅读的价值进一步受到冷落和遮蔽,加剧了阅读被取代的可能"[④]。因此,过度关注微阅读的工具属性而忽略其价值属性,必然会引发阅读效率危机和去阅读化危机。

(四)微阅读的消解性

根据皮亚杰的认识发生论原理,阅读活动亦是一种认识活动,是读者不断接受信息、获取知识、提高自身认识水平的活动,更是读者主体与文本客体或作者客体之间的信息交流和持续建构过程。阅读需要专注、沉潜,通俗地说,即是要过脑、走心。而时下的微阅读,深受媒介载体、传播机制以及传播内容、阅读方式的限制,大多具有不过脑、不走心的特征。微阅读正在消解传统阅读的本质,阅读本体正遭到解构。

微阅读的主流形态——社交阅读及纯聊天性质的"阅读"——是不是阅读,笔者持否定态度。在近年一次"离不开手机"的全国调查中,每天离不开手机的调查者超过了被调查人数的九成。调查显示,人们利用一切零碎时间,上

---

① 凌美秀,等.论阅读的价值:哲学诠释学的视角[J].图书馆,2015(6).

② 杨沉.基于发生认识论的微阅读接受研究[J].图书馆,2016(9).

③ 陶东风,等.微文化需大关注[N].光明日报,2013-12-24(14).

④ 卢锋.阅读的价值、危机与出路——新教育实验"营造书香校园"的哲学思考[D].苏州:苏州大学,2013:70.

QQ、微信等社交平台聊天、点赞。徐贲认为，这种抓住一切零碎时间进行碎片化阅读的行为，是一种用无聊行为填充无聊的时间和心灵的无聊心理，其实质是在用一种无聊填补另一种无聊。从阅读质量来看，此类阅读都具有瞬间感动、瞬间记忆、瞬间遗忘的特征。脑神经学研究已经表明，瞬间记忆转换不成长期记忆，无法实现知识的积累。此种社交性微阅读徒有阅读其名，只能是一种虚拟阅读。就其实质而言，它是一个虚拟的安全装置，用于隐匿自我；就其价值而言，多用于消磨时间，打发无聊。

微阅读作为新生事物，同样存在着网络匿名化、传播程式随意化以及"无把关"现象，这给大量未经证实以讹传讹的失真信息、错误信息、有害信息提供了生存和快速传播的空间。鉴于大部分微阅读受众具有不动脑、不走心的阅读特征，这些错误的、被污染的、有害的信息源极有可能毒害被动的海量信息全盘接受者。从阅读本质上说，这是一种有害阅读，其对阅读者的建构是反方向的。

微阅读中还存在着一种"独白式"阅读。即读者无视文本，既不与作者也不与文本阅读史进行对话，而是一种自说自话型的阅读形式。比如当前众多的网络水军、粉丝以及某些充满戾气、感性冲动的网民，他们的阅读多采取剥离文本语境，抓住一点，断章取义，根据需要随意阐释。从传播角度来看，这是一种未完成的阅读，文本传播效果为零，传者的价值导向和文本价值被抛弃，双向的信息交流几乎为零。此种微阅读，对于文本和自我建构都毫无益处。

深度阅读也遭到侵蚀和消解。以微型、快捷、海量和快感为文化症候的微阅读，其推送的海量信息，杂乱无序，体量巨大，加之网络链接特有的网状结构，造成无数"信息岔路口"。阅读者既要面对几何量级的信息，又要应对数量众多的"岔路口"，一个总工作容量有限的大脑疲于应付，超级注意力产生了。快速跳频，阅读焦点快速转换，信息接受的有效性大大降低。微阅读更青睐微叙事。微叙事重形式不重内容，重感性不重逻辑性，存在诸多"文本失真现象"。无语境或者有意解构语境，导致信息间的关联和构架被解构，信息的整体性被消解。加之受众对形式的关注大于对内容的关注，导致文本意义、文本的结构美和语言美被直接忽略，深度阅读所具有的逻辑性和审美性被消解。

"手不释机"的生存状态已成为当下网络大众的自觉选择。深度阅读需要思维和情感的投入与投射,需要时间和精力上的保证。而微阅读几乎耗尽了一般读者的时间和精力,深度阅读的生存空间被挤压殆尽。

微阅读不仅消解阅读本体,还给阅读主体带来消极影响。

在数字互联时代,人是无限信息洪流中的一个环节,被各种各样的信息裹挟着撕成碎片。无序、杂乱、海量的信息洪流,以海啸般的能量排山倒海压过来,阅读能力和阅读趣味尚处于低端的阅读者被瞬间淹没,失去选择的能动性,成为被动的信息接受者,成为机器和设定程序的附庸。而传统阅读习惯的被颠覆,导致大脑对博闻强记依赖的迅速减弱,进而导致基于系统理论和独立思考的批判意识逐渐丧失,能动性降低,成为失去自主性和批判性的"肉体化"的"空心人"。不容乐见的是,在微时代,"空心人"有发展壮大之势。

网络"去中心""无把关""无边界"等特点使新媒体的文本更为开放和包容,但也带来了传播内容的"碎片化"和"浅薄化"。微阅读文本多为复制、剪辑型,原创较少。"新媒体指数"的研究也证实,微信现在的内容比较杂乱,还有伪科学的、造谣的、抄袭的。为吸引受众注意提高点击率,标题多危言耸听甚至文不对题、以丑为美,内容也多简单、新奇、刺激。而大众又采取了一种幼稚的、不受规训的阅读方式,对文本有着深切的不尊重。长期浸淫于此种阅读,受众不仅会以娱乐化的态度面对一切,对什么都司空见惯,缺乏同理心,还会变得浅薄甚至愚蠢。

大众对微阅读装置的依赖,已经达到一种病态的程度。据研究,随着开机化生存模式的普遍化,一种"解离症"已经出现在部分智能手机依赖症患者身上。"解离症"又名人格分裂,即多重性格或双重性格。"……多重性格从整个精神层面解离开来进行自我保护,同时导致自我整体性的丧失,进而表现出封闭压抑、离群索居、孤傲怪病等性格特征。"①麦克卢汉曾预言新媒介会使社会重新"部落化"。因微信而生的各种"部落",诸如同学群、同事群、书友群以及其他社交媒体上的各种小众化的文化社群关系,不仅存在于网络,还延伸到现实生活中。这些"部落"大多具有排他性和封闭性的特征,他们热衷于内部小圈

---

① 骆嘉,等.智能手机使用中的人格分裂及其文化归因[J].中国图书馆评论,2015(8).

子的事物和关系,对外部事物和重大社会问题却比较冷漠。这种圈层化、江湖化的小圈子,各有话语范式,又互不认同,这使得大规模的社会整合、社会共识的达成变得更加困难。①微阅读衍生出的"超级注意力",形塑了碎微化的微主体。微主体习惯于微思维、微认知,以"小"为美,过于关注微小事物而丧失了对大情怀、宏大叙事的关注和追求。"一旦成为碎片,一旦沉浸在娱乐之中,一旦过于沉浸在当下的枝节和琐细之中,人们就会缺少总体性的视野,缺乏超越性的怀疑精神。"②

(五)微阅读对文化传承的消极影响

广西师范大学出版社的阅读调查显示,具有厚重意蕴的经典名著已成为"死活读不下去的书"。杭州24所高校的阅读调查结果也显示,部分大学生阅读经典时头脑发胀,字在眼前漂移,死活看不进去。微阅读所具有的草根化和反智化倾向进一步恶化了此种阅读趋势。

微阅读具有典型的草根化、低门槛的特征,其本质是去精英化。当网络文化呈现出民主化和草根化的特征时,文化和艺术的门槛降低了。人人都是生产者、创作者,文本、范式、规律和经典不被尊重,权威被挑战,创新成了标新立异,审美趣味"三俗化",甚至以丑为美。打着民主化反精英的立场,草根们企图抹平认知和文化上的差异,去权威、去中心的后现代思想,又使大众对思想启蒙嗤之以鼻。微阅读呈现出了不同程度的反智化倾向。实事求是地说,低门槛令"知识的体系性和理性化程度都有所降低,这使得我们通过传统知识体系整合社会时将会面临极大的困难。而反智化倾向则对知识的传承、理性精神的建构、群落对立的协商提出了新的考验。"③

当微阅读装置填满了普罗大众的生活,占去了年轻人、青少年系统读书和求知的时间,消解着传统文化的整体性、厚重性和严肃性,并呈现出娱乐至死的文化症候时,未来我们势必将面临优秀传统文化如何传承的问题。而"如果一个民族分心于繁杂琐事,如果文化生活被重新定义为娱乐的周而复始……

① 陶东风,等.微文化需大关注[N].光明日报,2013-12-24(14).
③ 陶东风,等.微文化需大关注[N].光明日报,2013-12-24(14).
④ 陶东风,等.微文化需大关注[N].光明日报,2013-12-24(14).

总而言之,如果人民蜕化为被动的受众,而一切公共事务形同杂耍,那么这个民族就会发现自己危在旦夕,文化灭亡的命运就在劫难逃"①的论断也就不再是危言耸听了。

(六)微阅读的建构性

微阅读的媒介载体当下主要是智能移动手机。其方便携带易于获取信息的特性,大大满足了书友们利用零碎时间阅读的需求。微阅读成为书友们纸媒阅读之外的一种有益补充。一些传统媒体和媒体人也及时开辟了第二战场,利用微阅读平台进行阅读推广和文化传播。比如,一些出版社的公众号,在介绍好书的同时,频频推送深度好文。另外,一个我们不得不承认的事实是:随着微阅读霸行天下,很多平时不读书的人拿起手机阅读了。不论其阅读动机是什么也不论其读什么,读总是一个开始,甚至可以说是一个良好的开端。当众多不阅读的人开始了阅读,阅读的社会氛围便慢慢形成。读得多了、久了,大众的阅读能力、阅读层次会得到不同程度的改善和提升。

一般读者的微阅读大多选择段子笑话、各种"心灵鸡汤"式的内容,虽说这些内容浅显,缺乏深度和意蕴,但是,从心理学角度来说,它却能给处于一定情境中的人以慰藉,甚至起到心理治疗作用。另外,各种社交账号也在书写方面为受众打开了一扇自我治疗的大门。社交媒体的评论、跟帖是一种情绪和心理压力的宣泄,博客、微博的写作也是一种缓解和消除心理负能量的手段。总之,微阅读能在一定程度上疏导和缓解现代人的焦虑,安抚人们焦躁的情绪,使分裂的身心得到暂时的弥合。

哈贝马斯指出,公民需要在政治权力之外,拥有自主参与公共事务、参与政治活动的空间。微阅读装置作为公共领域话语表达的重要载体,为人们提供了参与和表达的渠道。从传播学角度看,微阅读及其装置,促进了人类文化平等权利的扩张和实现;从人学立场看,微阅读促进了人类追求自由平等理想的实现,使人类精神领域的表现更加多元化。②具体到传播领域,受众不仅参与传播过程,还可以设置议题,彻底改变其信息传播接收端的地位。

---

① [美]尼尔·波兹曼.娱乐至死[M].章艳译.桂林:广西师范大学出版社,2004.
② 杨沉,张家武.对网络阅读的理性思考[J].国家图书馆学刊,2013(1).

网络空间社会是一个没有门槛的创新试验场,它允许打破陈规,鼓励标新立异,并在此基础上发展出一种颠覆解构式的创新思维——互联网思维。这种创新思维"强化了网民的创新意识,……从而推动了网络社会乃至真实社会的巨变"①。而在信息洪流中快速抓取信息的行为模式,训练并形塑了阅读者对所需信息的敏感度、定位能力和快速抓取信息的能力,以及多头任务并进的工作能力。这些新能力,对创新发展是一种建构力,对未来文化的发展和传播也具有推进作用。

二、全民阅读视角下的微阅读推广建构

(一)利用微阅读推广的可行性

由于微阅读具有受众面广、受众社交阅读需求旺盛且潜在的微阅读用户规模巨大的特征,通过微阅读形式开展阅读推广不但具有可行性,而且更有价值。第十三次全国国民阅读调查结果显示:受数字媒介迅猛发展的影响,数字化阅读方式(网络在线阅读、手机阅读、iPad阅读等)的接触率为64.0%,比2015年上升了5.9个百分点,增速迅猛。成年国民日均手机阅读时长首次超过一小时,其中超87%的用户进行过微信阅读。②随着微文化的流行,各类新闻APP、微信等微装置的活跃和推陈出新,以及移动互联时代的到来,拥有13亿手机用户的社交性阅读需求必将更加旺盛,手机阅读时长也必稳步增长。这为微阅读提供了数量可观的潜在目标用户。

微阅读所具有的强大传播能力,为利用微阅读形式进行阅读推广提供了技术、传播方式和传播机制方面的支持。可从三方面予以说明:首先,技术的支持。以微信为例,微信提供的公共平台、朋友圈、消息推送、评论、链接、转发等功能,为信息的生成、流转、消费提供了技术支撑。超链接的信息组织方式和多媒体的呈现方式则在使信息内容具有碎片化特征的同时,也为阅读主体"预留了参与的空间,主体可以在广泛的互动中介入阅读的生成和传播环

① 毕宏音.基于互联网思维的舆情表达与舆论管理[J].新华文摘,2015(18).
② 第十三次全国国民阅读调查数据在京发布[EB/OL].[2016-04-19].http://www.chuban.cc/tpxw/201604/t20160419_173544.html.

节"①。其次，传播方式的支持。仍以微信为例。微阅读的信息传播具有免费、跨运营商、跨系统平台的特性。微信用户可以通过手机、平板等快速发送文字、图片、语音、视频，并通过分享功能与好友或朋友圈分享。此种传播方式拓展了阅读推广服务空间。再次，传播机制的支持。微阅读传播平台呈现出"传播频率几何级数化，传播架构超级链接化"的特点，草根性、即时性、交互性以及裂变式的传播机制，为阅读推广提供了拓宽服务广度和效率的光明愿景。

微阅读不仅图文并茂、易操作、费用低廉，且传播时效快、互动性强，这些特点使之成为传播、营销和推广的利器，深受各级政府机构、企业和个人的青睐。而微阅读潜在目标人群规模巨大，受众面广，又为利用微阅读形式推广传播优秀文化提供了广阔的舞台和美好的前景。因此，要充分利用微阅读平台及其社交阅读的影响力，广泛地运用于阅读推广的宣传、调研、实践、评估等环节，最大化发挥其工具价值，营造全民阅读氛围，改善大众阅读愿景。

利用微阅读形式进行阅读推广有其利，就有其弊。

研究得知，微阅读大多采取即进即出、强力浏览的阅读方式。这种阅读方式的直接后果是碎片化和超级注意力的产生。碎片化、超级注意力作用于阅读主体的直接影响是浮躁、慢不下来，不愿意深入思考，懒惰、戾气可能成为习惯和行为方式；长远影响是阅读主体碎微化，阅读认知碎微化，阅读习性碎微化。作用于传播和阅读推广，其直接影响是文本传播效力为零，阅读本质和阅读目的丧失。间接影响是阅读的个体价值和社会价值均无法实现。也就是说，微阅读的根本病症在于主体"看"的方式。

产生文本质量问题，主要是指文本碎片化和文本质量把关问题。这涉及信息文本的组织方式和呈现方式，以及文本内容的逻辑性、系统性、艺术性等问题。仅以手机阅读为例，调查显示，以玄幻、探险、情感、穿越等主题为看点的网络作品在微阅读空间大行其道。这类作品多情节离奇怪诞、结构拖沓冗长，优质文本较少。文化产业链中的传媒，为单纯迎合受众、主抓注意力经济而偏重阅读的市场化推广，致使微阅读文本多以怪力乱神来吸引受众眼球，文

---

① 侯欣洁.手机阅读"三低"现象表征与原因透析[J].编辑之友,2013(2).

本质量趋于"三俗"。大体来说,微阅读信息来源多元化,质量良莠不齐。因此,文本质量问题是微阅读的主要病症。

当前,鉴于微阅读大多是出于人际效用、消遣、信息搜索、便利、娱乐乃至逃避的"使用和满足"目的,存在着过度使用数字工具的倾向,如何平衡连接和未连接的生活、改善微阅读的黏度,成为阅读推广必须面对的严峻挑战。不难想象,随着第四次工业革命的到来,我们将生活在一个被数字和软件包围的世界,虚拟与现实成为生活的两端,边界模糊。在此前提下,帮助阅读者理解如何平衡技术的使用和其他发展的需求,平衡使用技术和不使用技术的时间以及用合理方式应用技术[①],成为阅读推广必须面对的重大课题。

基于利弊认知的分歧,有人视微阅读形式为洪水猛兽,一概否定,认为微阅读是伪阅读,败坏社会风气,颠覆了传统阅读;有人认为微阅读解放了受众,扩张了受众民主权利,会发展出如唐诗、宋词一样经典的新文体。客观地说,两种认知都相对片面。对于微阅读,人们的担忧无外乎是怕被微阅读控制和"格式化",以微思维微心理来处理文化和日常生活领域内的一切事物,进而影响社会文明进程、国家的发展、民族的强大。笔者认为,对于微阅读,不必谈虎色变。

首先,要正确地认知它,对其展开研究,剖析其利弊,把握其性质和未来发展走向。微阅读虽然成为大众开机化生存的首选,影响巨大,但尚未到全面颠覆传统阅读的地步。从历史角度来看,无论在任何时代,都存在精英阅读和大众阅读。作为大众阅读的主流形式,微阅读只能是阅读生态圈中的一环,是辅助性阅读。虽然是辅助性阅读,我们也要注意到,它对传统阅读所具有的强大冲击力,认识到微阅读目前尚不具备担当传统阅读职责重担的能力。因此,目前,我们只能将其作为传统阅读的一种补充,充分利用其进行放松休闲娱乐,充实垃圾时段,打发无聊。经典阅读、智慧阅读,我们建议选择深度阅读。

其次,要对当下过火的微阅读现象进行反思。时下微阅读群体有很多别

---

① 金慧,等.新媒体联盟《地平线报告》(2016高等教育版)解读与启示[J].远程教育,2016(2).

称,比如拇指族、低头族等。借助于开机化生存,微阅读已经成为大众生活的一部分,时刻沉溺于信息的洪流中,甚至迷失了自我。对此我们有必要反思:我们是否真的需要那么多的资讯和信息? 我们是否该控制一下自己沉溺于数字世界的欲望? 研究表明,大部分微阅读只适合于消遣、娱乐、获取资讯,而不适于提高认识,进行自我建构。随着互联网和人工智能技术发展,未来微阅读的影响力会越来越大,如果任由微阅读主宰我们的生活,最终,受众将成为变异者。

再者,挖掘和最大化发挥微阅读的工具价值。微阅读是传统阅读的有益补充,是大众文化的构成部分,也是当下公共文化服务体系构建的一部分。其受众广,涉及面大,影响深远。在当前的全民阅读推广活动中,要有效利用微阅读所特有的传播机制、传播效应以及受众面广的特征,将其作为阅读推广的窗口和推广工具使用,扩大推广传播面。

(二)微阅读推广建构路径

从微阅读概念的普及面及其社会影响力来看,微阅读虽小,却显露出以微为大、以小博大的强劲冲击力,大有成为主导性阅读的趋向。这促使我们必须思考以下问题:微时代,如何建构阅读? 在微阅读语境中,阅读推广的目的是什么? 如何利用微阅读形式进行阅读推广?

在微阅读语境中,阅读推广的目的是再造读者、营造全民阅读的社会氛围进而构建书香社会。以生态学视角来看,阅读推广也是一个生态系统,涉及文化生产领域、传播领域、管理领域和消费领域(受众)。因此,利用微阅读形式进行阅读推广,实现阅读推广的目的,首先要进行微阅读构建,这需要整个"生态圈"的协同作战。

宏观层面,构建完善的公共文化服务体系,改善阅读和阅读推广的生态环境。

一般来说,官方文化和精英文化应当是社会的主流文化,担当着塑造社会意识形态和价值观念的重担。但是当下,占据社会文化和阅读主导性地位的是微文化、微阅读。二者地位虽非主流,产生的影响和所起的作用却是主导性的、巨大的。因此,政府要牢牢抓住"文化的领导权",除了在制度、资金上予以支持,还要在实践层面大力倡导经典阅读,严把审查、监督管理关。同时,大力提高政府机关和官媒公众号的占有比例、内容推送频率,并思考如何将经典阅读推广与微装置微阅读适度结合,扩大经典推广面,提升推广效率。

鉴于微阅读信息来源广泛、优质文本比重小,因此,微阅读的构建首先要解决信息文本的质量问题。既要提高传播内容的原创性和逻辑性,也要注意受众的特点,在雅俗共赏的基础上,实现分层推送。这需要文化产品生产商和供应商从文化产品的源头对文本内容进行质量把关,杜绝低俗低质不良文本大量涌入文化市场。

微阅读的信息组织和呈现方式是产生超级注意力的首要因素,因此,为提高微阅读品质,需要对文本信息组织方式和呈现方式进行技术革命与创新,提升阅读体验,减少超级注意力的产生,这需要技术提供商和平台支持商做出贡献。

微观层面,再造读者。阅读推广的最终目的是人,是通过阅读再造读者,实现阅读和读者的双赢。毋庸置疑,作为阅读的发起者、接受者以及文化的动态载体,阅读主体势必要清楚自己的阅读动机和阅读目的,并能控制和贯彻执行。而当下过火的微阅读现象中,一个尤需克服的挑战是:如何适度平衡数字世界和现实世界的关系,如何合理使用数字工具。从阅读推广视角来看,它涉及两个层面的问题:一是微阅读的黏度,二是深浅阅读的比重。对于微阅读所涉及的两端:阅读主体和技术,势必要从提升主体的认知能力、数字素养尤其是理性着手,在摆脱对智能移动设备尤其是智能手机依赖的同时,调控微阅读的阅读频率,减少媒介黏度,尤其要克服强力浏览的冲动,力争深度阅读和微阅读、现实世界和数字世界兼容、平衡。这些皆是阅读推广机构尤其是图书馆阅读推广需要发力之处。

阅读推广机构要充分利用微阅读受众面广、传播/反馈及时、富于参与性和互动性的裂变式的传播机制,开展阅读推广服务创新,反构微阅读和微阅读群体。(1)充分利用其工具属性,将之作为社会主流文化和价值观的载体,传播健康的文化价值观和阅读观。如以微信公众号、QQ、微博等微阅读装置为传播平台,将传统优秀文化适当改编,以动漫、动画、微视频、说唱、吟诵等大众喜闻乐见的形式进行传播。(2)以微信为例,尽管全国已有166家图书馆开通了微信平台,但利用其进行阅读推广的还非常少,且大多存在着诸如功能使用不足、信息更新频率偏低、开放程度较低、内容开发少的情况。这表明,图书馆界对利用微阅读形式开展阅读推广尚缺乏足够的重视和规划。而微信公共平台后台操作系统中的用户管理、素材管理、群发消息、消息查看等功能,均有利于图书馆阅读推广的开展和管理。[①]鉴于此,图书馆界不但要改变观念积极利用微信拓展阅读推广服务,还要针对微阅读群体"部落化"的特征,研究受众的信息接受行为对受众分类,建立阅读推广"朋友圈",开展个性化推送服务,提高阅读推广的针对性和效率。(3)组合推广。即要融合多种自媒体,利用手机移动图书馆、微信等微装置平台,取长补短,打造"身边的图书馆",开展组合式、多样化、专业化服务,提供知识性服务。(4)在推广手段方面,要主抓受众注意力进行阅读推广形式创新,以受众喜闻乐见的形式,开展微营销、微宣传、微推介。比如开展微摄影、微动漫、微电影的制作、放映、评点活动,将数字素养教育和阅读推广内容纳入其中,将理论与实践结合于教学中,提升阅读推广效果。

三、基于发生认识论的微阅读接受研究

阅读接受活动既是一种文化活动,也是一项传播活动,更是一种认识活动。知识通过作用于人们的知觉和记忆系统,引起知识量的增加和知识构成的变化,通过作用于人们的观念或价值体系引起情感或价值观念的变化,通过向社会提示具体的行为范例或行为模式来直接或间接影响人们的行动。[②]对于阅读接受,我们始终关注其效用和价值的可实现性,也即阅读对于个体和社会的建构性。无论是个体的自我实现还是社会价值实现,均建立在认识成长的基础上。时下风靡全球的微阅读,具有碎片化、娱乐化的文化症候,其在重构大众生活方式、阅读方式和文化生产方式的同时,也在遮蔽和消解某些深层次的东西。有鉴于此,我们有必要对风头正劲的微阅读进行考察,研究微阅读

① 白浩,郝晶晶.微信公众平台在高校教育领域中的应用研究[J].中国教育信息化,2013(4).

② 刘雪明,魏景容.廉政政策传播效果的影响因素及衡量维度[J].行政论坛,2015(4).

接受过程中知识的生成和认识的发展情况,以为微阅读建构和阅读推广建言献策。

(一)微阅读的信息构成及其文本特征

如果把知识的生成和发展过程视为一个动态的知识生态系统,那么,信息作为作用于主体原有知识结构也即皮亚杰所谓"格局"①之外的刺激,是知识生态系统演进的第一诱因。

皮亚杰认为知识的成长是建立在同化、顺应基础上的主客体间持续建构的产物。也就是说,认知发展是格局形成和变化的产物。"一般而言,每当个体遇到新的刺激,总是试图用原有'格局'去'同化',若获得成功,便得到暂时的平衡。如果用原有'格局'无法'同化'环境刺激,个体便会作出'顺应'即调节原有格局或重建新格局,直至达到认识上的新的平衡。"②对于认识而言,同化仅扩容了知识的量,顺应则改变了知识的结构,促进了认识的发展。因此,作为外来刺激,信息必须要对主体原有格局构成挑战。如果外来刺激不足以使原有格局发生改变,则新信息对主体的认知发展毫无帮助。

以此观照微阅读接受活动中的外来刺激-信息,我们发现,微阅读信息具有如下特点:(1)就信息文本体量而言,文本以微、短为主,长文也有,所占比例较小。(2)从文本内容性质来看,既有体现正能量中规中矩在伦理范围之内的"红色"文章,也有大量打道德、法律擦边球的"灰色"信息、"三俗"信息,还有不少违法违纪违伦理纲常的"黄黑"信息。(3)从文本理解难易程度来说,大多通俗易懂,较为浅显,娱乐性较强,深度好文较少。(4)从信息来源来看,既有官媒推送的意识形态话语,也有民媒市场运作的八卦娱乐,以及个体推送的各类诉求信息。(5)从信息文本呈现方式来看,既有纯一色以文字或影像为主的单一文本,也有以文字、图片、视频等为构件的复合文本。单一文本更容易保持注意力,而复合文本则因为媒介和物质环境的喧嚣更容易分散注意力。(6)从文本组织结构来看,线性结构是基础,超链接的网状结构是主流形态。(7)从信息文本的语法逻辑来讲,微阅读提供的信息大多五花八门,相互间缺乏内在逻

---

① [瑞士]皮亚杰.发生认识论原理[M].王宪钿等译.北京:商务印书馆,1981.
② 李维东.皮亚杰的建构主义认知理论[J].中国教育技术装备,2015(6).

辑,意义也较苍白贫乏;即使所推送的某些具有思想深度和艺术性的原创,多数也因读者容忍度低、篇幅不宜过长而往往采取剪接、拼贴的手法重组信息,破坏了文本逻辑,导致原有语境缺失。

从知识生成刺激角度而言,微阅读所提供的大多数信息,无论是从其来源、性质还是逻辑性、理解的难易程度等方面来说,均无法撼动阅读主体原有认知格局。海量的、杂乱无序的、浅显的"灰色"信息,其真实性、逻辑性尚且可疑,有害信息即使再引人入胜,对受众的认知也是有百弊而无一利。而其刺激的、超链接式的方寸屏幕间的阅读方式,既不利于深度好文的阅览体验也无法提供沉潜阅读的物理环境。综观之,作为"新的刺激",微阅读提供的多数信息仅有量,质不足,还不足以改造阅读者原有的认知格局,促进认识的发展,其作用,仅仅是扩充原有格局的容量而已。

(二)微阅读接受过程中的主体身份

在文学阅读理论中,读者的地位和作用经历了一个作者中心论—作品中心论—读者接受论的发现过程。无论是作者中心论还是作品中心论,都忽视了读者在阅读活动中的作用,将读者视为信息接受的被动者。只有在读者中心论中,读者的能动性和主体功能才得到了尊重,被置于与作品同等重要的地位,甚至矫枉过正,过于乐观地相信读者的理性和能动性。

发生认识论同样重视读者在信息接受和认识发展过程中的主体地位及其能动性,尤其强调认识发展是主客体相互作用和持续建构的产物。也就是说,在阅读活动中,主体一定要发挥"活动"的威力,积极介入文本之中,与文本互动。如果主客体间缺乏"活动"的联结,主客体间的对话、理解以及持续的构建也就无从发生。从这个意义上来说,知识的生成与发展,个体认识的成长,均需以阅读主体的能动性也即"活动"发挥作用为基础。

在微阅读活动中,作为技术和知识的物质形态,新媒介不仅改变了信息生产和传播的方式和机制,还改变了文化生产形态。作为阅读主体的阅读者,其在信息接受和传播过程中的地位也随之发生了显著变化,身份被重新定义。微阅读接受过程中,阅读主体的身份大致有以下四种:

消费者身份的凸显。自消费主义意识形态一统天下,受众的阅读接受也打上了消费的烙印,微阅读更是如此。在微阅读世界中,官媒及个人,均利用各类微装置平台积极推送各类信息,进行意识形态灌输或者是品牌/商品营销。此类推送信息,其关注点不在知识,而是读者的眼球,点击的注意力。读者不但是潜在的消费者,还变成了可以被售卖的"商品"。

生产者身份的凸显。在微阅读中,阅读者生产者的身份被空前凸显出来。"以互联网为代表的新媒体技术,在政治、经济、文化和社会领域展现出巨大的整合潜力,逐步消解了以传者为中心的受众概念,促使信息控制权逐步向受众转移"[1]。受众利用各类微阅读平台,生产、表达自己对世界对公共事务以及对人生的看法和意见;甚至可以设置议题,进行广泛的讨论;建立社群,开展"部落"活动。至于微阅读中的特殊群体——粉丝,其读者和生产者身份更难区分。因为粉丝不仅消费别人生产的文化产品,还在此基础上创造出了可以在自己圈子内进行交流的文化产品。[2]

传者身份的凸显。在传统的阅读接受中,读者的传者身份往往是隐性的。在微阅读中,读者的传者身份大致可分为两种:弱传者身份和强传者身份。在不走心不过脑、感情零投射的微阅读中,阅读主体与客体之间缺乏必要的信息交流和分享,文本的传播效力几乎为零。从文化传承角度看,这类读者的传者身份是弱传者身份。而从微阅读信息传播角度而言,每个参与转发、扩散的人,都是传者。一次点击,N次几何层级的转发,信息传播链中的一个网状发射节点,有力地凸显了读者的强传者身份。

四位一体式,即集接受者、作者、传者和消费者于一体。在微阅读世界,读者阅读接受的动机多出于"人际效用、消遣、信息搜索、便利、娱乐乃至逃避"的"使用与满足"的目的。"使用与满足"理论"把受众的媒介接触活动看作是基于特定需求动机来使用媒介从而使这些需求得到满足的过程,把受众看作传播活动积极主动的参与者和传播效果的反馈者、显示器。"[3]在这里,阅读者拥有"变色龙"的身份,根据需要随时改变身份,既可以是生产者,生产信息,也可以

① 葛自发.新媒体对"积极受众"的建构与解构[J].当代传播,2014(1).
② 陶东风.粉丝文化研究:阅读——接受理论的新拓展[J].社会科学战线,2009(7).
③ 黄蓓蕾.简述受众观念发展史[J].东南传播,2007(4).

是阅读者、消费者。当下正火的大"IP"文化消费现象就是一个很好的证明。阅读者不仅是IP的拥趸,将线上阅读延伸到线下其他类型文化产品的购买,还可以提出意见,设置情节,参与创作。四位一体的身份在他们身上表现得尤为充分。

上述分类是粗略的,相互间亦存在叠加。但总体来看,传统读者身份关注读者在阅读接受中的能动性和知识的可获得性,也即关注读者在文本意义的生成与传播中的作用,关注阅读者认识的发展;微阅读接受对主体身份的关注更多的是着眼于受众娱乐、放松需求的满足,消费的实现,文本意义文本价值的生成和传播以及认识的发展不再是关注的中心。

(三)微阅读接受的影响因子

皮亚杰一再强调,认识的发生发展来源于"活动",是阅读主体和客体之间"同化于己""顺应于物"的持续建构过程。缺少了"活动",认知也就无从谈起。以此观照微阅读,我们发现微阅读中的"活动"存在着以下几种情况:(1)"活动"正常存在。也就是说,在微阅读接受过程中,"活动"正常地发挥着其应有的作用。在这种情况下,认知正常地发生和发展。(2)"活动"的消失。微阅读接受过程中存在着大量不走心、不过脑的阅读现象。阅读主体既没有投入感情也没有运用思维,在整个阅读接受过程中大脑的唯一功用就是认字。此类型的接受活动中,同化、顺应现象基本不存在或很少存在,信息接受活动的实质是打发无聊和时间的消遣。(3)"活动"的异化。虽然接受过程中也存在同化、顺应现象,但却是以一种"强制阅读"[①]的形式,脱离文本或者歪曲文本原意,按照读者需求有意识地误读。这种异化性的接受活动,发展出的认知与客体文本毫无关联。从构成比例来看,①是微阅读接受的非常态,较少,②是常态和主流,③仅次于"②"。

除了"活动"这个核心的关键的影响要素,还有主体个体性差异以及技术/媒介因素和社会环境因素的影响。主要表现如下:

阅读主体的个体性差异对阅读接受的影响。阅读者的个体性差异既包含阅读者已有格局的差异,也包括同化、顺应等调节能力的高低以及阅读主体对

---

① 张江.强制阐释论[J].文学评论,2014(6).

待微阅读的态度和投入程度。主体格局和调节能力处于较高水平,主体的理解就愈深刻,获得亦越多。反之,则影响接受效果,所得甚微。这就是为什么格局相似的人在接受同样信息时所得并不相同的原因之所在。另一方面,即使主体格局和调节水平都很高,调节能力也很强,投入程度的不同也会影响认知的结果和认知发展。

媒介/技术因素对认识和思维的影响。保罗·莱文森在《思想无羁——技术时代的认识论》中指出:"技术总是在增长知识,有时在限制知识,随时在影响知识。岂止如此呢。实际上,技术构成知识,给我们的思想和知识提供物质表现,把我的知识使节派驻到整个宇宙中去。"①微阅读时代,媒介/技术因素不但在物质层面影响阅读接受,也从传播机制、文本内容和受众层面对认识、思维产生影响。作为技术的物质形态、认识发生的外在刺激,媒介首先从物理层面"决定我们每个人的知觉和经验的形貌"②。而超文本的组织方式和超链接的呈现方式不仅导致了信息迷航,专注力的贫乏,还制造了超级注意力,在割裂信息一体性和完整性的同时,也割裂了认识的系统性。对于搜索和复制存储技术的依赖,则弱化了传统阅读培养起来的博闻强记的大脑,不利于系统性、理性思维的培养,抑制甚至降低了受众的创新能力。

社会环境对阅读接受的影响。这里的社会环境主要是指占主导性地位的文化观念和价值体系所构成的环境。当下社会上拜金主义、消费主义、价值取向不健康的成功学大行其道,而某些突破道德底线搏出位的言行,不仅没有受到惩戒反而受到受众的关注和追捧,产生经济效益甚至跻身上层,这为社会提供了不良的行为示范。另外,我国的公民社会发育尚不健全,参与公共事务的渠道还不够畅通,参与某些公共事务尚具有敏感性和危险性,导致受众远离公共严肃事务,只关注自我成功、关注个体体验,把精力投入到物质追求、娱乐八卦上。这些在观念和价值体系上影响了受众,塑造了受众不健康的阅读价值取向,偏好庸俗甚至是低俗的内容,产生阅读的异化。异化的阅读促使主体的

①[美]保罗·莱文森.思想无羁——技术时代的认识论[M].何道宽译.南京:南京大学出版社,2003:平装版作者序,第10页.

②[加]Mc Lu Han, Mar shall, Understanding Media[M].Mew York:Mentor, 1964:3.

认知往不健康的方向发展。

(四)认识论视域下的微阅读构建

通过对微阅读接受过程中主体、客体以及影响阅读接受的影响因子的分析,我们发现,在微阅读语境中,信息必须要优质有效,方能通过主体的"活动"与主体相互作用持续建构,提升个体认知发展。这使我们认识到,微阅读的建构必须从文本、受众和环境着手,方能有效。

作为认识发生、认知发展的有效刺激,信息必须是优质的,方能对主体的原有格局构成挑战,促使格局改变。这就要求我们在进行微阅读建构或者是阅读推广时,必须严守文本质量关,提升文本质量。主要体现在三个方面:(1)信息文本的质量把关。这要求微阅读的文化产品生产者、提供者、传播者不但要有经济意识,更要有人文情怀社会担当,严守质量关。微阅读文本可以通俗大众化,但绝不可以庸俗、低俗化。(2)发掘传播优质文本。这要求阅读推广机构和个人,在微阅读建设和推广过程中,在严守质量关的同时,要筛选、发掘、提升微阅读的文本质量,推送优质阅读信息,实现提升大众阅读的最终目标。(3)微阅读推广创新。要研究探讨如何把社会主流价值观和意识形态以及传统经典通过微阅读的形式和渠道推广出去。

鉴于认识成长是建立在"活动"的基础上以及阅读主体格局对于阅读认知发展的重要影响,在微阅读的建设和推广活动中,必须要强化受众建设。可从三个方面入手:(1)加强受众研究。微时代是受众的时代,受众的需要和喜好左右着阅读的市场并决定阅读推广的效果。因此,微阅读建构和推广必须要关注新阅读环境下受众的心理、动机、趣味等方面的研究,以为阅读建构和推广提供理论指引。(2)加强受众教育。数字化阅读不仅要求读者有较高的阅读素养还要有较高的媒介素养以及专注力。从这个意义来讲,阅读不是更容易了,而是更难了。因此,受众教育不仅要着力提升主体的"格局"层级,还要提升其专注力,使其成为具有自我意识和认识能力的真正主体。这样,才能发挥"活动"的威力,实现阅读的目的。(3)培养健康的阅读价值观。当下微阅读成为一种展示和表演,成为工具。阅读的本质、阅读的目的、阅读的个体价值和社会价值都被抛到了脑后。因此,我们有必要重塑健康的正确的阅读价值观,回到阅读的本质,重返阅读之乡。

加强阅读环境建设。这里的阅读环境既包括微观的信息环境,比如技术媒介环境,也包括宏观的社会文化环境。在微阅读建设和推广中,我们要关注二者的构建。既要关注阅读的公平性、多元性,也要关注其发展性和正义性。阅读建设和推广要坚持大众方向的价值导向,以大众为主,为大众服务。既有大众文化也有精英文化,既有大众阅读推广也有精英阅读推广,多元包容是方向。同时,鉴于阅读的数字化发展方向,阅读建设必须关注其发展性。通过技术革命、技术创新,改善信息文本的组织方式、呈现方式,界面友好化,提升阅读体验,减少超级注意力的产生。另外,还要兼顾公平、正义的原则,大力发展公共文化服务体系,实现文化资源均等化。当阅读生态环境发展良好,阅读主体的价值取向、"活动"的投入程度、信息的文化环境才能得到改善,阅读的价值和阅读的本质也才能实现。

第三节 新媒体阅读生态系统及其平衡重构

新媒体阅读作为一项文化实践活动,发生于一定的"场域"之中。目前,该"场域"中的人与媒介、媒介与信息、人与信息之间以及政府与市场和媒介之间的关系因为新媒介及其技术的变革而发生巨变。信息超载、信息泛滥、信息污染、手机阅读成瘾、媒介依赖等,打破了系统内技术与人文关系的平衡,改变了新媒体阅读生态系统内各要素间的关系,引发新媒体阅读生态危机。

通过文献梳理,笔者发现,目前国内有关阅读生态系统的相关研究,关注焦点多集中于某一行业、某一地区的阅读生态现状及其体系建构,如出版行业、高校、农村地区等,此类研究虽不乏真知灼见,但研究视角偏于微观,缺乏对阅读生态系统的整体观照。而诸如建构阅读生态环境助推全民阅读等研究虽采取了整体性研究视角,但多高屋建瓴,缺乏对阅读生态系统肌理的深入剖析,留下了诸多研究空白点。比如数字环境下的新媒体阅读生态系统尤其是新媒体阅读生态系统的理论框架、构成要素、运行机制等,都尚无专题研究。

另与本研究主题相关度高的信息生态系统研究部分,目前国内的主要研究者有吉林大学的靖继鹏团队和华中师范大学的娄策群团队。他们从信息生态系统、信息生态链、信息生态位、信息生态群落、各类型信息生态系统现状及其建构对策等方面对信息生态系统展开了全方位的研究,此方面研究为新媒体阅读生态系统研究提供了方法借鉴和理论支撑。

为响应十九大扩大文化服务供给提升文化服务质量的要求,缓解阅读焦虑,改善阅读环境,实现"全民阅读""书香社会"的战略目标,我们需要及时研究和掌握新媒体阅读生态系统的内涵、现状及其演化路径,并重构阅读生态平衡。

一、新媒体阅读生态系统内涵

构建于信息生态学理论基础之上的新媒体阅读生态系统理论框架,与信息生态学既有联系又有区别。信息生态学关注信息与信息行为主体间的关系,关注焦点是"信息",以经济价值追求为主,注重信息流转的时效性;新媒体阅读生态研究则更关注网络信息、媒介与阅读者之间的关系和相互作用,关注焦点是数字环境下的阅读行为和阅读效果,以文化价值追求为主,注重阅读价值的实现。

新媒体阅读生态系统理论框架主要包括:新媒体阅读生态系统构成要素及其间关系,新媒体阅读生态链,新媒体阅读生态系统的功能等。

新媒体阅读生态系统由信息人、信息(特指网络信息,下同)、媒介和阅读环境构成。信息人是指一切需要信息并参与信息活动的单个人或由多个人组成的社会组织。事实上,每一个人和每一个社会组织都是信息人,因为每个人和每个社会组织都需要信息,都在进行与信息有关的活动。[①]信息人即各类信息主体,他们是构成新媒体阅读生态系统的网络节点,负责信息的生产、传播、接收和消费,主要包括信息生产者、信息组织者、信息分解者、信息传递者和阅读者。信息则囊括了网络上的各类知识、资讯、评论、言语等。信息在各个信

---

① 娄策群,等.论信息生态系统中信息人的相互作用[J].图书情报工作,2010,54(20).

息主体之间流动、交换和转化,实现阅读生态系统的能量传递。阅读环境是信息人、信息活动和运行的场域,包括社会环境和物质环境。社会环境既指政治、经济、文化所形塑的社会场域及其管理制度,也包括社会、学校、社区、家庭等阅读环境。物质环境主要是指信息技术、信息制度、信息设施等。信息技术既包括快速更新的硬件及其基础设施,也包括日益智能化的软件。从狭义范畴来说,媒介属于物质环境。基于以互联网通信技术为依托的各类移动阅读装置、PC等新媒介及其技术,有着阅读生态系统"第一生产力"之功用,故而将之单列,以引起人们特别的注意。

在新媒体阅读生态系统中,信息由信息生产者(简称信息人1)生产、加工、幻化而来,经过信息组织者、信息分解者、信息传播者(三者统称信息人2)之手通过各种媒介传输给阅读者。被传输的信息内容和品质会因为信息节点的不同而发生变化。换言之,信息节点质量的高低,会影响被传输信息的质量,导致信息能量异化。在广义的新媒体阅读语境中,信息主要由信息1、信息2和信息3构成。信息1是指由官方输出的信息,主要是指由政治因素和经济因素所决定的文化与意识形态;信息2是指商业资本和各种传播教育机构所输出的信息,主要是指经过信息生产者、传播者包括分解者和组织者幻化输出的信息,包括意识形态、文化产品/商品、消费观念、生活方式、价值观、审美趣味等;信息3主要是指阅读者的阅读反馈及其他。阅读者的反馈通过一定的渠道反馈给信息生产者或是被政府数据收集。新媒体阅读生态系统信息流转路线如图3所示:

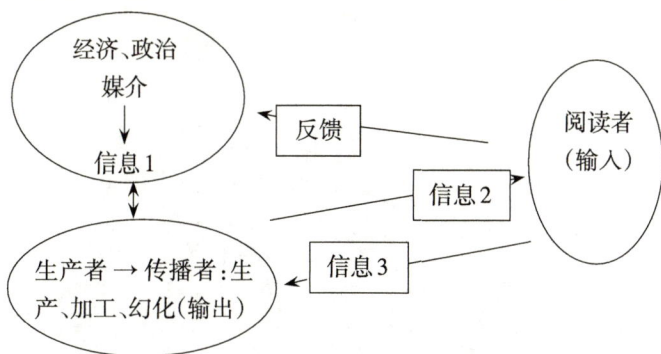

图3 新媒体阅读生态信息流转路线

作为新媒体阅读生态系统的能量"运输线",阅读生态链负责系统内各类信息的运输工作,主要由信息生产者、信息传播者和阅读者构成,它们皆是阅读生态链的信息节点。信息节点在信息流转过程中起着至关重要的作用,决定着阅读生态链和阅读价值的实现与否。信息只有在信息节点间贯彻、流转起来,并满足阅读者的阅读需求,整个阅读生态系统才会富有生机。如果运行不畅或者发生"能量"断流,阅读生态系统则可能会陷入失衡状态。因此,单一类型的信息生态链所构成的阅读生态系统相当脆弱。多样化的信息生态链的构成形式避免了这种可能的发生。其信息生态链构成形式主要有线性生态链、星状生态链、树状生态链和网状生态链。[1]多类型的阅读生态链共生于新媒体阅读生态系统中,形成不同层次的阅读生态网络。错综复杂的阅读生态网络为信息提供多元化的流转渠道,满足不同类型阅读者的阅读需求,生成多样性的阅读生态群落,满足阅读生态系统稳定的内在需求。多层次的阅读生态网络,不仅利于信息的传输和散播,也赋予新媒体阅读生态系统强大的自我修复能力。

综上所述,新媒体阅读生态系统以新媒介为信息载体,以阅读生态链为能量传输线,以信息传输为己任,以阅读者获得信息为最终目的。新媒体阅读生态系统如图4所示:

---

[1] 栾春玉,等.网络信息生态链组成要素及相互关系[J].情报科学,2014(11).

信息人1

信息节点

信息环境

信息
息
3

信息1,2

信息1,2

信息人1

读者

信息
人
2

阅读生态链

信
息
3

物质环境

信息人2

社会环境

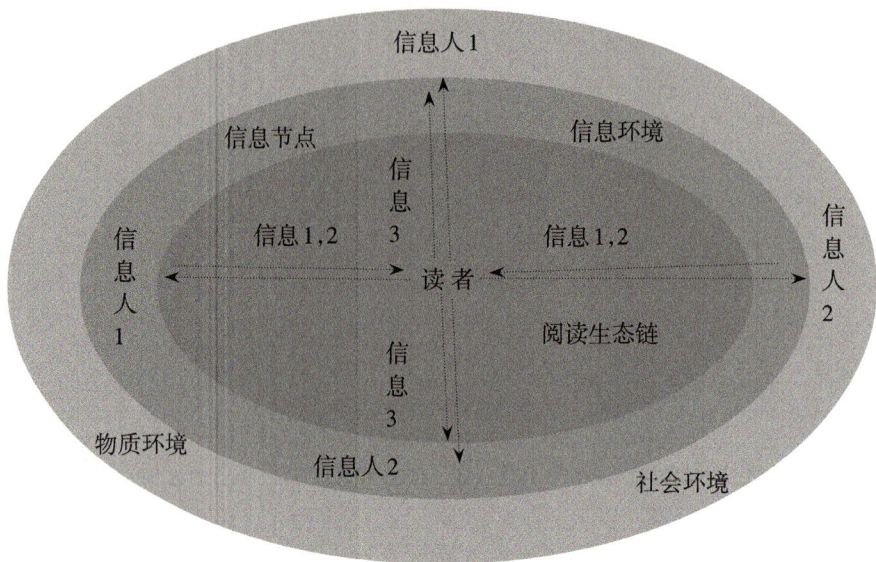

图4　新媒体阅读生态系统

二、新媒体阅读生态现状

当下,阅读生态环境已然发生改变,这种改变主要体现在两个方面:信息生态链的变化和外在信息环境的变化。

纸媒阅读时代,信息生态链多为线性单向传播模式,信息按照生产者、传播者和阅读者的规程和顺序流转,信息节点的身份是单一的、固定的,相互间的关系是稳定的。数字阅读时代,信息虽然仍是按照生产者、传播者和阅读者的传播链传播,但是,与纸媒时代相比,信息传播和转化模式要复杂得多。新媒介所具有的上传、转发、评论、链接等功能,使受众媒介化,人人皆可以生产、分解、组织、传播原创的或者其他来源的信息。信息人拥有多重身份,可以在信息生产者、信息传播者和阅读者之间随意切换。信息节点的结构方式和连接方式因信息人身份的动态变化而生发出不同的组合,构成不同类型的信息生态链。作为阅读生态系统的核心要素,信息生态链的变化牵一发而动全身,生态系统各构成因子如信息、信息环境、信息人的态度等皆随着信息人角色的动态变动、信息生态链的重组而不断变化。

外在信息环境的变化首先表现为信息流转环境的变化。从人类文化史来看,每一次媒介技术的重大变革,都会对信息的生产、传播和接受产生深远影响。随着互联网通信技术的应用,阅读从读"纸"变成了读"屏",从读"文字"变成了读"图",新媒介有着不同于纸媒的物质结构和符号特征,其组合形式不同,媒介具有的偏向不同。媒介的这种偏向性对媒介所承载的信息提出了要求,进而改变了信息的生产环节,传统的传播范式也随媒介环境的变化而变化,传播的时效性、可获得性和传播的空间性都得到扩展。作为环境的产物,身处信息环境变革中的阅读者因其所接触媒介环境和信息的不同而被重塑。

政府、市场/媒介、阅读者之间的关系也被重构。纸媒时代,政府在信息传播环境中扮演着"行动者"[①]的角色,牢牢地控制着文化生产、信息传播的渠道。政府是"强"政府,决定着政府、市场/媒介、阅读者间的结构关系。随着市场经济迅猛发展,资本借助技术的东风,异军突起,迅速改变了媒介在文化市场和信息传播环境中的身份。资本涌向哪里,市场就在哪里,阅读者也就在哪里。资本/市场成为"行动者"。而交互、即时的信息传播模式、多层次的阅读生态网络,加剧了网络信息监管的难度,大幅降低了政府在阅读生态链中的地位,政府扮演着"弱政府"的角色。需要指出的是,三者关系中,阅读者的身份是暧昧的,既"强"也"弱"。其既被资本/市场所控制,其阅读趣味也操纵着信息生产的方向和文化资本的走向。

三、新媒体阅读生态系统存在的问题

系统结构比例失衡。纸媒时代,局限于生产力和市场消费能力,阅读生态系统中的信息、人、媒介之间的结构比例是相对稳定的。即使有所变化,一般都处于系统内部调节范围内。新媒体阅读时代,信息泛滥成灾,信息生产总量完全超出阅读者的信息需求,信息与阅读者之间的结构比例失调,且超出了阅读生态系统的内部调节范围。此外,由于信息节点身份的动态性,使得信息节点间结构也处于动态状态。这种动态性,不但造成信息生产者与信息传递者和信息接受者之间关系模糊、生态位重叠,亦导致三者之间比例失调。也就是

①尹力.媒介权力的畸变——"结构 - 行动"互构视角下的媒介变迁及其负面效应研究[D].南京:南京大学,2011.

说,信息总量与人以及信息节点之间,皆为"头大身子小"的结构比例。无疑,这是一种不合理的结构关系,会阻碍系统功能的良好发挥。

信息供需关系失调。新媒体阅读生态系统最大的特点是海量信息的供给。供给形式大致有两种:(1)供给过度。据统计,2017年初,中国网民规模已达到7.31亿。理论上来说,每一个网民都是一个信息生产者。每时每刻,各类信息生产者(机构、组织和个人)都在生产、传播各种类型的信息,它们有着不同的价值观、审美趣味,表达着不同的诉求,代表着不同的情绪。海量信息汇集在互联网,最终酿成信息海啸。(2)无效供给。阅读,本是为了求知和休闲,为了促进身心和谐发展。海量信息中的无效信息、虚假信息以及"碎片化"信息,在导致信息超载、无效供给的同时,也消耗了人们阅读的时间和精力……在这充满"雾霾"、信息供需关系失衡的信息环境中,阅读者还能否实现身心和谐发展,令人质疑。

信息分解环节薄弱。健康的阅读生态系统要求信息输入和输出规模相当,这就要求信息分解环节有效发挥作用,在信息流动和转化过程中,拒收、删除、屏蔽、排泄无效、不健康信息,吸收、内化、转化、输出有效信息,通过信息节点来调节信息能量流的规模和质量,使阅读生态系统保持稳定。在新媒体阅读生态系统中,信息生产者众多,无序生产导致有序化信息传播困难,信息供给和信息需求比例严重失调,信息分解环节极为薄弱,垃圾信息、无效信息不能及时删除,造成信息生态环境恶化。

存在能量增值失效现象。健康的阅读生态系统,能实现信息能量的有效流转和有效供给,优质信息能量能最大程度到达阅读者为其提供"营养"实现能量增值。新媒体阅读生态系统中,却存在着负能量流过多和正能量增值失效的现象。

(1)负能量流过多。首先是信息污染。网络进入门槛低,网络的开放性、草根化、低智化,使得网络信息呈现出某种程度的粗鄙化、反智化、娱乐化倾向。大量虚假、无效、低质甚至是有害信息充斥网络,造成信息污染。信息污染体现在两个方面:一是信息和信息环境被污染。信息过载、信息失真、信息缺损、信息无效等都是信息污染。二是阅读者被"问题"信息"污染"。其次是阅读生态伦理失范。主要表现在两个方面:①出版发行传播机构传播伦理失范。新媒体阅读内容多以"包裹式"方式呈现,这使得文本"内容呈现结构变成两层:标题成了入口,点击后方能看到内容,因此,标题承担了'引诱点击'的重任"①。互联网阅读时代,注意力是稀缺产品。为争夺注意力,标题党愈演愈烈。失真、扭曲、夸大、露骨、低俗、煽动性甚至是血腥、色情的标题党不但屡禁不止,而且套路越来越深,底线越来越低。②粗鄙化的媒体还盛产虚假新闻、侵犯隐私、报道偏颇、不雅内容进入大众传播领域,伦理失范现象比比皆是。②阅读者缺乏自律。人人皆是自媒体,使得各类社交平台信息生产者、新闻评论区的跟帖者,都自带传声功能。而网络的虚拟性、匿名化、监管不到位,又使得某些信息的生产者、传播者失去道德自律,攻击、谩骂、污名化等网络暴力以及不良社会价值观的展示,通过网络传播出去,影响面大,且后果严重。再次,媒介依赖。现实生活中"拇指族""低头族"随处可见,"刷手机"已成为全球性文化现象,成为一种生活方式。手机成为"时间黑洞",吸引着阅读者的注意力,剥夺了阅读者凝神阅读、静观自处的时光。

(2)正能量增值失效。无论是功利阅读、实用阅读、休闲阅读还是研究性阅读,均是为获取能量吸收"营养",实现正能量增值。新媒体阅读所发展出的"浅阅读"方式,却从以下两方面消解了这种增值预期。一是能量"断流"。信息能量传输大体沿着信息生产者、传播者和阅读者的信息节点循环。"浅阅读"极易导致某类信息特别是"高能信息"(高能量信息)在流转途中既没有被阅读者吸收或者内化,也没有新的信息产出和反馈。信息消失导致能量断流。二是正能量增值机制失效。有研究表明,阅读者更喜爱阅读带有负面倾向的信息,也乐于接收和传播此类信息。快速浏览的"浅阅读"强化了此类信息的生产和流转。研究还表明,"浅阅读"还会导致阅读者思维能力钝化、语言运用能力弱化和人文精神的缺失,弱化其信息处置能力,造成信息认知偏差。③"高能

---

① 叶铁桥.标题党为何骂而不绝[J].青年记者,2016(21).

② 北京市网信办通报多起网媒"标题党"违规案例,新浪新闻.[2016-12-16].http://news.sina.com.cn/c/nd/2016-12-06/doc-ifxyioy9194688.shtml.

③ 任福兵.微时代浅阅读对网络信息危机生成的影响机制[J].情报理论与实践,2013(4).

信息"流转渠道中断、阅读者偏好负面信息以及信息传输和转化不准确,抑制了新媒体阅读生态系统正能量增值机制发挥作用。

四、新媒体阅读生态平衡重构

新媒体阅读生态平衡重构,须遵循三大原则、四大标准,在把握引起阅读生态系统演化的内外因及其演化路径的基础上,通过阅读生态系统内部调控和外部人工干预的路径来实现。

以人为本原则、实践原则、与狼共舞原则是新媒体阅读生态平衡建构的三大原则。众所周知,新媒介及其技术发展的最终目的始终是为人服务,满足人的需求,促进人的全面发展。因此,新媒体阅读生态平衡建构既要坚持"与狼共舞"原则,利用新媒介技术促进阅读生态平衡,也要始终关注新媒介与人的关系,及时修正媒介技术不利于人和谐发展的一面,促进其有利于人性化发展的一面。

新媒体阅读生态平衡建构要始终坚持和、活、新、真的标准。"和"主要是指阅读内容和阅读对象的多元化。"和而不同"是新媒体阅读生态系统建设的标准。新媒体阅读受众群体庞大,对象不同,阅读趣味各异。新媒体阅读生态建构,必须要满足不同受众的不同信息需求,为其提供不同渠道不同来源不同类型的文化产品。"活"主要是指"活用"一切有利手段比如新媒介、新技术、新方法来促进信息环境构建和阅读推广实践。"新"则是指运用创新思维推动新媒介技术创新、阅读推广实践创新,解决阅读发展过程中出现的各种新问题,促进阅读健康发展。"真"是指新媒体阅读所体现出的正义性、文化性和审美性。鉴于新媒体阅读存在信息过载、信息污染等现象,信息建设在坚持内容多元化的同时,需确保信息的真善美。要最大化利用新技术新手段屏蔽、过滤有害信息,甄别虚假信息,分解、组织、呈现、传播优质信息。

关于阅读生态系统演化的内外因及演化路径,娄策群等研究认为,"外部信息环境变化是信息生态系统进化的根本动力,信息人的态度和主导因子的变化是信息生态系统进化的先导因素,其他要素的适应性改造是信息生态系统进化的实现过程。"[①]在新媒体阅读生态系统中,引发阅读生态系统演化的外部动力是以新媒介为代表的数字化信息技术。数字化信息技术有信息第一生产力之称,其变革首先造成外部信息环境的变化,这种变化包括"信息数量、信息内容和信息形成方式的变化"。外部信息环境的变化直接作用于阅读生态系统,向系统各构成要素施加影响和压力,导致系统内"信息需求、信息结构、信息流转量和流转方式以及信息收集处理随之发生变化"[②]。换言之,首先是浸染在信息环境中的各信息主体——信息人的态度发生了变化,接着是信息流转的通道——信息生态链发生演化。从广义层面来说,每个信息人其首要的身份是阅读者。因此,在新媒体阅读生态系统演化进程中,信息人的态度主要是指阅读者的态度。由于阅读生态系统各要素之间又是相互依存的共生关系,信息技术、信息、阅读者的态度、信息生态链变化的连锁效应,导致其他系统要素随之发生适应性改变。具体演化路径如图5所示;

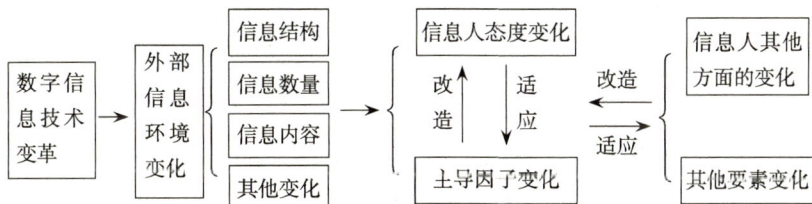

图5 新媒体阅读生态系统演化路径
(注:参考了娄策群"信息生态系统演进机制图")

阅读生态平衡重构有两大路径,即阅读生态系统的内部调控和外部人工干预。

阅读生态系统的内部调控,主要是指利用系统内部信息生态链的自我组织、自我淘汰、自我修复的功能和机制进行系统自我调控、自我维护。阅读生态系统的自我修复机制只有在外界干预的频度和力度在阅读生态系统承受的"阈值"范围之内,才会发挥作用;若外界干预的频度和力度已经远远超出了生态系统的"阈值",则系统内部调控机制失效。这时,人工干预就成为阅读生态

---

① 陈曙.信息生态研究[J].图书与情报,1996(2).
② 娄策群,等.信息生态系统进化初探[J].图书情报工作,2009,53(18).

系统建构的主要手段。

　　阅读生态系统中,信息生态链的种类、数量及其质量,不仅保证了信息流转渠道的通畅,也确保了阅读生态系统结构的稳定,使信息生态系统具有自我修复能力。这种自我修复机制源自信息生态链所构成的阅读生态网络的复杂性和多层次性。阅读生态网络层次越多结构越复杂,阅读生态系统的稳定性越强。信息流转就不会因为某一类型信息生态链的断裂而"断流",阅读生态系统也不会因此陷入瘫痪。故而,新媒体阅读生态建构,须先对信息生态链的种类、数量和质量进行优化,只有实现线性信息生态链、星状信息生态链、树状信息生态链和网状信息生态链的系统全覆盖,方能有效利用其自我淘汰、自我构建、自我修复的功能,确保阅读生态系统的稳定。而信息生态链数量的优化,不仅能确保并突出核心信息生态链的信息传输作用,保证信息生态链运行有序,还能减少无效信息的传播。上述目标的实现需建立在信息节点的种类、数量和质量优化的基础上。只有当信息生产者、信息分解者、信息组织者、信息监管者、阅读者这些不同类型信息主体的种类和数量相匹配,比例适当,没有"功能多余的信息主体"[①],信息生产的无序化和信息污染方能减少,也才能从结构和功效两个方面提升信息生态的层次和稳定性。

　　作为一个人工系统,新媒体阅读生态系统内部调控只是阅读生态建构的辅助手段,外部人工干预方是主要建构手段。外部人工干预一般从三个方面入手,即信息技术－信息环境改善、信息人态度优化和阅读实践。

　　(1)信息技术－信息环境改善主要是指信息技术产品更新,媒介人性化发展。研究已知,信息技术变革是阅读生态系统演化的外在动力,决定着文化精神的生产方式和结构。而作为信息技术的物质载体,媒介本身即环境,提供我们感知现实的物质-符号环境,改造我们身处的社会环境。因此,新媒体阅读环境及其生态重构,需要从数字信息技术革新入手。数字信息技术既包含快速更新的设备-新媒介,也包括日益智能化的软件。无论是设备-新媒介还是智能化的软件技术,其更新发展都需要遵循以人为本的原则,向着人性化的方向发展。通过信息技术产品的升级换代,改善新媒介的阅读界面和阅读制式,

① 娄策群,等.网络信息生态链运行机制研究:动态平衡机制[J].情报科学,2014(1).

减少其对人视觉的不良刺激,提升阅读体验;优化信息结构方式和信息流转模式,减弱新媒介对阅读者注意力的过度掠夺,降低阅读者对新媒介的依赖,使他能够沉浸在有效阅读中,通过阅读获取有意义有价值的信息,从而提升自身素养和主体能动性。尤其需要指出的是,信息技术对改善信息规模和信息质量有着特别的作用。通过优化信息技术产品的相关功能及其设置,从信息进入网络的源头对信息进行过滤、屏蔽、删除、淘汰,减少垃圾信息的流入,以此来改善信息质量和信息规模,使信息输入和输出的规模大体相当,从而平衡信息供需关系和供求结构,保障信息环境的稳定性、健康化。

(2)信息人态度优化的建构路径。信息人态度优化包括三个方面:阅读者阅读惯习优化、信息节点质量优化和信息主体自律。

布迪厄认为,"惯习"是一套持续的、可转换的性情倾向系统,具有持久性和可转移性。它是社会结构内化的产物,由一系列历史经验构成。[1]阅读者的阅读惯习主要包括阅读价值观,即对阅读的认知和态度,以及阅读习惯和阅读方式。受制于当下社会以"钱""权"为衡量标准的所谓"社会成功"价值观和"功利主义"阅读观,新一轮"读书无用论"甚嚣尘上。普罗大众对于阅读并不"感冒",认为阅读是"无用者""窝囊废"的代名词。即使要读,也是为功名利禄而读。因此,新媒体阅读生态构建的关键因素是读者阅读惯习的优化。众所周知,一个人如果对阅读毫无热情也未养成阅读习惯,即使迫于某种外在的影响或者压力而读书,这种应酬性的行为也不会持久。彻底改善阅读者的阅读惯习,其釜底抽薪之术在于:社会不仅要重视阅读,培育出健康的阅读环境和阅读文化,更要努力创造出阅读是一种有教养的行为、阅而优有出路、知识分子生活体面有尊严的现实。只有当这些真正变成社会现实,内化为社会价值体系的一部分并成为每一个潜在阅读者切身的现实体验,阅读内因才会被充分激发,阅读者才会起而求变,真正的全民阅读才可能长盛不衰。

信息节点质量优化是从信息生态链构建角度来说的。信息生态链节点质量是指信息节点也即信息人素质的高低,主要包括信息人的创新能力、信息生

---

① 周冬霞.论布迪厄理论的三个概念工具——对实践、惯习、场域概念的解析[J].改革与开放,2010(2).

态意识、信息获取和利用能力的高低。信息人素质越高,信息生态意识越完备,信息吸收、利用和供给能力越强,信息生态链的功效就越高。反之,节点质量降低就意味着信息人供给的信息量会随着创新能力的降低而减少,信息人的信息吸收率下降,信息生态链的功效降低。[①]换言之,信息节点素质的高低决定了信息流动和转化的效率。信息节点的文化素养、信息素养及其创新能力,能够从信息源头控制信息的数量和质量,决定信息分解环节的强弱和信息生态链是否处于核心位置,能够优化信息生态链的功能,维护信息生态系统的稳定性。信息节点质量的优化,主要是提升信息人的文化素养、信息素养、创新能力及其学习新技术适应新环境的能力。信息主体自律是针对新媒体阅读生态伦理环境恶化而言的。在以互联网为依托的新媒体阅读活动中,无论是信息生产者、信息组织者、信息分解者还是信息传播者、阅读者,都必须要遵守网络阅读"尊重-不伤害"[②]的基本原则,坚守公民伦理、职业伦理和信息传播伦理,不生产、组织、传播和阅读垃圾信息、失真信息、有害信息;不造谣、中伤、诋毁他人。需要特别指出的是,鉴于当下网络阅读生态伦理环境现状,信息监管者——政府和相关部门,要加大信息监管力度,提升信息监管质量,坚决打击不法信息行为。与此同时,每一个阅读者也要自律。即阅读者不仅要训练和提升自我深度阅读的能力,提升阅读趣味,还要充分认识到人性的不完备,承认人有弱点,既坚守正确的价值追求,脱离低级趣味,与不良信息保持距离,又要勇于自我"捆绑",控制欲望,适当使用新媒介,以正确的方式"打开"新媒体阅读。

(3)阅读实践的建构路径。实践是勾连"场域"和主体的中间桥梁,只有阅读行为真正发生,阅读才能真实地存在。故而,阅读问题的解决还需从阅读实践着手。阅读实践主要包含两个方面,一是国家发展战略意义上的全民阅读活动;二是阅读个体自我发展层面的阅读实践。

作为社会的一员,每一个阅读者或者是潜在阅读者,都应端正阅读态度,

---

① 娄策群,徐黎思.信息服务生态链功效的影响因素及提升策略[J].图书情报工作,2011,55(4).

② 张咏华,贾楠.传播伦理概念研究的中西方视野与数字化背景[J].新闻与传播,2016(2).

不断提升文化素养和阅读技能,投身到阅读活动中去,以身作则,积极向周围人群传递阅读的价值和喜悦,推荐阅读书目,影响和带动他人对阅读产生兴趣并自发投身阅读。作为国家发展战略的全民阅读,则尤其要关注阅读权利和社会公平的保障问题。此层面的干预主要以政府为主。政府不仅要在制度、政策层面为"全民阅读"提供支持和保障,还要在公共文化服务基础设施的标准化和均等化、阅读资源和设备的提供、阅读活动资金、阅读推广发动等方面予以大力支持。只有国家层面的干预,才能从制度层面、设计层面和社会价值认同层面为全民阅读提供不竭的动力,发动社会各阶层投入到阅读实践之中,形成全民阅读热潮,保障书香社会构建落到实处。各类型各级图书馆在此过程中肩负着将政府"促进全民阅读,建设书香社会"的意图、目标具体化与实践化的重任。图书馆既要认识到全民阅读和阅读推广所具有的重要性、文化性和正义性,更要适时、自觉地承担起历史责任,创新服务方式,主动提供阅读场所、阅读资源、阅读推广人和阅读推广活动,还要对全民阅读进行理论层面的研究,对阅读者进行阅读素养、信息技术素养等方面的培训,倡导深度阅读、经典阅读,引导提升数字阅读,从理论层面、技术层面和实践层面开展并丰富阅读推广活动,建立多层次阅读推广体系,全方位促进全民阅读发展。

第四章 阅读的焦虑

第一节 阅读焦虑的概念、类型、原理及研究意义

阅读在危险中!

第十五次全国国民阅读调查报告显示,数字阅读率继续攀升,高达73%。数字化阅读为王的时代已经来临,数字化阅读已经成为控制国民阅读尤其是青少年阅读的主要阅读形式。数字化阅读一方面通过其时空的便利性、信息的丰富性、资源的易得性在构型新的阅读文化和阅读群体,一方面也在消解传统阅读文化,诱发沉浸式阅读的式微、娱乐性阅读的盛行,导致信息超载、阅读精神流失、媒介依赖综合征等诸多阅读问题。数字化环境下,全民阅读本不应该成为问题,但其却实实在在地成为问题,并且成为全球性问题。美国艺术基金会2004年7月公布的《阅读在危险中》的研究报告指出,20年来,不论男女,不论族裔,不论教育程度和收入,各个年龄组的阅读人数都在下降。无独有偶,加拿大、英国、法国和韩国近年来的国民阅读状况都出现了不容乐观的态势。[1]各国的阅读危机论、诸项阅读推广法案的颁布施行[2]、各类阅读推广项目的开展与推广[3],无不彰显着当前阅读的问题化、危机化,折射出阅读焦虑的广

---

① 李雾.阅读在危险中.[EB/OL].[2004-08-06].http://www.people.com.cn/GB/wenhua/1086/2690856.html.

② 俄罗斯于2006年发布《国家支持与发展阅读纲要》、美国颁布实施《卓越阅读法案》、《不让一个孩子落后》教育改革法案等.

③ 俄罗斯实施"培养读者兴趣、鼓励年轻人读书"的国家项目,德国2008年推出"阅读起航——为了德国的阅读创意"活动、2012年启动的旨在推动青少年阅读的"阅读起点-阅读的3个里程碑"项目,英国实施的"阅读起跑线"计划,美国的"阅读挑战"活动等.

泛存在。

一、阅读焦虑概念

阅读焦虑是发生在阅读领域的焦虑，其有两大来源路径，一是产生于阅读主体具体的阅读实践过程中，一是来源于对当下阅读文化现象和国民阅读现状的文化反思和哲学追问。产生于阅读实践过程中的阅读焦虑，其主体是阅读者，焦虑产生的原因是阅读者对自身阅读行为不满，或者是外在的信息刺激过于强大、阅读任务太难无法有效完成等。这种发生在特定情境中的阅读焦虑为情境型阅读焦虑，具有个体性和情境化的特点，关注和揭示的是阅读主体阅读行为的性质和心理状态，多被称为个体性阅读焦虑。发生于社会文化现象层面的阅读焦虑，其主体可以是具有使命感、人文情怀和社会责任感的个体，或者是相关的组织、机构或政府。这种针对国民阅读现状的阅读焦虑具有社会化的特性，彰显的是时代精神和传统文化的乡愁。为区别于个体性阅读焦虑，我们把这种焦虑命名为社会性阅读焦虑。

阅读焦虑的定义有狭义和广义之分。狭义的阅读焦虑即是个体性阅读焦虑，是指阅读者在阅读实践过程中因阅读的主体、客体、媒介/技术以及社会环境等因素的影响而不能有效阅读所产生的一种焦虑情绪和心理，是阅读者对外在刺激和自我阅读行为不能有效控制或是脱离预期控制，阅读者不能克服阅读障碍的威胁或者是不能实现阅读目标，使自尊心与自信心受挫或者是失败感、内疚感增加而产生的一种紧张不安、忧虑烦恼的情绪状态。广义的阅读焦虑即是社会性阅读焦虑，是指数字化阅读范式演进过程中针对诸种不良社会阅读文化现象尤其是阅读生态失衡、人文与技术失衡以及阅读效能和阅读价值能否实现而对阅读前景、文化传承、人的全面发展等所产生的一种焦虑心理。阅读焦虑的产生是外在强刺激和本我强烈欲望共同作用的结果，是阅读者对阅读行为和阅读效果具有不确定性且无法有效控制状态的一种焦虑心理，是阅读现状和阅读效能未能达到希望状态的一种焦虑心理。从本质层面来看，阅读焦虑实际上是一种文化焦虑，是阅读价值危机在个体层面和社会层面的投射。

二、阅读焦虑类型

数字化环境下,当信息泛滥成灾而人们的阅读能力尚不能科学有效应对之时,每一个阅读者都或多或少经历着阅读的焦虑。具体来说,阅读焦虑有以下几种表现形式:(1)对国民阅读现状的焦虑,这包含对国民不读书、读书少和不深度阅读的焦虑;(2)对读物的焦虑,尤其是对网络信息和文本的数量与质量的忧虑;(3)对阅读方式的焦虑,如浅阅读焦虑、微阅读焦虑、经典阅读/深度阅读式微的焦虑;(4)对媒介/技术依赖的焦虑,尤其是对无法平衡连接和未连接生活的焦虑、对技术发展是否有利于人的全面发展的焦虑;(5)对阅读生态伦理恶化的焦虑;(6)对阅读社会环境的焦虑,如社会盛行成功价值观、读书无用论,知识分子得不到应有的尊重,应试教育挤压阅读时间忽视阅读教育等;(7)对阅读价值能否实现的焦虑,如阅读能否培育合格公民、实现文化传承、提升民族创新能力促进民族发展等。

数字化环境下,阅读者无法获得需要的信息或者无法有效获得信息和使用信息的情况经常发生,阅读焦虑无处不在。按说,随着信息处理技术和手段的惊人发展,阅读焦虑应该随之减弱或消解,而相关研究却显示其有扩大并增强的趋势。[①]这不得不考虑除了信息处理技术和手段之外,阅读者个体在数字化阅读实践中发生了怎样的变化以及迅速变化的阅读环境和媒介对阅读焦虑产生了怎样的影响。

阅读焦虑既包含读不读、读什么、怎么读的个体性阅读焦虑,也包含为什么读、媒介依赖、阅读环境、阅读伦理等社会性阅读焦虑。就其研究重心来说,个体性阅读焦虑面向个体阅读,研究的是个体阅读行为中的焦虑心理及其影响因子,关注阅读者个体建设。社会性阅读焦虑则把社会大众视为一个大的阅读者,关注其阅读行为、阅读信仰、所处阅读环境以及阅读价值等方面的构建。就阅读焦虑的作用而言,在具体的阅读实践过程中,适度的个体性阅读焦虑会形成一种张力,能够起到在阅读前督促阅读者制定适宜的阅读策略、在阅读后督促阅读者有意识地去提升个体的语言能力和非语言能力的作用。过度

---

① 荣毅虹,王彩霞.论面向信息焦虑的知识信息服务[J].情报理论与实践,2010(5).

的焦虑心理则是有害的,会造成阅读者过度紧张产生阅读阻力导致阅读效能降低。从哲学层面来看,个体性阅读焦虑属于微观层面,侧重于具体阅读实践过程中焦虑的产生、成因、性质及其人群特点的分析;社会性阅读焦虑属于宏观层面,关注阅读文化现象,侧重于文化现象的剖析和焦虑的时代特性研究。二者各自独立又相互联系。社会性阅读焦虑建立在无数个个体性阅读焦虑现象基础之上,其消解有赖于个体性阅读焦虑的消解,有赖于个体性阅读行为的改善和阅读绩效的提升,有赖于整个社会阅读信仰、阅读生态系统和阅读伦理的重构。

从阅读焦虑构成维度而言,上述阅读焦虑可归类为主体焦虑、本体焦虑、环境焦虑、道德焦虑、价值焦虑等五个维度。其中,主体焦虑关注的是阅读者的语言能力与非语言能力、人格特征、行为方式对阅读的影响及其主体建构;本体焦虑关注的是阅读行为方式的建构,当下主要是指沉潜式阅读行为和媒介适度使用习性的建构;环境既包括媒介环境、信息环境也包括社会文化环境,关注的是海量信息刺激及新信息技术的影响与建构;道德焦虑关注的是信息生产和传播过程中的道德、伦理建设;价值焦虑是对阅读在个体层面和社会层面价值实现的关注。五个维度之间相互关联,其中,主体焦虑和本体焦虑之间存在交叉关系,道德焦虑与主体焦虑和环境焦虑之间也存在交叉关系,前四个维度共同指向价值维度,价值维度是阅读焦虑的核心维度。五维度的区分,既多方面多层次地表达了对阅读浅表化、娱乐化、碎片化、媒介/技术依赖等危害阅读者的思维、异化阅读主体、损害阅读文化现象的深切忧虑,也指明了消解阅读焦虑的建构方向。

由上可知,每当媒介变迁阅读范式演进之时,就会出现针对新阅读媒介影响的阅读焦虑。这种焦虑在新阅读范式的萌芽阶段和确立阶段最明显也最强烈。随着新阅读范式占据主流地位并发展成熟之后,因媒介影响而产生的阅读焦虑虽依然存在,但已基本处于隐形状态,不会被明显地感受到。这种伴随新阅读媒介和新阅读范式而生的具有特定时代特点、技术特征和人格特性的阅读焦虑,它是历史的发展的,具有时代的特性。究其原因,主要在于新阅读媒介和新阅读群体是阅读范式演进的两大核心变量和重要驱动力,从内因和外因两方面共同作用于阅读并形塑新的阅读范式。在新的阅读实践中,当新阅读媒介的工具性、技术性与新阅读群体的主体性、人文性及其阅读能力处于平衡状态之时,人们完全有能力控制自己的阅读行为掌控阅读的走向,也就是说,阅读现状完全在人们的控制之中,此时阅读焦虑处于隐身状态。如果二者失衡,媒介突破阅读主体的控制而成为主宰、阅读者成为工具之时,阅读焦虑即现身。换言之,当新阅读范式确立,阅读者的阅读行为和阅读文化面貌发生改变、阅读文化出现一些新的尤其是不良特质,新阅读媒介和新阅读方式的最终影响结果尚不明朗而我们又无法控制之时,阅读焦虑极易发生。

三、阅读焦虑研究意义

伴随着阅读的问题化和危机化,以信息选择焦虑症、信息错失焦虑症、信息综合征、媒介依赖症等阅读焦虑症状从原来的个体性阅读现象演化为一种广泛存在的社会文化症候群。从阅读焦虑的发生来说,阅读焦虑可能发生于阅读活动的任一阶段:阅读前、阅读中、阅读后,也可能发生在每一个阅读者身上。在具体的阅读实践过程,阅读者因自身语言能力和非语言能力所限、自我效能感的程度以及阅读任务难易等的不同,而产生不同形式、不同性质和强度的阅读焦虑。数字化环境下,海量信息和后现代语境中本我强烈的数字化阅读欲望强化了这种焦虑,阅读焦虑不但具有特定的时代特色还具有技术发展的特征。阅读焦虑的社会化,令作为个体阅读现象的阅读焦虑在具有个性化、情境化特征的同时,还具有了社会化、群体化、广泛性的特点。阅读焦虑的范围越广大、焦虑人群越多样化,越昭示着阅读问题的严重性,对阅读焦虑问题进行研究和干预也就显得愈加迫切。

从阅读焦虑发生的路径及其所处的时代背景和社会环境来看,阅读焦虑与媒介变革、读者主体性、社会文化、时代精神等密切相关。随着互联网通信技术的飞速发展,"媒介即信息""媒介即环境"的媒介特性,以及价值虚无主义、功利主义、娱乐至死的价值观念和审美取向,导致阅读趋向浅表化、浅薄化,媒介依赖现象颇为严重,阅读伦理大幅滑坡。这既反映出工具理性凌驾于人文价值之上,个体主体性的沦丧,也标志着一些传统文化的价值理性逐渐旁落和断裂。面对媒介变迁、社会转型与市场经济深度发展所带来的发展机遇和矛盾,阅读危机、阅读焦虑均十分敏锐地予以反映。一直以来,阅读文化研究一直是图书馆学人深耕的学术领域。因此,图书馆学人有责任和义务关注和研究阅读危机下的阅读焦虑,关注其与时代发展、技术变革之间的内在关系,关注其对人民群众高品质精神文化生活的影响,探索消解阅读焦虑、提升阅读质量、促进全民阅读的策略。此学理层面的探究,既可起到揭示世风和时风,引起社会疗救的注意,对执政者和决策者而言,也具有了解社会文化发展现状的作用。就此意义而言,阅读焦虑研究,既是社会文化发展和时代所需,也是当代图书馆学人的使命和任务,对当代中国阅读文化研究和图书馆阅读推广理论研究均具有重要学术价值。

阅读的问题化、危机化,引发了学界和社会的广泛关注,也引起了政府的高度重视。"全民阅读"多次被写入政府工作报告,并将其提高到人才强国、文化强国的战略高度,《中华人民共和国公共图书馆法》和《全民阅读促进法条例(草案)》的颁布和实施,更是从法理层面规定了阅读推广与图书馆业务的关系。也就是说,全民阅读推广不仅是中国特色社会主义文化建设的基础工程,也是图书馆的核心业务之一。从方法论层面来看,阅读向来是立德树人的基本方法,也是一个民族精神发育与文化传承的基本路径,更是一个民族凝聚力和创造力的源泉。①而阅读焦虑会对人的阅读动机、阅读行为、阅读过程、阅读理解等产生消极影响,甚至会导致阅读者放弃良性阅读行为、良好阅读习惯无法养成的不良后果。阅读焦虑的负面导向显然不利于新时代阅读文化建设,不利于时代新人的培养。

在"中国吹响弘扬中华优秀传统文化新号角"、构筑民族文化自信的社会背景下,图书馆及图书馆学人面临着"21世纪如何阅读"这一崭新而重要的课题。为实现党和国家满足广大人民群众对高品质精神文化生活的期待,作为全民阅读推广链条和公共文化服务体系的重要一环,图书馆和图书馆人要为广大人民群众提供丰富的阅读产品和优质的服务;为实现党和国家培育时代新人的人才强国战略,图书馆及图书馆人要通过举办丰富多彩的全民阅读活动,引导人们好读书、读好书。上述一切,均需着眼于受众,关注受众的阅读动

---

① 叶明生.全民阅读提质增效需运用"四种思维".[EB/OL].[2018-2-26].http://www.sxjszx.com.cn/portal.php? mod=view&aid=38444.

机、阅读心理等。因此,图书馆进行阅读焦虑研究是其开展全民阅读推广工作的题中应有之义。

第二节　阅读焦虑发生机制及其启示

新信息技术的飞速发展、数字化阅读媒介的普及性应用以及阅读环境的巨变,产生了诸如阅读浅表化、碎片化、娱乐化、深度阅读式微、媒介依赖等阅读症候,阅读的问题化引发了学界和社会阅读危机的忧虑和呼吁。与此同时,信息选择焦虑症、信息错失焦虑症、媒介依赖症等阅读焦虑症状也从原来的个体性阅读现象演化为一种广泛存在的社会文化症候群。"'21世纪如何阅读'成为现代人必须面对的一道崭新而重要的课题。而目前我们正在经历的这种阅读焦虑,自然也是一个需要我们面对的阅读的文化和精神的问题。"[①]新时代全民阅读要求我们对我们正在经历的这一阅读焦虑及其现象进行探索和剖析。

通过对阅读焦虑文献梳理可知,目前学界对阅读焦虑的研究主要围绕着阅读焦虑两大分支——信息焦虑和外语阅读焦虑展开,关注信息焦虑与外语阅读焦虑的概念、影响因素、量表的编制和修订、干预等方面,初步形成了信息焦虑/外语阅读焦虑是什么、为什么、怎么办的研究体系。已有研究取得较为丰富的成果,为后续研究奠定了基础。但通过这些外在层面的研究成果,我们仍无法把握数字化环境下的阅读焦虑是如何发生、发展的,其内在的机理和发生机制亦鲜有人关注,更缺乏应有的研究。本书尝试融合精神分析学"焦虑信号理论"、认知心理学相关焦虑理论以及生态学理论,在不同的学科和知识的交叉点上对阅读焦虑的概念、理论模型、发生机制及其启示进行全新的观照和审视,以利于我们更好地理解和把握数字化环境下阅读者的阅读行为及其背后的认知机制和心理因素,促进阅读发展。

---

① 曹玲娟.21世纪如何阅读?[EB/OL].[2007-09-14].http://culture.people.com.cn/GB/87423/6264974.html.

一、阅读焦虑研究的理论基础

阅读焦虑既是一种社会文化现象，更是阅读个体的一种情绪体验。数字化环境下阅读者的焦虑心理及其行为特性研究，应以相关焦虑理论为基础。

焦虑概念首见《恐惧的概念》。在此书中，存在主义哲学家克尔恺廓尔明确指出，焦虑是人面临自由选择所必然存在的心理体验，焦虑的产生与人的自我意识的形成和发展有关。①精神分析学派大师弗洛伊德提出的"焦虑信号理论"，认为焦虑是一种信号，是自我内在冲突的结果，是自我防御机制的产物。莫雷丰富了焦虑的概念，指出："焦虑是指个体由于预期不能达到目标或者不能克服障碍的威胁，使得其自尊心与自信心受挫或使失败感和内疚感增加而形成的紧张不安，带有恐惧感的情绪状态。"②

精神分析学焦虑理论主要是指建立在人格结构理论基础上的"焦虑信号理论"。弗洛伊德认为完整的人格结构由本我、自我和超我构成。"三我"处于平衡状态时，个体身心正常，失衡则身心俱乱。"三我"之中，自我发挥着至关重要的调节作用。只有自我处理好与本我、超我之间的关系，既反映和满足本我的欲求又接受超我的控制，人的心理才不会发生异常。雅各布森继承并发展了信号焦虑理论。她认为焦虑是由自我和本我之间的张力所引起的一种情绪状态，当自我不能使用自己喜欢的行为方式来释放多余能量时，焦虑就产生了。雅各布森认为，刺激、自我、能力和评价是焦虑的四大构成要素。其中，刺激既包括内部刺激也包含来自外部社会文化环境的刺激，自我则是一种机能组织。"将焦虑同自我的自主性和行为选择能力联系起来，就必须有认知评价的参与。"③

认知心理学焦虑理论主要有自我效能理论、注意控制理论和自我不一致理论。

自我效能理论由班杜拉提出，自我效能感是其核心概念。班杜拉研究发现，自我效能感水平低的人，总是担心自己会失败，把思想纠缠在个人缺陷和

① [丹麦]克尔恺廓尔.恐惧的概念[M].北京:人民文学出版社,1994:27.
② 莫雷.阅读与学习心理的认知研究[M].北京:北京师范大学出版社,2006:15-21.
③ 唐海波,等.焦虑理论研究综述[J].中国临床心理学杂志,2009,17(2).

潜在困难上,导致紧张、自卑、注意力涣散、记忆力下降,甚至产生无助和无所适从感。相反,有强烈自我效能感的人却把注意力集中在积极分析问题和解决困难上,在困难面前常常使得自己的思维与解决问题能力得以超常发挥,表现出优质的行为能力和行为效率。①自我效能感不仅决定着个体完成某事的信心、效率,还决定着主体行为归因方式和行为动机。自我效能感既是行为的中介工具,也是焦虑是否唤起的调节工具。

注意控制理论从认知加工角度阐释焦虑和认知的关系。注意控制理论认为,在认知过程中,焦虑会扰乱两种注意系统的平衡,损害目标导向系统,增强刺激驱动系统,进而损害中央执行系统的注意控制功能。注意控制能力的减弱,会进一步诱发焦虑情绪。

Higgins 的自我不一致理论建立于实际自我、理想自我和应该自我理论之上。当实际自我与理想自我和应该自我之间的自我评价不一致时,焦虑就产生了。自我不一致是导致阅读焦虑的一个重要维度。

综上,"焦虑信号理论"为阅读焦虑研究贡献了人格结构、焦虑四要素以及焦虑是自我与本我的内在冲突和张力状态的一种情绪反应,源自自我不能以自己喜欢的方式行动的理论基础。自我效能理论为阅读焦虑研究提供了阅读焦虑的平衡杠杆,揭示了影响阅读者阅读行为动机和行为走向以及改善阅读者阅读行为和心理建设的方向。注意控制理论使我们认识到阅读焦虑与注意力之间的关系,了解注意力偏向与刺激和阅读焦虑之间的内在机制,为注意力控制建设指明出路。自我不一致理论为阅读焦虑理论提供了阅读行为与社会评价、他人评价与自我评价之间的关系,为阅读焦虑心理归因找到目标。莫雷的焦虑定义为阅读焦虑概念界定提供借鉴。

二、阅读焦虑理论模型

融合上述焦虑理论,提取其相关研究要素,我们认为数字化环境下的阅读焦虑主要由刺激、阅读自我、能力、自我效能感四大要素构成。刺激包括内部

---

① [美] Bandura Albert.Self-efficacy:the exercise of control [M].New York:W.H.Freeman,1997.

刺激和外部刺激。内部刺激是指自我要按照自己喜欢的方式行为的本能冲动。从阅读构成要素来说,外部刺激主要是指来自阅读载体包括新信息技术/新媒介、读物包括文本和信息、阅读环境包括社会文化环境的刺激。从阅读焦虑发生动力机制来考察,刺激是阅读焦虑发生的驱动因素。阅读自我既是一种机能组织,也是一个文化载体,是阅读外在情境和内部刺激共同作用和挑战的对象。阅读自我因性别、气质、性格、认知特点等而具有个性化特质,决定着阅读行为的自主性和选择性。能力是指阅读自我的信息素养、阅读技能、审美能力、自我调节能力等。自我效能感是阅读者对自我在一定程度和水平上完成某一任务所具有能力的信念、评价,是阅读焦虑的调节因子,包含觉察、认知和评价能力。觉察认知能力意味着个体对焦虑感受的程度,与阅读者个性特质相关。简而言之,阅读焦虑发生于一定的情境之中,是阅读自我在完成某一阅读任务过程中受内外刺激的共同作用由自我和本我之间的张力所引发的一种情绪,是阅读焦虑驱动因子、自我、能力和调节因子共同作用的结果。按照主体、客体、工具、规则的模型来构建阅读焦虑理论模型,其中,阅读自我是主体,刺激是客体,工具是能力,规则即是指阅读焦虑需经过认知和评估。其理论模型见图6。

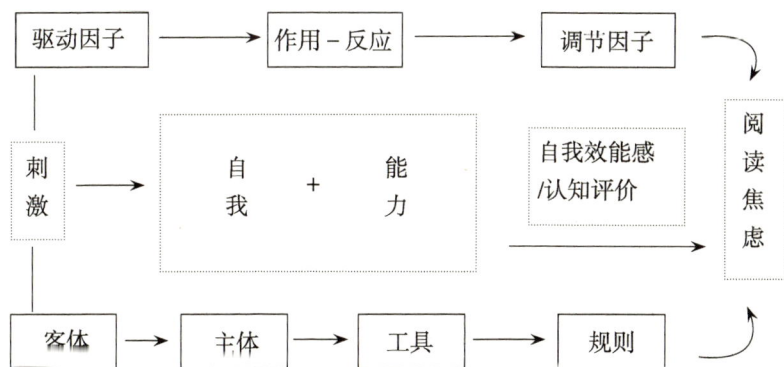

图6　阅读焦虑理论模型

三、阅读焦虑构成要素——刺激

数字化环境下,作为阅读焦虑驱动因子的刺激,主要是指来自网络阅读的刺激。虽然纸媒阅读中也存在大量的刺激,但网络阅读所提供的刺激更具有代表性和时代特征。因此,本研究主要以来自网络阅读的刺激为讨论对象。

网络阅读的外部刺激主要是指来自新信息技术–阅读媒介、阅读文本–信息和社会文化环境的刺激。其中,新信息技术–阅读媒介是网络阅读的原始刺激源。其网状结构、屏幕化、超链接、多媒体的媒介架构和低门槛的准入制度,导致阅读文本–信息存在过载、失真现象,其模拟现实的影像运动和视频景观也令阅读者模糊了真实与虚拟的心理界限,沉溺于虚拟幻境无法自拔。一方面新信息技术和阅读媒介以文字、影像运动和视频景观模拟、再现世界,给阅读者提供丰富的阅读资源,一方面多样化的过多的刺激也带来了阅读生态系统内部结构比例的改变,如信息人、信息节点增多,信息生态链和阅读生态位结构不合理等,并使阅读者面临着两大阅读困难:超级注意力和媒介依赖与成瘾。作为信息能量交换器,阅读大脑需要信息输入和输出保持平衡,一旦信息输入超过了大脑消化机能的界限,阅读就成为一种苦难,文字的力量将丧失殆尽,信息选择焦虑、信息错失综合征、媒介依赖症、人格分裂症等阅读焦虑现象甚至是病症随之产生,其再现、揭示了阅读世界的世风和时风。以新信息技术–阅读媒介为主导的阅读刺激与自我和焦虑的关系如图7所示。

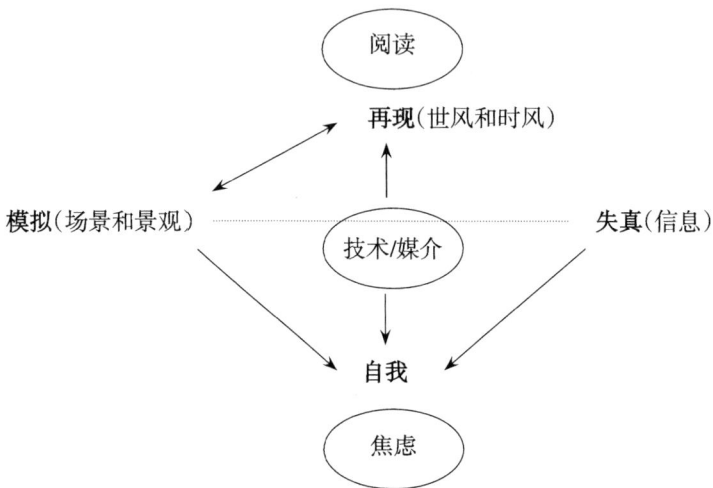

图7　以技术/媒介为主导的阅读刺激与自我和焦虑的关系图

外部刺激中的社会文化环境刺激主要是指社会支持。一方面以消费、享乐、去中心为主导的后现代思潮消解了理性、崇高与信仰,导致物欲滥觞,一方面功利主义大行其道,读书无用论甚嚣尘上,非功利阅读被认为是傻子行为或者迂腐行为。负面社会评价给阅读者带来心理压力。内部刺激主要指阅读者对于影像阅读、娱乐阅读、碎片化阅读、浅显阅读的内在渴望。目前4G智能移动手机的广泛使用更是强化和激发了这种内在需求。调查显示,我国网民以人均一天150次的频率,一波又一波刷社交信息,见缝插针影像阅读,无所事事地沉溺于碎片化讯息浏览……手机控、刷屏控、社交信息浏览控几乎成为当下大多数数字化阅读者的代名词。这种强大的内在刺激驱动着阅读主体一味追求快乐原则,一旦欲望不能得到满足,即诱发焦虑情绪。

四、阅读焦虑构成要素——自我效能感

自我效能是指个体应对或处理内外环境事件的效应或有效性。自我效能感指个体对自己能否在一定水平上完成某一活动所具有的能力判断、信念或主体性自我把握与感受。[①]研究表明,自我效能感与焦虑呈负相关,[②]即自我效能感越高,焦虑被唤起的可能性越小,反之,则越大。根据班杜拉研究,我们发现,自我效能感不但与阅读者能力相关,还与刺激的强度、阅读者的阅读经验、身心状态、投入程度、行为归因方式以及他人的成功示范等相关。就阅读活动来说,主体能力越强自我效能感越高,有着成功经验的个体其自我效能感要高于没有成功阅读经验的人,有着强烈阅读动机努力投入的人,其自我效能感要高于阅读动机微弱且不努力的人。而阅读目标设置过高、任务难度较大则会削弱自我效能感。自我效能感低的人,会把消极行为归因为天赋、性格缺陷等不可控因素,这种归因方式会降低或者损害阅读主体的自尊,甚至会使个体对自己的能力产生焦虑,并导致冷漠、逃避、放弃等消极行为。效能感强的人则倾向于把成功归因为自己的技能和努力,把失败归因为技能的缺乏和努力的不足。这种归因方式会促使阅读者为提高阅读动机水平、发展阅读技能而更加努力。

① 智库百科.[EB/OL].[2007-09-14].http://wiki.mbalib.com/wiki/自我效能.
② 洪闯.移动学习中的信息焦虑问题研究[D].长春:吉林大学,2016.

五、阅读焦虑发生机制

焦虑发生遵循着刺激情境—评估—情绪的轨迹,数字化环境下阅读焦虑的发生亦有其轨迹可寻,即刺激—反应—评估—焦虑发生。

在具体阅读实践中,阅读行为发生于一定的情境之中,阅读文本-信息会从数量、质量、语言及其难易程度上构成不同数量和强度的外部刺激,而阅读者内在的阅读欲望则构成不同强度的内部刺激。当刺激作用于阅读者,包含觉察、认知和评价能力的自我效能感会对阅读者自身完成阅读任务达到阅读目标的能力进行评估,评价高,主观刺激强度弱化,阅读者就有信心完成阅读任务,主体焦虑感较弱或几乎察觉不到焦虑;如果对自我完成任务的能力评价较低,刺激会演化为恶性刺激,阅读者可能灰心丧气,完全没有信心完成任务,导致阅读活动失败或者是效能较低。通常情况下,阅读者会将此类厌恶性刺激视为一种危险,而危险会增强阅读者内心的压力,形成自我内在冲突,使自我和本我处于一种强张力状态。根据"焦虑信号理论",这种张力状态所引发的情绪即是焦虑。焦虑是自我面对危险时的应激反应,是自我内在防御机制在发生作用,其目的是为了释放体内多余的能量,保护自我不至于崩溃以获得内在平衡。阅读焦虑产生的实质是阅读自我还没有找到合适的路径去释放体内多余能量。

数字化环境下,阅读焦虑的发生有以下几种情况:

外在情境加剧并催化阅读焦虑。主要表现在:(1)几何量级的信息压迫所导致的信息选择困难和强力浏览行为,对阅读者的抗压能力、选择能力、信息素养、阅读能力等提出挑战,并导致超级注意力。这一层面诱发的焦虑主要有信息选择和筛选的焦虑、信息失控焦虑、效能焦虑等。(2)超文本众多岔路口易使自我产生信息迷航,而对阅读文本的重复选择又占用了自我过多的注意力资源,导致阅读认知过程中本该分配给认知目标导向系统的注意力资源被刺激驱动系统占用,大脑中央认知系统的执行力受到损害,阅读效能降低。这对阅读者的耐心、注意力、自控能力构成挑战。该层面诱发的焦虑主要有信息迷航焦虑、主体性缺失焦虑、自我效能焦虑等。(3)信息环境恶化以及网络监管不到位和流量就是金钱的大众文化市场化运作,形构了大众娱乐化阅读和阅读娱乐化的行为动机和阅读倾向,造成个体对数字化阅读媒介和环境的依赖。此层面诱发的焦虑主要有媒介依赖焦虑、信息缺失焦虑、阅读价值焦虑等。

自我不一致诱发阅读焦虑。主要表现为:(1)自我自主性得到满足。即本我欲望得到满足,阅读自我可以想读什么就读什么、想怎么读就怎么读。虽然按照自己喜欢的方式阅读,但实际自我对外所展示的形象可能并不符合阅读者应该自我和理性自我的期望,也不符合社会主流价值观所倡导的经典阅读、深度阅读的要求,因而无法获得权威人士和自己在乎的人的肯定评价。评价的不一致极易导致焦虑情绪发生。(2)如果阅读者一味沉溺于强力浏览式阅读,该阅读方式伴生的超级注意力会消解阅读行为和阅读本质,并最终形成阅读者碎片化的人格特性和阅读习性,导致阅读的个体价值和社会价值无法实现。此时,马斯洛自我实现的心理需求会导致主体自我否定,诱发焦虑情绪。

本我欲望没有得到满足。若自我一味遵循快乐原则沉溺于网络世界无法自拔,最终会形成数字化环境依赖和媒介依赖。研究表明,一旦受到制约不能上网,88%甚至更大比例的年轻一代会产生很强的迷失感、焦灼以及身体的不适。[1]

从焦虑影响因素来看,阅读焦虑不仅与阅读者个体能力、效能感相关,还与个体人格特征相关。例如完美型人格的人,完美主义越高,信息焦虑越高[2]。敏感型人格的人,其对危险的察觉和细微变化比较敏感,知觉能力较强,能够感受到更多的刺激和自我不一致,其焦虑感往往也相对较强。从阅读焦虑的发展来看,阅读焦虑产生的情境是动态的变化的,自我和能力也处于发展变化之中,对自我完成某一任务能力的评价也是动态的变化的,因此,阅读焦虑的状态和程度也处于动态变化中。换言之,阅读焦虑因为构成因素的动态性而处于动态变化之中。阅读焦虑具有情境化、状态化和个体化特性。完整的阅读焦虑发生动态模型如图8所示。

---

① 赵宇翔,等.移动社交媒体环境下用户错失焦虑症(FoMO)的研究回顾与展望[J].图书情报工作,2017(8).

② 曹刚.高校学生信息焦虑影响因素分析及模型构建[D].长春:吉林大学,2011.

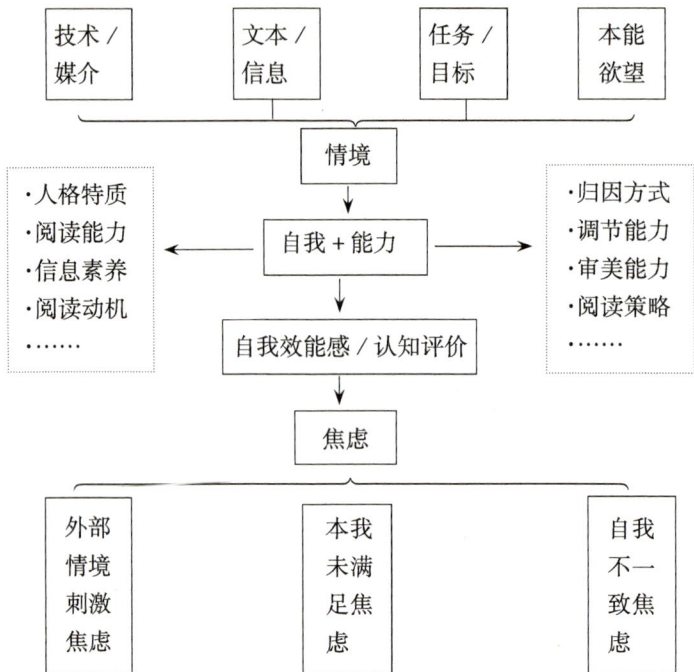

图8 阅读焦虑发生动态模型

六、阅读焦虑消解路径

生态学理论认为,生态系统的健康发展要始终维持一种动态的平衡,能量的输出和输入要大体相当,系统的内在结构和生态位数量要合理。一旦外部能量输入过多或内部能量消化、吸收、排泄不畅,势必会引起生态系统能量失衡。同理,阅读自我作为一个信息能量交换场,其运转亦遵循平衡原则。国外医学界新兴起的"整体医学观"为这一说法提供了理论依据。整体医学观认为"人的心理有一种追求平衡的倾向","把健康看成是生理、心理、自然、社会等多种因素综合的结果。这种医学观认为:人的肌体内存在着两个平衡,生理平衡和心理平衡;外部也有两个平衡,自然生态平衡和社会生态平衡。"①作为一项包蕴心理、生理、精神和文化的复杂的社会文化活动的阅读,如果外部的信息生态失衡和社会文化环境失衡提供了过多过度的刺激,或者阅读自我信息

① 吴思敬.吴思敬论新诗[M].北京:中国社会科学出版社,2013:164.

吸收、消化、代谢不畅,信息刺激和阅读自我之间势必会有一场博弈。无论是外部刺激强度超过自我生态系统的熵还是自我的自主性、行为动机、行为能力过弱,自我内在的心理失衡甚至生理失衡是必然结果。因此,消解阅读焦虑促进阅读发展,需从阅读自我内在平衡和阅读环境的外在平衡建构入手。

首先,从刺激入手,削弱刺激强度,构建信息生态和阅读生态平衡。(1)从信息源头对信息的数量和质量进行监控和构建,加强信息组织。这涉及阅读的技术层面、信息层面和文化监管层面。技术层面,可以通过技术发展改进屏幕显示、文本制式、优化超文本功能,避免过度链接,媒介依赖。如日本开发出一种"戒瘾软件"①,通过时间设定给手机上锁,除了通话之外禁止其他操作。一旦经不住诱惑解锁,则必须支付相应的费用。另一种是养电子宠物。不使用或少使用手机电子宠物才会成长,一旦忍不住诱惑打开其他程序,之前获得的成果就会作废,宠物甚至会死掉。信息层面的信息过载、信息污染等,需从信息生产者、发布者、传播者以及出版传播领域的信息"把关人"和信息文化环境的监管者着手进行信息环境和阅读生态的构建。阅读生态系统所涉及的每一个要素每一个环节每一个人,都需各尽其职,既要从源头把好信息关,禁止、杜绝、剔除无效信息、有害信息的输入和传播,控制信息数量,提升信息质量,又要从社会支持的角度加强政府对社会文化环境的监管和对国民阅读趣味、主流价值观的引导,从政策和价值观层面落实并培育阅读认知和阅读氛围。(2)对内部刺激要采取压制、转移和更新的措施。当内部刺激如刷屏欲望过于强烈时,可以采取转移注意力,或短时间内不接触手机,或是有节制地满足,或者是压制欲望的方式来降低本能刺激。

其次,提高自我效能感。可从四个方面着手:(1)降低刺激强度和时长。具体做法如前所述。(2)提升自我经验效能。即通过观察能力水平相似者在相似情境中的成功行为来提升自我效能感。相似能力者在相似情境下的成功经验对自我的阅读行为具有可比性,这会增强阅读者的自信心和效能感。效能感的提高会削弱刺激强度,终止或削弱厌恶性刺激对焦虑的唤起。(3)通过降

---

① 日本"戒瘾软件"可以让你戒掉"手机瘾"![EB / OL].[2018-01-21].https://baijiahao.baidu.com/s? id=1590448692622383727&wfr=spider&for=pc.

低阅读目标设定提升效能感。一是降低任务目标,一是降低理想阅读自我的目标。以"死活读不下去的书"《红楼梦》为例,先把阅读目标设置为读完,再把理想目标阶段性设置为读懂。微小目标的成功会不断提升阅读者的自我效能感,激发其选择继续读下去的行为动机。如此往复,阅读目标和自我目标会最终实现。(4)提升阅读技能和努力程度。相对而言,阅读技能如信息素养、语言素养、阅读方法、审美能力等能力较高的人,其在阅读时对自我主体性的把控和阅读结果等会非常自信,高自我效能会激发良好的阅读动机并刺激优质阅读良性发展。因此,要通过各种方法来提升自己的阅读技能,增加努力程度,投入阅读。

再者,构建自我内在平衡。自我内在平衡构建包括提高阅读者的能力水平、加强阅读行为构建以及自我调适三个方面。

如前所述,焦虑与主体能力水平密切相关,因此,提高主体的能力水平能有效提高自我效能感,降低、削弱或者终止刺激所产生的不利影响。能力主要是指阅读者的信息素养和阅读能力等,如有关阅读的信息检索、筛选、效用评估、获取、使用,以及速读、沉浸式阅读、细读等阅读技能。主体可以选择自学、参加培训或者求助权威专家指导的方式来提高自身能力水平。

在能力提高的基础上,阅读者还要对自身的阅读行为进行建构。研究表明,不思考的数字阅读会影响人的智商。换而言之,数字阅读消解了阅读者的主体性,解构了阅读者的阅读能力和阅读行为。数字化环境下,阅读焦虑的关注焦点是强力浏览行为及其对自我主体性的消解以及对专注力和注意力的消解。因此,阅读行为构建需要对数字化环境下的阅读者的注意力和控制力进行训练,要培养沉浸式的数字阅读行为。通过阅读培训,培养读者慢阅读、思考阅读的行为,通过改善阅读行为方式和阅读行为质量达到提高阅读效能和自我效能感,降低阅读焦虑的发生。同时,对碎片化信息、娱乐八卦信息以及智能移动端的依赖,可以通过提升主体的审美趣味、审美能力以及通过媒介戒断训练来实现。

阅读主体的自我调适,可以通过以下方法来实现。首先是降低理想自我的目标设置。当通过种种努力,实际的自我和理想的自我之间仍然存在巨大差距,此时我们需要降低理想自我的目标设置。其次是增强自信心。在面临内外环境挑战之时,主体要积极主动地进行自我暗示,相信自己通过努力可以实现目标或者实现部分目标。积极的暗示有利于增强自信心增强完成任务的行为动机提升自我效能感。再者是以运动、呼吸等方法进行自我调适。自我内外平衡首先要有一个健康的身心状态。当自我身处焦虑状态时,多余的能量可以通过运动这种可选择性途径进行释放。而有效呼吸方法的运用也会使主体处于平静状态。最后,古典诗词鉴赏也是一种有益的自我调适和阅读焦虑消解方式。

第五章　阅读问题透视

第一节　从阅读的生产、传播和接受方式的改变看阅读问题

一、阅读文化生产方式的改变

作为阅读范式演进的第一驱动力,当新媒介以势不可挡之势攻城略地,倒逼传统纸媒行业纷纷转型之时,阅读文化的生产机制也随之发生巨大改变。

传统的文化生产方式是建立在印刷媒介的基础之上,有着严格的出版程式和较为固定的发行渠道,以编辑为信息"把关人"。借力于新信息技术,新媒介颠覆了传统的文化生产和营销方式,数字化、开放、定制成为新媒介文化生产和营销的主要模式。目前数字出版经历了三个发展阶段:最初的基于语言标记技术的超文本、非线性的链接与搜索功能开发的技术为王阶段;海量优质内容的数字化生产与加工的内容为王阶段;满足读者个性化、多样化阅读消费的读者为王阶段。[1]数字出版从"技术中心"跨过"内容中心"坚定地迈向"读者中心"。这一发展变化表明,数字出版已顺利完成转型,其关注的焦点和着力点也从早期的技术转为读者喜好。数字化转型既顺应了时代发展,也实现了其文化身份向商业身份的转型。以"读者中心论"为例,其虽打着满足读者个性化阅读需求的旗号,但其内容生产和营销走的是典型的"定制"路线。"按需定制"的实质是"力图通过满足读者的个性化需求,以达到经济效益最大化的目的"。这种唯经济的价值导向导致其"先天缺乏对于读者主体的观照。读者

---

① 乔东亮.数字出版时代"读者中心论"[J].中国出版,2010(10下).

的个性化需求是否合乎文化生态环境,提供给读者的数字内容是否适时、适地,会不会给读者带来伤害等问题,都没有成为基于经济学意义的'读者中心论'要阐释的重点议题。"①

　　随着传统出版单位改制为企业,完全走向市场,出版单位不得不在较长时期内将自身的生存和发展摆在头等重要的位置。出版的数字化转型,仅靠传统出版单位自身是不可能完成的,资本逐利而至,"电脑公司、网络运营商在内的一些技术型企业借机参与到数字出版的开发制作、平台服务中来(如我国三大电信巨头分别在杭州、长沙等地建立了手机阅读基地),其热衷于市场炒作、迎合用户,注重经济利益,追求低投入高产出,技术氛围优于文化氛围,无心无力像传统出版单位一样严谨地去考量数字出版的文化价值和社会效果。"②随着出版单位的主体地位在资本和技术的合作中遭到削弱,"内容中心"很快让渡于"读者中心",经济利益最大化成为发展的第一要务,出版机构的社会责任被简单粗暴地忽略。

　　文化的商品化,使得文化的生产与再生产,更多地受市场经济权力的控制,而非政治权力和文化权力,这导致了文化生产和新媒介传播的粗鄙化。为吸引受众眼球,时下各种不规范的、低俗的标题,奇怪的叙事风格、乱七八糟的语言以及娱乐八卦资讯铺天盖地而来,"内容为王"变成了"渠道为王""用户为王""流量为王"。一切围绕"注意力",经济利益最大化成为指挥棒。如上海盛大网络有限公司将起点中文、榕树下、红袖添香等多家著名的大IP收编旗下,通过"迎合读者的后现代阅读方式和需求,用玄幻、仙侠、灵异、惊悚、悬疑、魔法等题材内容吸引读者眼球",攫取了巨额的经济利益。"这些大型传媒集团像经营娱乐业一样经营出版业,娱乐主义开始主宰出版,传统出版业奉行的智性价值、审美价值、社会价值丧失了,出版成了单纯盈利的工具。"③

　　自媒体也在出版领域分得了一杯羹。人人都是自媒体的便利和自由,使得人人都可以成为一个发声、传播的平台。博客是逸出传统出版领域的一块

---

①周斌.数字阅读的消极影响及其原因探究[J].编辑之友,2014(5).

②周斌.数字阅读的消极影响及其原因探究[J].编辑之友,2014(5).

③陈昕.出版与阅读的春天在哪里[M]//郝振省,陈威.中国阅读——2010—2011全民阅读蓝皮书.北京:中国书籍出版社,2011:75-76.

文化生产自留地。不同身份和背景的人都开设了博客,有分享美食制作的博客,有关注学术研究的博客,有探险旅游类的博客……活跃至今的博客,文化界的如徐贲和陶东风等的博客,一直关注学术研究,并以分享学术文章为主;图书馆界如吴建中的博客,以关注图书馆事业发展为主。作为新信息技术的早期产品,博客曾经很是火了一把,但随着QQ、微信等新技术装置的出现,博客逐渐日薄西山,很多活跃在博客上的作者或转移了阵地或退隐江湖。

QQ、微信等新技术装置的出现,令文化生产的方式更加多元化。当下,各种类型和性质的微信公众号、网络直播平台,鱼龙混杂,风格各异。传统主流媒体的各类自媒体平台,仍然"铁肩担道义",以针砭时弊、揭示真相、传播主流价值观、散播正能量为己任,走内容为王的路线,以文质取胜;也有一些自媒体以流量变现为主要目标,走粗鄙的娱乐八卦路线;还有一部分具有小清新气质的平台,走小众路线,兼顾情怀和流量。因具有时尚、接地气、易于为青年受众接受的特点,自媒体开启了文化生产和传播的新模式。一些机构利用自媒体平台,在传统文化传承和文化创意生产方面探索出了一条成功的创新之路。以故宫博物院为例,早在2010年10月,"故宫淘宝上线",同年11月故宫官方微博开通,2013年9月故宫官方微信公众号上线,2015年故宫表情包上线,2016年1月纪录片《我在故宫修文物》引发社会热潮,掀起了一股文物热,2016年7月《穿越故宫来看你》刷屏,2017年末《国家宝藏》在央视开播,故宫和故宫文化再次引发人们的关注。故宫博物院用这种接地气的深受年轻人欢迎的方式,向大众普及文物,传播传统文化,使得文化传承变得活色生香,令当下的主流一代能够接受且乐于接受,并创造了一种"故宫出品,必属精品"的阅读"期待视域"。

不得不提的是,在大多数自媒体以遵守传播伦理、坚守道德底线、传播正能量弘扬社会主义核心价值观为己任的同时,也有不少自媒体为了吸引受众眼球获取最大经济利益,不惜触碰道德和法律的底线。如一些嘻哈明星的微博散播涉嫌吸毒、歧视侮辱女性的言论,快手、抖音、小火山等视频网站多次生产、发布和传播低俗、恶俗甚至是触犯道德底线有违社会主流价值观的影像,还有一些所谓的网络编辑,像苍蝇一样紧盯着娱乐圈,生产、散播一些文字上错字连篇、内容上颠三倒四的无聊信息。这些灰色的甚至是黄色信息的大量存在，不仅恶化阅读文化生态，其所生产和传递的负能量信息还给青少年带来极其恶劣的影响。当下影视文化生产中，也存在着一些不良的价值导向，传递着一些与社会主流价值观相反的信息。为吸引受众，影视作品动辄拿颜值说事，"小花""小鲜肉"占据市场，薪酬动辄上千万，老艺术家被认为OUT（落伍）了。某些电视台，为了提升收视率，甚至不惜以炒作噱头制造假新闻或者扭曲新闻来吸引公众的注意力。这种眼睛只盯着钞票漠视自身社会责任的媒体，国家应予以严惩。

网络传播的独有特性，使得网络文化监管暂时还难以健全和有效。监管的困难又加剧了文化市场的失序。总体来看，网络文化生产目前尚处于尚量而不尚质的阶段，处于泥沙俱下的粗犷式发展阶段，这降低了文化产品的品质，使得垃圾信息、劣质甚至是低俗文化产品充斥于市场，侵占并损耗了优质文化文本的存在空间和读者的时间成本。

二、阅读文化传播方式的改变

由拉斯韦尔5W传播模式可知，传播者—信息—媒介—接受者—效果等共同构成了一个传播链条。作为信息的承载者和信息幻化的场所，媒介变革的影响，无疑会对整个传播环境产生作用。

从本体层面来看，阅读的内在传播环境发生了改变。这种改变主要体现于传播链条各要素之间的关系和各传播要素角色的变化上。在网络世界中，人人皆媒介，传统的单一的传者、接受者的身份发生改变，传者可以是接受者也可以是生产者，各传播要素扮演着多重角色，身份不再单一。同时，阅读传播门槛的降低、传者的大众化草根化、阅读"把关人"的缺失，导致传统传播范式和程式受到严重损害，传统阅读世界中传者和传媒的权威性、传播内容的严肃性和完整性也遭到消解。另外，在传统传播模式中，信息遵循着传者—读物/媒介—读者的流程单向流转，各要素间多是单向的线性传播关系，而在新媒体阅读中，单向线性的传播链被双向的或者多向的环形传播链所替代，被自我传播、人际传播、组织传播及大众传播所覆盖。此种传播机制和模式，扩大了不良内容传播的影响面。

阅读传播外部环境也发生改变。这主要是指阅读生态环境和伦理环境的改变。

一方面,信息数量的剧增,产生信息海啸。信息来源的多元化和传播的即时性,导致信息以几何级别的方式生产和传播。对于阅读大脑来说,泥沙俱下的海量信息不是福音,是信息灾难。另一方面,低俗的正常化和"上台面"现象尤其令人忧虑。自古以来,低俗的大众化文化传播基本都处于隐身状态,多在街头巷陌、车夫走卒间散播,很少能冠冕堂皇地走上"台面"。即使如宋词,最初也是民间小调,难登大雅之堂,成为经典,也是在文人介入改造之后。而当下,不少自媒体为了流量变现不择手段,如"今日头条"一再被国家有关部门约谈要求整改。有网友指出:在一些视频网站,"什么辣眼睛、毁三观的视频都有,唯一没有的,就是底线"。更有专家直言,聚集着中国几亿流量的视频网站,纵容着一群"妖魔鬼怪"扭曲青少年的价值观,让其把这当作一种潮流,来膜拜、效仿。①此正如新华社评论所言:没有底线,流量就是流毒! 当晒丑、窥阴、无理性的娱乐追求成为大众自觉的选择时,这标志着我国已进入了"娱乐至死"的时代。

另一种形式的文化生产狂欢——评论的无底线,标示着阅读生态伦理的恶化。以网络阅读评论为例,作为新媒体阅读的一部分,阅读评论区往往因为阅读"把关人"的缺失、网络监管的乏力、惩戒机制的不健全、阅读产品的商品化以及网络匿名性,导致其成为阅读道德滑坡、阅读伦理失守的重灾区。总而言之,良莠不齐的新媒体平台,标题党乱飞,娱乐八卦信息满屏,不遵守知识产权现象屡禁不绝,谩骂、攻击、无理性、肆意发泄成为网络键盘侠身份的象征……阅读无禁区,评论无底线,阅读生态环境遭到破坏。

三、阅读接受方式的改变

这种改变首先体现在读者阅读脑的改变,由传统的阅读脑变成嗜好浅阅

---

① 新华视点.没有底线,流量就成流毒.[EB/OL].[2018-04-11].http://news.ifeng.com/a/20180411/57474964_0.shtml.

读、碎片化阅读的"数字脑"。根据玛丽安娜·沃尔夫的研究,人的阅读大脑的神经回路具有可塑性。[①]不同的阅读媒介会给大脑神经回路以不同的影响。这种影响既可以建立一个相对简单、神经通路被缩短的阅读脑,也可以建立一个阅读时会激发更多复杂认知过程的阅读脑。

　　基于新媒体阅读和传统纸质阅读文本呈现方式、组织方式等的不同,大众采取了不同的阅读方式。传统阅读更倾向于理性的沉潜的深度阅读,这种阅读需要超越时间的思考,能够给予阅读大脑更多的刺激,对大脑神经回路施加更为复杂的影响。新媒体阅读则多采取快速浏览式的阅读法,这种阅读模式,首先剥夺了阅读大脑发展所必需的时间需求,因此给予大脑回路的刺激也就相当有限。这种建立在神经通路被缩短基础上的更简单的阅读脑被称为"数字脑"。根据尼古拉斯·卡尔的研究,"数字脑"使阅读者更多地关注现象而非本质,更注重体验而非思考,这种浅表化的阅读方式最终会使人变得"浅薄"。[②]在麦克卢汉看来,"新媒介是人体器官的延伸",网络一向被看作是大脑的延伸。大脑具有"用进废退"的特性,如果阅读者长期使用网络并以网络代替大脑记忆和思考,大脑的记忆和思考功能将会消退。因此,有研究者认为,数字阅读会影响人的智商。

　　其次,微认知习性和思维的形成。研究认为,传统纸媒阅读创造了一个新的"阅读通路",塑造了受众推理、批判性分析思维等"深入阅读"的能力,而网络媒介则削弱了这种能力,削弱了受众"超越时间思考"的能力。[③]阅读大脑被喜好快、浅、碎的超级注意力所改造,受众习惯于以碎微化的思维方式来认知和处理信息。当碎微化认知变成一种生活习性之后,阅读者在不知不觉之中就被塑造成了一个格局微小的碎微人。

　　再者,阅读心理的改变。新媒体阅读信息量大质次,干扰信息众多,如何

①［美］玛丽安娜·沃尔夫.普鲁斯特与鱿鱼:阅读如何改变我们的思维［M］.北京:中国人民大学出版社,2012中文版序:VI.

②［美］尼古拉斯·卡尔.浅薄:互联网如何毒害了我们的大脑［M］.刘纯毅译.北京:中信出版社,2010推荐序一:XI.

③［美］玛丽安娜·沃尔夫.普鲁斯特与鱿鱼:阅读如何改变我们的思维［M］.北京:中国人民大学出版社,2012中文版序:VII.

去除干扰信息获得有价值的信息,读者面临着选择的焦虑。这种焦虑心理作用于超文本,时间久了便会诱发读者浮躁、不耐烦的阅读心理。一旦长久浸染于这种阅读模式和心理状态之中,会给阅读者种下深重的"戾气",而且,这种浮躁和戾气可能会延伸到现实生活之中,给阅读者的人际关系和工作生活带来负面影响。

第二节　从神圣阅读到后现代阅读的蜕变看阅读问题

一、神圣阅读与后现代阅读的内涵与外延

神圣阅读主要是指基于纸媒基础之上建构而成的阅读形式,文字阅读、深度阅读和审美性阅读都被称为神圣阅读。神圣阅读的称谓与其产生的环境和阅读方式相关。

纸媒早期,阅读资源匮乏,人们尊崇文字和掌握文字的人,认为文字本身具有魔力。"书中自有千钟粟,书中自有颜如玉,书中自有黄金屋"即是此意的表达。另外,中国传统的"天子重英豪,文章教尔曹;万般皆下品,惟有读书高"([宋]汪洙:《神童诗》)的"出人头地"的阅读观念也促使人们极为尊崇读书这种活动。因此,对于到手的阅读资料,一般都会将之视为经典,焚香沐浴,反复揣摩仔细阅读。这种神圣阅读的狂潮在文化禁锢刚解禁之时也会涌现。20世纪80年代思想解放之初,出于长期对文字和阅读的饥渴,社会上掀起了一股阅读的热潮,像康德、黑格尔、叔本华等人的哲学著作也成为畅销书,甚至卖到脱销。处于饥渴状态下的阅读者,敬惜字纸,无需任何人督促,自会以一种虔诚的、敬畏的态度对待阅读对待所遇到的文字。其对待文字就像对待初恋一样,"读你千遍也不厌倦"。这种阅读心态和阅读行为方式被人们尊称为神圣阅读。

90年代以来,随着西方后现代主义思潮的涌入,人们与图书的蜜月期似乎走到了尽头。大众读书的热情被成功发财的梦想和消费娱乐精神所替代,加之新信息技术及其产品的快速更新,文字阅读转向图片和屏幕,阅读媒介也从

当初的纸媒变成了以电脑和智能手机为主。多样化的信息媒介带来了娱乐形式的多元化,消费、娱乐主导着人们的欲望和表达,曾经热闹的阅读被挤到生活的边缘,挤压成一道屏幕,浏览信息、翻看图片、观看影像成为国民主要的阅读方式。这种以比特、影像为基础的浅阅读和消费性阅读被称为后现代阅读。后现代阅读的命名与后现代主义密切相关。浅阅读、消费性阅读和影像阅读,与后现代主义思潮中的去中心、碎片化、消解经典、图像转向、消费主义意识形态控制等有着时间肌理和内在质的呼应性。

二、深度阅读方式向浅阅读方式的转变

对于深度阅读行为,波兹曼有着精彩的描绘:"阅读文字意味着要跟随一条思路,这需要读者具有相当强大的分类、推理和判断能力。读者要能够发现谎言,明察作者笔头流露的迷惑,分清过于笼统的概括,找出滥用逻辑和常识的地方。同时,读者还要具有评判能力,要对不同的观点进行对比,并且能够举一反三。"[①]深度阅读不仅需要读者深入文本之中,与文本对话,理解文本,还需要阐释文本、建构文本,进而建构起自身的知识体系。这需要阅读者全身心地投入其中,进入一种凝神不分的静心状态,充分调动大脑的思考能力。

如果说深度阅读是一种"我思故我在"的理性阅读,浅阅读则是一种屈从于欲望的感性阅读。浅阅读是对深度阅读的反动。与深度阅读相对,浅阅读对阅读环境、阅读内容几乎没有要求,只要能达到打发时间、排遣无聊、放松的目的即可。浅阅读追求的是愉悦,这决定了浅阅读具有一目十行、囫囵吞枣、浅尝辄止的特征。在这种阅读方式中,绞尽脑汁的思考遭到放逐。

浅阅读不单是后现代阅读的产物,其亦是纸媒时代的阅读方式之一。无论是在纸媒阅读时代还是数字阅读时代,深浅阅读方式都同时存在。当下的问题是,深度阅读式微消隐,以微阅读为代表的浅阅读形式成为国民的自觉选择。研究表明,当下流行的微阅读、浅阅读方式,其最显著的特征是强力浏览。这种阅读模式所培养的超级注意力,以及只习惯于阅读浅、短、碎文章的阅读习惯,使得阅读者形成了"唯快是举"的阅读选择。不论面对什么样的阅

---

① [美]尼尔·波兹曼.娱乐至死[M].章艳译.桂林:广西师范大学出版社,2004:6.

读文本、有着什么样的阅读目标,"快"成为第一选择。而深度阅读是需要思考的,思考需要时间。数字化环境下,海啸般涌来的信息令受众没有喘息的间歇,只能以"快"制量。"快"挤压了阅读时间挤压了思考。而没有思考的阅读,导致个体的认知无法获得成长性建构。目前,这种"快"迎合了社会上广泛弥漫着的浮躁、焦虑情绪。长期的碎片化阅读,无疑会对阅读者的阅读口味和阅读思维带来影响。此正如周宪所言:习惯于碎微化阅读的人,不仅会形成碎微化的阅读习性,更会塑造其碎微化的认知,导致阅读主体人格的碎微化。

当然,深浅阅读只是一种阅读形式,不能把社会阅读问题都归因于浅阅读形式。阅读价值的实现,关键还在于阅读主体是否能够把控自己,对阅读目标和任务有清晰地认识,能够根据阅读需要选择相应的阅读形式,而不是一味地深阅读或者浅阅读,尤其是不能一味地浅阅读。数字环境下,深度阅读要求我们在确定阅读对象、阅读目标之后,首先要慢下来静下来,投入进去沉浸其中。此种状况正如刘勰《文心雕龙·神思篇》所言:"贵在虚静,疏瀹五藏,澡雪精神。"如果以饭蔬来比拟深浅阅读,深度阅读是正餐,浅阅读是小菜。我们的阅读生活应以"正餐"为主、"小菜"为辅,"正餐"提供营养,"小菜"调剂胃口。无论是"正餐"还是"小菜",都只能我们自己吃,而不能请人代吃。用自己的胃来消化,所得到的营养才是自己的,请人代吃,营养永远都与自己无关。阅读亦然。

三、从审美性阅读方式向消费性阅读方式的转变

传统的沉浸式阅读是一种审美性阅读,即沉浸文本之中,"通过阅读发现文学作品的美感,并用审美经验来引导、提升自我。它在传统的文学理论中被认为是一种投入式阅读,需要读者交出自己全部的身心、情感和想象,即柯尔律治所说的'甘愿暂停不相信'"[①]。从媒介方面来说,我国文字无论是其外在形态、构造形式、音节还是其所包裹的内在意蕴,均具有审美性,这塑造了沉浸式文字阅读的审美性。如虢季子白盘上所镌刻的铭文,其字形之美,被认为是

---

① [英]柯尔律治.文学生涯[C]//刘若端编.十九世纪英国诗人论诗.北京:人民文学出版社,1984:63.

早期书法的典范。篆书、行书、草书等书写形式，更是将文字之美发挥到了极致。而文字的构型如象形和会意以及文学内涵的不确定性，也赋予文字更多的意蕴，给受众更多的想象空间和审美体验。当下我国正致力于弘扬、传播中华民族优秀传统文化，我国经典古诗词通过各种形式的诵读、咏读，重新焕发其与生俱来的美感。我国传统古典诗词大多具有可吟咏性，如早期的《诗经》即来自民间采风，宋词更是先有曲调（词牌）后填词，用于歌咏抒怀。在歌咏之间，文字之美熠熠生辉，令人生出"你真美啊，请停留一下"（［德］歌德：《浮士德》）的美的赞叹。

与文字媒介相对，自文化实现其"图像转向"之后，图像就替代文字成为数字时代的宠儿。当下的各类新信息媒介在实质上就是一种图像化媒介，而文化产品的规模化生产和新媒介技术所具有的复制功能，导致了复制品的泛滥，使独一无二的艺术品丧失了其"灵韵"。"媒介与各种文化产品的泛滥，导致传统欣赏性阅读的审美价值被消解，人们不再指望通过阅读的审美体验来获得自我发展、充实人生，而强调通过阅读来打发闲暇时间，缓解日常生活中的精神紧张与疲劳。"①

毋庸置疑，"消费"已成为后阅读时代的关键词。"自消费主义意识形态一统天下，受众的阅读也打上了消费的烙印。在微阅读世界中，官媒、民媒乃至个人，均利用各类微装置平台积极推送各类信息，进行意识形态灌输或者是品牌/商品营销。此类推送信息，其关注点不在知识，而是读者的眼球、点击的注意力。读者不但是潜在的消费者，还变成了可以被售卖的'商品'。"②信息和知识也成为商品。当下各种贩卖知识的APP如得到、喜马拉雅等装置，不仅在贩卖着各种形式的知识，也在贩卖着人们对知识的焦虑。这种情境之下，还希望精神消费者能以欣赏性的审美态度来阅读，恐怕是一件比较困难的事。而碎片化、强力浏览的阅读方式，也导致读者从审美性阅读心态向消费阅读心态转变。强力浏览的阅读者没有时间也没有心情把玩文字沉浸于文字所营造的意境之中，探求其意象的能指与所指。外在环境的嘈乱、内心的浮躁令阅读者无

---

① 王健.经典焦虑症透视［D］.长春：吉林大学，2010.
② 杨沉.基于发生认识论的微阅读接受研究［J］.图书馆，2016（9）：26—29，34.

处安放自己的灵魂,也无法沉潜其中发掘阅读之美。对这种状态,麦克卢汉有着经典的比喻:信息高速公路。快速通过,这就是信息高速公路阅读法。最后,巨大容量、良莠不齐的信息也剥夺了受众审美的时间和心情,压迫着受众快速浏览完成阅读。黄浩先生认为,"'后阅读方式',实质上是一种精神消费活动。而且,总体上是一次性的消费"①。如此种种,皆导致审美性阅读的消解、快餐式消费性阅读的生成。

从阅读性质来看,"消费性阅读是一种消遣性、娱乐化阅读形式,是一种精神性消费活动……它在本质上也是一种浅阅读,只不过浅阅读是从阅读方式转变的角度强调了对阅读深度的消解……而消费性阅读则强调对传统艺术欣赏的消解。"②当人们都对消费性阅读趋之若狂而拒绝审美性阅读,未来的阅读文化和人们的精神生活品质将如何得到保障? 消费性阅读的影响和作用引发了学界有关国民阅读趣味、审美、文化产品生产等方面的焦虑。

四、从文字阅读方式到影像阅读方式的转变

从阅读介质来看,影像阅读即是指以图片、视频、影视资料为阅读对象的阅读形式。

伊尼斯在《传播的偏向》一书中提出了媒介偏向理论。他认为,不同介质的媒介具有不同的偏向。其中,媒介的物质结构和符号形态决定了该媒介承载的内容。"对于传统印刷媒介而言,文字就是它的内容,印刷术就是为文字量身定做的。"③"光与电"革命之后,新信息技术及其阅读媒介的革命性变革,不仅带来文化生产方式的改变,也带来阅读内容的大变革,图像成为其主要内容。随着文化"图像转向"的不断扩张,以电视、网络、手机等为代表的电子媒介已然演化为图像化媒介,以文字和印刷为主的传统文化形态受到了以图像和数字的后现代文化的挤压。也就是说,一种媒介成了另一种媒介的内容,这

---

① 黄浩.走进"后文学时代"——一个历史结构主义者给21世纪文学所作的注解[J].吉林大学社会科学学报,2003(2).

② 王健.经典焦虑症透视[D].长春:吉林大学,2010.

③ 黄浩.走进"后文学时代"——一个历史结构主义者给21世纪文学所作的注解[J].吉林大学社会科学学报,2003(2).

正是新阅读媒介具有革命性的地方。新媒介不仅将前媒介变成自身内容，还将前媒介的内容—文字也变成自身的内容，更发展出图像这种内容形式来承载文化。此正如麦克卢汉所言：社会文化必然从一种抽象的书籍文化进入一种高度感性、造型和画像似的文化。①

图像化媒介还改变了受众认知世界的方式。"人类越来越依赖通过图像而非传统的文字方式来理解和把握我们的世界。"②图像化媒介创造了一个虚拟与真实交融的"景观社会"。图像化已经演化为一种世界观和认知观，正在深刻地改变着我们对于世界和我们自身的看法，"一方面是主体视觉行为的过度重负，另一方面则是人们理解世界越发地依赖视觉行为。"③

视觉依赖继而发展出媒介依赖、数字阅读成瘾现象。数字阅读成瘾的实质是媒体过度依赖甚至成瘾。新媒体尤其是智能移动设备所带来的便捷性、易于获得性以及信息产品的丰富性，导致部分受众产生媒体依赖。调查显示，如果手机不在身边，大多数人都会"失魂落魄"，有的甚至会焦虑不安、浑身难受；有的即使是亲人团聚、朋友集会，也会只沉溺于虚拟的数字世界而忘了现实世界。手机成为一个"黑洞"，消耗着人们的时间、精力和情感，甚至导致网络成瘾、信息焦虑症、人格分裂等不良后果。

五、后现代阅读需要关注的三个问题

后现代阅读方式是对神圣阅读方式的消解，其实质是传统阅读文化的消退，是读者阅读力的破碎。在阅读方式转变过程中，尚集中存在着一些暂时无法克服的阅读问题：从外部环境来看，主要是信息超载过量，无效、垃圾信息充斥于受众的脑袋，不加思索的接受使得脑袋变成了"垃圾箱"；从内部来看，主要是强力浏览模式所产生的超级注意力和媒介依赖。此类问题及其影响的后果，引发了学界的阅读焦虑。解铃还须系铃人。阅读焦虑的消解和读者健康

---

① [加]麦克卢汉.没有书面文化的文化[C]//埃里克·麦克卢汉，弗兰克·秦格龙编.麦克卢汉精粹.何道宽译.南京：南京大学出版社，2001：459.

② 王健.经典焦虑症透视[D].长春：吉林大学，2010.

③ 周宪.读图，身体，意识形态[C]//陶东风，金元浦，高丙中.文化研究第3辑.天津：天津社会科学院出版社，2002：73.

阅读行为的构建,需要注意以下几个问题:

真实与虚拟的问题。一是信息真实。新媒介固有偏向对内容的喜好会导致信息扭曲,而互联网门槛的开放性和低门槛性也令低质、劣质、虚假信息充斥于数字化阅读空间,这不仅污染了信息环境还导致阅读生态环境的恶化。这种信息与真实的割裂,严重影响了阅读者纯知识体系的构建。一是世界的真实性问题。新媒介所创造的阅读空间造就了一批宅人,他们沉浸于虚拟性的数字化世界而遗忘了自然世界。这种人与自然与真实的隔离,会导致错误世界观的形成。因此,首先要从信息源头对信息质量和文本内容进行把关,确保信息质量。其次要提高阅读者的信息素养和判断能力,正确区分和对待虚拟与真实。

技术控制与媒介依赖问题。现代社会对技术的盲目崇拜对人文情怀的忽视导致技术霸权突破人文防线野蛮生长。体现在新媒体阅读中,就是阅读者对新媒介新装置的追捧和依赖。从哲学层面来说,数字化阅读成瘾现象、不能平衡连接和未连接的生活的本质就是媒介依赖,是技术霸权主义的体现。这不仅给阅读者的工作、学习和家庭带来困难,也导致读者身心不和谐。这方面除了培育读者树立正确的媒介使用观,提升阅读者的人文素养和审美能力之外,还要求培育读者的沉浸式阅读行为,破除媒介依赖。

阅读者"内生性文化贫困"问题。研究表明,"离不开手机"现象其实质是人们心理无聊的表现。宁愿无所事事刷屏也不愿意愉快地读一本书,表明了当下手机一族存有"内生性文化贫困"。如何克服世纪性的无聊心理,充实地度过闲暇时光,是当下教育需要注意和解决的问题。而经典阅读无疑是这种教育的最好方式。

第三节 阅读问题化的成因

后阅读时代,阅读对象从以文字为主体发展到以图像和影像为主体,阅读从"凝神观照"变成了"瞧一瞧",大众的"阅读力"正陷于"词的破碎""物的牢笼"和"我的泛滥"之中,"阅读的启蒙力量日益衰竭,读图正在成为新的图像拜物教"，①娱乐和消遣成为大众首选的阅读动机，大众阅读正在问题化。党的十九大报告指出，中国特色社会主义进入了新时代。新时代，新使命，新作为。新时代不仅要发展经济、培育时代新人，更要丰富、提升人民群众的精神文化生活，构建民族文化自信。这既需要挖掘、传播、传承中华民族优秀传统文化，也要实现大众文化建设质与量的提升，尤其要注重质的提升与发展。作为社会主义文化建设的重要一环，全民阅读既要重视增量，更要在提质方面做出贡献。无论是增量还是提质，首要前提是把握阅读问题化的成因。

阅读问题化的成因，可从以下几个方面挖掘：

第一，阅读动机改变。纸媒时代的阅读，大众阅读多是以增长见识、拓宽视野、提升眼界、完善自我人格为目的，或以获得实利为目标，比如读书升学、考试找工作、开展学术研究等，当然也有不少休闲消遣式阅读。后阅读时代，大众阅读演化为一种消遣式的文化消费行为。如前所述，自20世纪90年代以来，随着后现代主义思潮一起涌入的消费主义价值观在政府大力发展市场经济的土壤中生根开花，并演化为一种消费主义意识形态，刺激并控制着大众消费的本能和热情。一方面，随着新信息技术的革新，文化产品的泛滥化，"付费"阅读成为阅读界的新宠。各类阅读装置、各种形式的阅读产品，刺激着大众文化消费的欲望，另一方面，网络、自媒体和纸媒机构产生的海量信息压迫着大众，令大众产生"瞧一瞧"的消费式的阅读心理和阅读行为。与此同时，随着技术及其产品给生活和工作带来更多的便利，大众的闲暇时光和碎片化时间也随之增多，大众如何打发闲暇时光、碎片化时段，成为当前阅读需要直面的问题。根据当下的阅读现状来看，闲暇时光和碎片化时段的阅读，大多是一种排遣无聊心理、打发时间的消费式阅读。消费式的阅读动机，导致阅读的浅表化、浅薄化和娱乐化倾向。

第二，新信息媒介的崛起和扩张。随着新信息技术的快速革新，其技术产品也在快速地更新换代，阅读媒介从早期的电脑、IPad、电子阅读器发展到智能移动手机、QQ、微信等各类终端设备和装置平台，阅读媒介家族成员不断增加规模不断扩大。新信息媒介的崛起和扩张，引发了阅读领域的"多米诺骨牌

---

① 梁玲.国民阅读困境的深层之因：读图时代辨析[J].探索与争鸣，2015(2).

效应":新信息技术及其更新换代产品在阅读领域的广泛应用,其作用犹如冲击第一张多米诺骨牌的小玻璃球。"小玻璃球"的一击,引发了阅读领域的连锁式反应,信息量、信息流向、信息人、信息环境、阅读环境、阅读文化面貌、阅读生态等,都随着小球的一击发生了革命性的变化。新媒介提供了惊人的信息量,"远远超过了人类的吸收和注意能力:根据估计,一份日报包含的信息大约是文艺复兴时期的一个普通人一生接受的信息。"①信息泛滥成灾,或许是对海量信息对阅读者和阅读生态的影响的最真实的写照。过量信息不仅损害人的阅读大脑,还对受众的认知成长带来不利影响,此正如王岳川所言:"人的思想智慧正被自己所创造的过量的信息所窒息。"②在纸媒阅读世界中,阅读者享受着一个人的思想盛宴,"信息高速公路"上,各种嘈杂、干扰影响着阅读者的注意力和情绪。纸媒阅读世界沉静,网络阅读世界"五色令人盲",阅读者被信息、媒介及其所构建的景观刺激得蠢蠢欲动! 小小的媒介载体撬动了巨大的阅读之球。媒介变革之初,或许没有人会想到,媒介变革会引发如此多的效应,产生如此革命性的后果。

第三,大众文化的勃兴与精英文化的衰落。

大众文化和精英文化一直存在,大众文化和精英文化的分野也一直存在。分野的存在不仅标示着文化趣味、品位的不同,更标志着身份和话语权的不同。精英和大众区分了二者的阶层。传统纸媒时代,大众具有草根色彩,较少话语权,缺少言说通道;精英属于社会上层,拥有一定的话语权,有一定的言说通道。从文化趣味上来说,大众文化一直是俗文化的代名词,代表着民间的文化趣味、叙事风格、关注焦点。精英文化,顾名思义,精英们的文化,体现的是社会的中流砥柱——精英们阳春白雪般的文化趣味及其忧国忧民的社会思考。一般来说,精英文化负有对大众进行思想启蒙的责任,这种启蒙思想和启蒙意识在"五四"时期和20世纪80年代较为盛行。社会精英以其历史使命感"铁肩担道义,妙手著文章",对大众进行启蒙,大众接受启蒙并认同精英文化

---

① [英]齐格蒙特·鲍曼.被围困的社会[M].郇建立译.南京:江苏人民出版社,2005:165.
② 王岳川.中国镜像:90年代文化研究[M].北京:中央编译出版社,2001:41.

为文化标杆。"'五四'时期,胡适、陈独秀、蔡元培一言既出,天下风行"①即是明证。而今,人们听谁的? 谁还在听?

随着互联网等新兴信息媒介的崛起和扩张,作者神圣书写者的地位遭到瓦解,任何人皆可书写、发表,并无成本传播开去。大众不仅有了言说的通道,似乎也拥有了话语权,可以公开发表言论表达自己对公共事务的看法,甚至能通过规模化的网络舆论影响社会事务的进程和走向。一方面,成千上万写者的涌现,淡化了写作的神圣,也瓦解了作品的经典性。另一方面,"相当多的情绪化的、语病叠出的、胡写乱涂的文化垃圾"的泛滥"使得今天产生优秀的思想,或者使优秀思想文本浮出这类文化垃圾的水面变得非常艰难"②。后阅读时代的传播使得大量文化垃圾和精英思想并存,其不但消解了"经典"地位,也消解了精英文化。

新信息媒介的传播具有侵略性,其一旦和资本媾和,以受众、消费和盈利为旨归的生产和营销模式便应运而生。大众文化的规模在大众言说的欲望和资本的刺激之下日益扩张,其扩张的速度之快规模之大,史无前例,其结果也是前所未有的:大众文化不仅在规模上压制精英文化,在地位上也挤压了精英文化的生存空间,更在思想上清算了精英文化的立场及其文化品位。精英文化发出的声音淹没在文化垃圾堆里,精英文化无可避免地衰落了。而大众文化在不断壮大的同时,其精神品格也发生了时代性的变化。当前社会上流行的"我是屌丝我怕谁"就是大众文化精神品格的写照,更是当下大众精神追求的象征。在新型媒介的扩张和言说之中,"在生存域和言说域的'末世感'中,文艺的诗思对话功能为所谓商业炒作所取代。在打掉了知识者'精英'的反思之维后,大众传媒具有了'人生指南'和'金钱神话'的再造职能,并在不断制造的'热点'和肥皂剧的'生活阐释'中,将受众引入追求感官快乐的短期行为。"③在这样的文化氛围和媒介环境中,消费性阅读逐渐流行起来,并成为大众阅读的自觉选择。

---

① 王岳川.媒介哲学[M].开封:河南大学出版社.2004:导言第12页.
② 王岳川.媒介哲学[M].开封:河南大学出版社.2004:导言第12页.
③ 王岳川.中国镜像:90年代文化研究[M].北京:中央编译出版社,2001:217.

第四,阅读边界的模糊和传统阅读价值观的瓦解

从阅读概念的界定来看,阅读概念与纸媒阅读和文字相关,文字是其主要的阅读对象。随着新信息媒介的不断扩张,阅读边界日益模糊,阅读对象日益泛化。在主抓注意力经济的视觉化时代,图片和影像日渐挤压文字的生存空间,成为阅读的主要对象,甚至是所有的符号视觉行为或者是听觉行为都被界定为阅读,比如时下非常流行的"听书"模式。阅读边界的泛化、阅读对象的模糊化,增大了人们对阅读对象把握的困难性,将阅读认知、阅读研究和阅读实践带入困境。当所有"看"的行为甚至是"听"的符号化行为都变成阅读之时,人们再也不会产生一日不读书便"面目可憎"的感觉,因为人人时时刻刻都在"阅读"。如果这种"看"的行为及其内容主导了大众阅读生活的全部,我们不禁要问:民族文化传承如何实现? 民族文化自信又从何而来?

另外,以网络为表征的新信息媒介及其传播模式,打破了信息的边界,使得曾经的"前台"信息系统和"后台"信息系统在新场景中融合。梅罗维兹认为,媒介作为一个信息系统的场景,有其特定的行为规则和边界。新信息媒介打破并创造了新的边界,也创造了新的行为方式。在特定场景中,人们的行为遵循着"前台""后台"的行为规则扮演着不同的角色,传递出不同的"前台"或"后台"信息。比如在印刷媒体中,书籍曾被按照男性的书、女性的书、成人的书和儿童的书予以区分,儿童场景中摆放成人的书被认为是不合适的。而电子媒介和网络媒介则破坏了这些场景的边界,原本被限制的成年人话题和儿童节目等信息系统融合在一起,曾经的后台信息系统如女性话题、男性话题、两性话题等变成了"前台"信息,任何人都可以随意地接收这些信息,儿童也无可避免地了解了被成人世界所保护的"后台信息"。"后台"信息的"前台"化导致了这样一种文化景观:男性气质与女性气质融合,小鲜肉盛行;成年和童年的模糊,儿童成人化,成人幼稚化①。传统价值观念遭到解构,新观念诞生了,曾经的文化禁忌也解禁了。像"屌丝"这样一种过去人们羞于言说的生殖器官术语,现在也堂而皇之地成为网络流行语,存在于人们的语言表达之中,甚至

---

① [美]约书亚·梅罗维兹.消失的地域:电子媒介对社会行为的影响[M].肖志军译.北京:清华大学出版社,2002:176.

演化为公共文化现象。不能不说,在大众文化的狂欢之中,传统的阅读文化价值观遭到瓦解。大众不再把阅读神圣化,阅读也不再是精神文化生活的必需品,阅读休闲化、娱乐化,是大众给予阅读的新时代定位。

第六章　阅读能否返乡？

在构建民族文化自信、大力促进全民阅读的新时代，面对大众阅读文化的勃兴、浅阅读的盛行、影像阅读的侵蚀、娱乐阅读的醉生梦死等后阅读时代的"众生之相"，我们不禁要问，新时代阅读会去向何方？

网电带来了阅读信息的大繁荣、阅读权利的大解放、阅读内容的大丰富，培育了人们快速抓取信息快速阅读的能力，提高了人们多头任务同时处理的能力……网电也带来了碎片化的阅读习性、专注力的丧失、浮躁和媒介依赖。纵观阅读发展史，技术和阅读媒介发展的方向，就是阅读发展的方向。数字化阅读必然要成为当下还有未来一个时期之内的阅读形式，这种潮流不可逆改。也就是说，阅读不可能完全倒退到充满怀旧情绪的纸媒"之乡"，新时代的阅读构建也不可能完全按照纸媒时代的构建方式来构建。阅读的原有之乡已经无法回归，但是，这并不是说，我们完全放弃了纸媒阅读。根据事物发展的规律，在一个相当长的时期内，纸媒阅读形式会和数字化阅读形式共存，共同为新时代的阅读繁荣做出贡献。因此，当下和未来一段时期内的阅读构建，要融合纸媒阅读与数字化阅读的特点、根据阅读本身质的规定性进行构建，力争做到取长补短，以消解数字化阅读所带来的不利影响，改善、改良、发展、提升数字化阅读形式，使其兼顾纸媒阅读的优点和数字化阅读的优点。换言之，阅读有"乡"可返，这种返是一种螺旋式的"返回"，是一种超越的"返回"，是为了更加美好前景的"返回"。

目前，通过大众的参与、学界的研究、学者的呼吁、政府的重视和支持，全民阅读发展的局面欣欣向荣，前景令人期待。全民阅读构建，除了前文所提到的阅读主体构建、文本构建、阅读生态平衡构建等方面,未来的阅读构建之路尚需从以下几个方面用力,即阅读观建构、阅读推广新老问题的解决、图书馆员新型能力建设、亲子阅读建构。

第一节　阅读观建构

新时代的阅读构建,首先要解决阅读认知问题,建立起科学的阅读观。阅读观包括对阅读概念、阅读载体、阅读方法以及阅读宗旨的认知。时下某些阅读研究文章中,存在着大量习得的概念性误读,动辄将纸质阅读与网络阅读对立,将"浅阅读"混同于数字阅读,不但混淆了阅读载体与阅读对象、阅读方法的差异,还将阅读效果与阅读载体混为一谈。阅读研究的首要前提,是厘清阅读的内涵与外延,高屋建瓴,把握阅读本质。本节针对阅读研究中常见的概念性误读,就阅读概念、阅读载体与阅读方法、阅读宗旨展开辨析。

一、阅读概念之辨

鲁迅曾巧妙地将苏东坡之"人生识字忧患始"改为"人生识字糊涂始",无论文字如何改变,二者皆透露出如下信息:有文字便有了阅读;文字是阅读的对象;思与诗性思维创造了阅读;人自识字也即阅读之后,人生发生了改变。这表明,人与阅读以及文字的紧密关系。人创造文字,并命名文字。人拥有文字的命名权,同时亦被文字塑造。文字规定了阅读的本质,文字与阅读异质共生。

从发生学的角度来看,阅读经历了一个发展变化的过程。由阅读的命名我们可知,阅读在它发生的早期,是一项视觉、听觉、发声系统的综合知觉行为。阅为看,乃视觉摄入行为,往往伴随着知、情、意活动;读为读出文字的音响。发展到后来,阅读只剩下了看,读退居幕后,为默读或者不读。再后来,随着科技的高速发展,阅读载体的日新月异,阅读的形式也日益多样化,阅读的对象不仅仅是文字,还有声、光、色、影,阅读似乎再次回归,成为综合的知觉行为。这种综合的知觉行为与早期的综合知觉行为有着较大的差异性,即,在多数情况下,阅读主体心有旁骛,成为"在场的缺席者"。

在苏轼和鲁迅的时代,阅读还是一个相对狭义的概念,只有对文字的阅读才可称为阅读。古人阅读的典故有很多,"头悬梁锥刺股""囊萤映雪""凿壁偷光""好读书不求甚解""马上、枕上、厕中"等等,都是阅读的生动写照。现代阅读之研究,有萨特"阅读是引导的创作"、英美新批评派的"细读法"、罗兰·巴尔特的作品和文本阅读理论等等。古之读书,有精读有泛读,有为学术皓首穷经的研究型阅读,亦有求知型阅读、消遣性阅读。阅读的妙处不仅在入世,更在出世,不仅在黄金屋、颜如玉,亦在疗救身心、怡情养性,也即今之所谓治疗性阅读。这些老祖宗的文化遗产,至今仍为后人继承和享用。

今之阅读的概念,随着所指的放射性,是愈加的宽泛了。有人提出了大阅读,有人提出了泛阅读、轻阅读,还有诸如传统阅读、现代阅读、纸质阅读、网络阅读、数字阅读、电子阅读、新媒体阅读,精读、泛读、深度阅读、浅阅读等等,不一而足。有研究者在阅读本质尚且模糊的前提下,陷入人云亦云的泥淖,视阅读媒介为阅读对象,把阅读载体等同于阅读方法,将阅读方法混同于阅读效果,将新型阅读形式一棒子打死,这些都是对阅读的误读。如何规范阅读并给阅读一个恰切的定义,是后阅读时代阅读研究和阅读实践必须要解决的问题。

一方面,我们要注意到,阅读具有发展性。新时代新环境中产生的新事物,如果再用旧的观念旧的理论去解读,常常会产生误读,如用纸媒时代的阅读理论就不能科学地解释当前的超文本阅读现象。理论的模糊导致认知的障碍,认知障碍不扫清,阅读实践和阅读研究就无法走上正确的道路。另一方面,用泛化的观点来解读新阅读现象,无疑会将阅读推到一个四不像的境地。当下有些人将视觉文化中所有的视觉实践活动比如旅游、赏玩奇珍异宝等都归结为阅读的做法,就是一种没有边界的泛化的颠覆阅读的行为。阅读在现阶段有一个被大多数学者所认同的定义,即阅读是人从符号中获得意义的一种社会行为、实践活动和心理过程,也是信息知识的生产者和接受者借助文本所实现的一种信息知识传递过程。存在主义哲学家萨特的阅读理论,或许更为接近阅读的本质,即:阅读是知觉和创造的综合。笔者认为,无论如何界定阅读,阅读的本质不能丢,即有效阅读是一种沉浸式的阅读,不论其阅读对象是文字还是影像，阅读主体都应"在场"，阅读者要投入其中，有所思考有所理解有所阐释并有所得。

二、阅读载体和方法之辨

阅读范式的演进确实与阅读载体有关。但将阅读载体与阅读方式对立起来，将纸质阅读混同于传统阅读，把浅阅读等同于网络阅读，并将数字阅读与传统阅读对立割裂开来，似乎现代阅读的一切不良的后果都应该由阅读载体来承担，此种思考和解决问题的思维有简单化粗暴化的倾向，对阅读载体也有失公正。

由古至今，阅读的载体也即承载阅读对象的媒介的变革一直在发生。随着时代的前进、科技的进步，自文字出现后，承载文字的载体从兽骨、甲骨、布、帛、纸、电子阅读器等等，一路随着技术变化着。这样的变革未来也将继续发生，时下风靡世界的Kindle、iPhone，终有一天也会被新的科技产品所代替。阅读新旧载体之间的存续关系，无外乎四种：旧的占主流；新旧平分秋色；新的占主流；新替代旧。放眼阅读载体数千年的发展变革史，我们发现，无论阅读的媒介如何变化，阅读对象——文字——没有变。即使时下流行的数字阅读，虽然也包含影像阅读，但是其真正阅读的对象还是文字。尽管它以超文本超链接等多种高科技形式存在，究其实质，它只是文字的变体，是文字的数字化存在，其本质仍然是文字。

传统阅读的类型和方法亦未发生根本变化。传统阅读是一种时代的命名方式，与纸质阅读紧密相关。纸质阅读命名侧重的是纸质媒介，这种媒介惯有的阅读模式被称为传统阅读。传统阅读的类型很多，方法亦多样。如前文所述，有学者研究型阅读，有求知型阅读，有消遣怡情之阅读，还有治疗性阅读。方法主要有精读、泛读和略读。而今所提出的深度阅读、浅阅读等种种阅读方法，并非无本之源，大体上传承了精读泛读的衣钵，皆是老祖宗的文化遗产。阅读方法从古至今，术语时常翻新，却不外乎精读、泛读两种。精读和泛读的区别，主要在于主体思维和诗性思维参与的强度和深度的差异。思（理性思维）的强度大深度广，则为精读也即深度阅读；弱，则为泛读也即浅阅读。纸书或许会消亡,传统的阅读方法仍将传承下去。毕竟,人是历史和文化的产物,传统的文化基因仍在我们的血液中流淌。这种集体无意识,短时间内是无法割断的。

对于网络阅读、数字阅读、浅阅读,有研究者误识颇深,持不科学的批判否定态度。原因在于,他们把阅读载体和阅读方法混为一谈,将阅读效果等同于阅读载体,完全将消极阅读所导致的不良后果归罪于阅读载体。理性地看,阅读载体只是阅读对象的承载者,以快速为特征的浅阅读也只是一种阅读策略,它们本身并不具有社会的伦理的道德的属性。阅读载体只是形式,阅读对象(内容)不会因为形式的变化而变异。比如《尤利西斯》,它在纸质媒介上是这样的结构和意义呈现,到网络上就发生了变异,成为《安徒生童话》。这样的逻辑,无异于天方夜谭。我们不否认,丰富花哨的形式会影响、分散人的注意力。时下出版社、各类商家为博取巨大的眼球经济,利用声、光、色等诸多元素,使阅读世界光怪陆离,充满诱惑。与纸质阅读相比,这要求读者投入更多的精力、更有定力。读者若因自己的懒惰、浮躁、注意力不集中丧失了阅读目标,把阅读不佳的责任完全推到载体头上,把技术/手段与主体意志相混淆,本末倒置,是有失公允的。

阅读效果取决于阅读方法,在于读者的一心之念。阅读介质的类型虽然会影响阅读主体的阅读行为的性质,进而影响到阅读效果,但是,不能把阅读效果与阅读媒介类型画等号。在阅读实践中,主体能力不同,采取的阅读方法不同,阅读效果自然不一样。法国著名哲学家阿尔都塞提出"症候式"阅读理论,他认为,在阅读理论著作时,不能满足于表面的、线型的、直接的阅读,而应"将表面的文字结构和深层理论结合起来,既直接阅读白纸黑字的明白论述,更要借助理智的功能介入、反思和把握由文本的边缘、沉默、空白、缺失等构成的、埋藏于文本无意识深层的理论结构或理论框架,以便真正把握理论的本质"[①]。英美新批评派的"细读法"要求"充分阅读"和"深入阅读",从细节着手,细心揣摩仔细推敲,发现和破解由隐喻、象征、反讽等修辞方法所形成的单个

① 马新国.西方文论史[M].北京:高等教育出版社,2008:441.

或整体意象的深层含义。①存在主义哲学家萨特认为，阅读是知觉和创造的综合，需要以最佳的精神状态投入作品。读者的揭示、创造能力高，作品对于他来说也就无穷竭。随着读者能力的提高，他可以在阅读中越走越远，在创造中越走越深。②换言之，针对不同的阅读介质、阅读对象和阅读目标，阅读者应采取相应的阅读方式，这样才可能获得自己所希望的阅读效果。

无数实践已经证明，一个没有阅读目标、缺少阅读投入的读者，无论其面对的是纸质媒介还是数字媒介，最终的结果，恐怕都会是费了精神、耗了光阴，镜花水月一场。这就如奥德修斯的归程，如果被塞壬的歌声迷惑并迷失了自我，将不但忘了归程，甚至还有生命之虞。因此，无论是怎样的阅读载体，用的是何种阅读方法，读者都须用心经营。《小王子》中狐狸告诉了我们一个秘密：本质的东西眼睛是看不到的，只有心灵才能看得见。阅读亦如此。

三、阅读宗旨之辨

无论是学术性阅读还是求知型阅读抑或消遣、治疗型阅读，都有一个宗旨：为我所用。这个用，需借助阅读者内在的改变方可实现。有人形象地把人的大脑比喻成一个接受信息的容器，阅读就是通过摄取的信息对大脑发生作用，使容器形状产生改变。阅读所得，是外在的信息，变才是阅读之用。这也就是王阳明所谓"知行合一"，即王守仁所谓"知是行的主意，行是知的工夫；知是行之始，行是知之成"。著名哲学家哈贝马斯亦指出，当实证主义标志着认识论的结束，代替认识论的是知识学，因为从内容上讲，认识是由知识的成果决定的。③积极心理学理论认为，信息会对人的认知、情绪、行为产生作用，导致其发生变化。认知改变了信念，而信念是可以改变世界的。情绪属于心理和精神的层面，良好的情绪可以平衡生命，缓解内心冲突，减少抑郁焦虑。认知和情绪的有益变化，能促使有益行为的发生，譬如追求更美好的自我，譬如人际关系的良性互动，譬如努力实现信念。无数个体的转变往往意味着一个小群体的改变，而无数小群体的转变无疑会改变社会。所有这些，就是阅读

---

① 马新国.西方文论史[M].北京:高等教育出版社,2008:482.
② 马新国.西方文论史[M].北京:高等教育出版社,2008:420.
③ [德]哈贝马斯.认识与兴趣[M].上海:学林出版社,1999:66.

之用。

古人云:腹有诗书气自华。阅读潜移默化中提升了人的眼界和视野,使人在一览众山小之余,具有了大格局、大境界。善阅读且阅读广博者,乏苟且之人,拒为龌龊之事。信息永远比无知强,却绝不是来者不拒。读者需要练就一双火眼金睛,剔除那些邪恶的错误的信息。历史经验告诉我们,信息后面错误的信念比无知更可怕。阅读本身不具有道德属性,只是一个过程,却因为阅读主体的别有用心,或是接受了信息中错误的信念,导致恶的发生。希特勒利用张伯伦的"社会达尔文主义"和尼采的"权力意志论"鼓吹"种族主义理论",对犹太人进行灭绝人寰的大屠杀。这些,为阅读者敲响了警钟。

阅读之用,有大用亦有小用,体现了事物的丰富性,本不具有价值判断。有研究者发文全面否定浅阅读,把浅阅读和深度阅读相对立,将浅阅读混同于数字阅读,对二者大肆讨伐。从用上来说,这是错误的。无论是研究还是求知、怡情,都是用的体现。主体因阅读能力、阅读目标、阅读需要的不同,采取不同的阅读方式,获得不同的阅读效果,这与阅读载体无必然关系。比如,做学术研究和求知的阅读,既可以是纸质阅读也可是数字阅读,但不论是何种阅读介质阅读类型,都必得精读细读,也即深度阅读;消遣怡情治疗之类阅读,则大可以泛读略读浅阅读,所谓不求甚解。鲁迅曾多次在文章中提及,每每著文疲倦了,均是借助于手边的一两本闲文小册子来消除疲劳,达到休养生息的目的。此无用之大用。

阅读对于人生,既需要浅阅读的碳水化合物滋养身心,休养生息,也需要精读/深度阅读的蛋白质和钙质来固经健体。不论是纸质阅读还是数字阅读,不放心于中,没有目标,不参悟,不从信息中汲取营养,并用之滋养改变自我,这样的阅读毫无意义。相反,阅读者在信息的滋养中发生了改变,不论这种变是今天发生还是一周之后发生,也不管这种变是情绪的认知的还是行为的,总之,只要有变,阅读也就实现了。用正确的方式去做正确的事情。这要求读者在阅读中放心而为,凿掉心中多余的"石头",在阅读中创造,并通过努力实现美好之变。

第二节　阅读推广的老问题与新问题

随着全民阅读推广活动如火如荼地开展,高校图书馆阅读推广实践过程中遇到了很多具体的需要明确和解决的问题。由于问题缺乏及时的梳理、缺乏明晰和宏观的理论指导,导致高校图书馆阅读推广活动中尚存在着一些想当然的操作和越界现象,高校图书馆界技术派同仁对高校图书馆开展阅读推广业务也存在诸多的质疑。比如在全国性行业群"圕人堂"以及某某"阅读推广"群中以及相关的阅读推广研究文章之中,常有各种有关阅读推广的讨论,观点五花八门。一个常见的主题是对高校图书馆开展阅读推广工作的质疑,对该不该阅读推广、阅读推广方向的选择、阅读推广内容的定位、阅读推广的最终目标、图书馆在阅读推广中的角色、地位和功能等都存在模糊甚至是错误的认知,甚至还存在着对高校图书馆阅读推广人工作的歧视和嘲讽。这说明阅读推广风风火火推进这么多年来,仍然有很多图书馆界同仁对高校图书馆开展阅读推广有不同的意见,对阅读推广的内涵与外延认识模糊。毋庸置疑,这种认知障碍不利于图书馆业务转型和阅读推广活动的发展与深化。

鉴于此,本人利用问卷星对高校图书馆阅读推广人进行调查,在问卷调研的基础上结合阅读推广相关文献内容的梳理,罗列出当下高校图书馆阅读推广中存在的问题,并对这些问题进行解析,以期厘清高校图书馆阅读推广的内涵与外延,为高校图书馆阅读推广提供理论指导,促进高校图书馆阅读推广的健康发展。

一、阅读推广的老问题

根据问卷调研和文献梳理,阅读推广的老问题主要表现在以下方面:

(一)为什么要推广?

对于高校图书馆开展阅读推广活动,很多人认为这是图书馆落伍、不务正业、赶时髦的表现。在他们看来,大学生不是普罗大众,本身属于有知识的阶层,会读的自然会去读,不去读的,推广也没有用。而且,大学生们要完成学习任务、应对各类考试、完成学业,他们天天和书本打交道,自己的书都读不完,哪有时间和精力看推广的书。另外,图书馆的资源展示、借阅活动,本身就是阅读推广。因此,图书馆根本没有必要劳民伤财地搞什么阅读推广活动。目前,持这种观点的人不在少数。

从社会发展需要来看,公共文化服务体系工程建构需要阅读推广,弘扬传播中华民族优秀传统文化需要阅读推广,培育社会主义现代化的时代新人需要阅读推广,丰富人民群众的文化生活、提高人民群众精神文化生活的品质需要阅读推广。《全民阅读促进条例》和新颁布的《公共图书馆法》也从法律层面规定了阅读推广与图书馆业务的关系。就此层面而言,阅读推广是图书馆重要职能之一。

从校园文化建设来看,大学生浅阅读、娱乐阅读、碎片化阅读大范围存在,手机沉溺现象日趋严重。在此情境之下,图书馆有必要开展阅读推广活动。针对大学生的阅读推广活动有以下目的:一是要开设信息素养课程,提升大学生的信息素养,帮助大学生树立正确的媒介观和媒介使用观,帮助大学生平衡连接和未连接的生活;一是通过推荐好书、开展各种类型的阅读活动,引导大学生读好书、读经典、深度阅读,构建"左书右网""深浅相宜"的健康阅读生活方式。

从图书馆的使命和任务来看,图书馆有着教育功能的定位,阅读推广是一种广义的教育形式。通过阅读推广活动营造阅读氛围,引导受众建立健康的阅读认知、阅读习惯、阅读方式,进而推动人的全面发展,是高校图书馆的教育职能之一。新颁布实施的《公共图书馆法》也明确规定图书馆应积极开展阅读推广工作。因此,图书馆开展阅读推广工作是顺应时代发展、社会要求、完成自身使命的应有举措。

需要说明的是,目前仍有不少人秉持着这样的观点:阅读是私人的事情,阅读推广是对个人阅读权利的干涉。从法理上来说,这话没有毛病,但是从社会主义精神文明建设的角度出发,这种观点还有值得商榷之处。任何事物一旦落入绝对化的境地也就意味着保守和拒绝。在纸媒时代,有着自己独特阅读趣味和是非判断能力的阅读者,或许不需要阅读推广,但是当下,在浩瀚的信息海洋之中,读什么确实成为问题。图书馆阅读推广人可以借助专家、学者之力或者自身的专业技能减轻阅读者选择的焦虑。而且,阅读推广并不是包揽读者的阅读事宜,它只是一种有利的补充。

(二)阅读推广问题化的表现

到目前为止,高校图书馆阅读推广推广什么? 仍然是一个含糊不清的问题。有说推广阅读,有说推广馆藏资源,有说推广纸质图书,有说推广图书馆,有说推广"读好书"的阅读理念……阅读推广到底推广什么? 目前没有定论。笔者认为,凡是有助于阅读者知识增长、技能提升的信息资源和有助于读者人文素养人文底蕴提升的文献资源都值得推广。日常的娱乐八卦休闲类信息资源不需要推广。另外,阅读的理念、利用图书馆的意识、深度阅读的习惯、阅读技能、如何打发闲暇时光,等等,都是阅读推广的内容。

阅读推广对象是谁? 阅读推广是否有层次体系的细分和区分,目前也是争论不休。有人认为应该加强青少年和大学生的阅读推广力度,有人认为应该推荐给弱势群体比如残疾人群、婴幼儿,有人认为应该推荐给社会读者,有人认为应该推广给婴幼儿的监护人,有人认为没有特定对象,谁都可以是推广对象……比较一致的意见是:大众需要阅读推广介入,精英不需要阅读推广。对这个问题的讨论又回到了阅读推广推广什么的老问题上。在一些人看来,高校的专家教授们不需要阅读推广。其实不尽然。如果图书馆图书采买等文献服务工作做得好做得细致,学科馆员在了解专家、教授研究领域、阅读兴趣的前提下,可以在第一时间将图书期刊的荐购、采买、到馆等信息推送给老师,及时帮老师获得他/她所需要的文献资源,这其实也是一种阅读推广工作。

谁去推广也成为问题。通过调研,我们了解到,有的高校成立了阅读推广部,有专职人员从事阅读推广工作;有的学校没有设立阅读推广部,开展阅读推广活动时多是临时从其他科室、部门调配人员。目前,高校图书馆阅读推广人的素质良莠不齐,能力有高有低,对阅读推广工作也认知不一。甚至出现如果馆领导不安排工作,阅读推广部就不知道该干什么的局面,更有甚者,为了刷存在感,无事可做的阅读推广部变身为失物招领处。还有一些阅读推广人不熟悉阅读推广工作的内容、流程及其职责边界,为了完成阅读推广任务,硬拉学生到阅读推广宣传台进行"阅读推广"。毋庸置疑,图书馆领导的阅读推广意识和图书馆阅读推广人的素质建设,已经成为当下和未来阅读推广必须要解决的问题。

阅读推广的终极目的是什么? 这也是当前阅读推广没有解决的问题。具体的阅读推广实践或许存在着具体明确的目标,比如参与人数多少、出了几个新闻稿、借出去多少册图书、数字资源访问量是多少、获得了何种奖励等等。宏观的阅读推广目标是什么? 或者说,阅读推广的终极目标是什么? 再造读者,提升大众阅读力,培养合格公民是全民阅读和阅读推广的终极目的。至于目标是否实现,实现多少,可从两个方面观察:一是跟踪调研、评估,根据评估数据进行判断;一是对阅读推广受众的公民素养表现进行较为长期的观察评估。

二、阅读推广的新问题

阅读推广目前面临着两个新问题,阅读推广理论的提升和阅读推广活动质量和效率的提升。

在第十二届"全民阅读论坛"上,专家学者一致认为,当下和未来一段时期内,阅读推广工作的一个重要方向是阅读推广理论研究的提升。全民阅读推广工作已经开展了十余年,阅读推广实践走在了理论研究的前面,实践中涌现出来的许多问题亟需得到梳理和辨析,需要上升到理论高度。理论指导的缺乏已经成为制约阅读推广工作发展的瓶颈,严重阻碍了新时代阅读推广工作质量和效率的提升。

阅读推广理论研究的提升,需要阅读文化研究者具有新视野,采取整体性的研究视角,对阅读推广工作进行跨学科研究。笔者认为,当下的阅读推广理论研究不仅要厘清阅读推广工作的内容、对象、目标等老问题,也要针对新问题开展研究。比如,在全国范围内搜集优秀的阅读推广案例,对之进行归纳、梳理、分析,提取出阅读推广构成要素,画出阅读推广工作流程图,构建阅读推广评估量表,建立阅读推广项目、素材、创意资料库等,全方位对阅读推广实践进行理论高度的总结,为后期阅读推广提供工作流程、效果评估、创意、素材等方面的借鉴和支持。同时，搜集汇总阅读推广方面的研究文章，进行文献梳理、归纳，从概念、构成要素、要素间相关关系、理论模型、作用机制等方面进行分类梳理，建立阅读推广理论档案，为后期阅读推广提供理论指导。

阅读推广工作质量和效率的提升。十九大报告指出，新时代的文化建设要注重质的提升。一年一度的"世界读书日"刚刚落下帷幕，全民阅读推广活动和全民阅读的热情方兴未艾。广播、电视、自媒体、图书馆、书店、网站……一片热火朝天的全民阅读景象：媒体热情地宣传读书，公共文化机构和教育部门铆足劲开展形式各样的阅读推广活动，出版单位一边阅读推广一边忙着卖书，读书人早早地抢券觅货购书……全民阅读已然进入了一个全面开花的新时代。在这热闹的氛围中，我们也要冷静地看到一些不和谐现象的存在：如有的图书馆挂几个条幅，贴张海报，拍几张图片，出几篇新闻稿……阅读推广就完成了。这样的摆拍式的阅读推广在不少地方存在着。另外，一些学校的领导、图书馆的领导对阅读推广极度不重视，阅读推广面临经费缺乏、人员不足、领导不支持的局面，一些以一己之力开展阅读推广活动的馆员，甚至遭到了馆领导的责难和同仁们的嘲讽，处处遭到排挤。新时代的阅读推广活动，必须摒弃形式主义阅读推广。新时代阅读推广是讲究质量和效率的阅读推广，阅读推广要扎扎实实、落地有声。新时代阅读推广活动要在创新性、发展性和人文性和正义性方面全面开花，真正将这项惠民的文化活动落到实处，为提高人民群众的精神文化生活品质做出贡献。

三、阅读推广需要关注几个核心问题

鉴于数字化阅读发展现状和国民数字化阅读倾向，阅读推广发展需注意以下核心问题：

阅读推广的边界问题。如前所述，对于阅读推广推广什么、推广对象是谁、针对不同推广目标人群应采用何种推广形式等阅读推广的边界问题，尚有不少图书馆阅读推广人没有弄清楚。阅读推广工作是一种关于知识和人的推广，不能想当然地莽撞行事。我们认为，阅读推广过程中，阅读推广人首先要注意阅读推广的伦理尺度，要遵守职业伦理，不能越界。违背学生意愿硬拉学

生进行阅读推广的行为就是典型的越界行为,不仅违反了图书馆工作人员的职业伦理,也是对读者文化自主权利的一种侵犯。推广类似于推销,过度推销总是令人讨厌。目前阅读推广工作中这类越界行为不少,过度推广行为也不少,这正是某些阅读推广活动遭人诟病的主要原因。其次要注意阅读推广的技术边界。阅读推广活动需要新媒介的参与,在新媒介传播过程中,我们既需要最大化发掘和发挥技术的工具价值和潜在功能,使之为阅读推广服务,也要注意不要乱用技术或者是无限放大技术的应用。技术的应用一定要遵守人文精神的指导。再者注意法律的边界。阅读推广过程中,阅读推广人既要遵守传播伦理又要注意法律的边界,不能传播散布有争议的、有违社会主义核心价值观的信息。

阅读推广人的建设问题。阅读推广工作需要阅读推广人或者阅读推广团队去开展,阅读推广人的认知、素养和能力,直接影响到阅读推广工作的质量和效率,影响到阅读推广的形象和阅读推广机构的形象。因此,阅读推广人的建设是阅读推广工作的重中之重。阅读推广人的建设需要从两个方面发力。一是阅读推广人自身。阅读推广人最应具备的一个基本条件和要求是:热爱阅读,会读书。从人格特征和个性来看,阅读推广人既要热情又不能过于热情,既要会沟通又不能过于话痨。热情过度和话太多是非职业化的表现,极有可能给阅读推广对象造成干扰。阅读推广工作既是一个"大活",需要团队协作,也可以是一件"小活",阅读推广者一个人就可以搞定一个小型的阅读推广活动。在阅读推广机构之中,阅读推广人之间要注意沟通和团结协作,把主要精力和目标都放在阅读推广工作中去,避免非工作因素的干扰。再者,阅读推广技能建设。书评是阅读推广人应该具备的一个基本技能,数字能力、教学能力、演说能力等,也应该成为阅读推广人掌握的能力。随着新信息技术及其应运领域的不断扩张,图书馆人应与时俱进,学习并掌握新型能力,如数字人文能力、数据挖掘能力、智库建设能力等。一是图书馆方面。图书馆领导要意识到阅读推广工作是图书馆核心业务之一,推广阅读是图书馆的核心职能,应尽快地建立起相应规模的阅读推广部门,广纳各路人才,构建起一个拥有多方面人才的阅读推广团队。对于阅读推广工作,图书馆不仅要在职责上予以明确,亦应在制度上、工作计划和流程中予以体现，要使阅读推广工作开展有章可循，进展有序。对于阅读推广人，不仅要锻炼其工作能力，亦要加强其职业能力培训，及时送出去学习和培训，提高其新型职业能力。

学校的阅读教育问题。教育系统在阅读推广中起着非常重要的作用。不仅是因为一个人的阅读习惯、阅读模式的养成主要是在婴幼儿和青少年时期，也因为学校的课程设置和老师的威信对于学生有着其他部门和个人所起不到的作用。因此，《全民阅读促进条例》对教育系统的阅读推广工作提出了新的希望和要求：教育系统应该加强阅读推广工作，培养学生的阅读兴趣，提高阅读能力，培养阅读习惯。有条件的学校还可以探索开设阅读课程，加强对教师阅读教学能力的培训。大专院校应该开设专门的阅读课程，提高大学生阅读能力和鉴赏水平。针对当下国民阅读碎片化、浅表化、浅薄化的特点，尤其是青少年和大学生严重依赖手机的现状，学校的阅读推广教育，不仅要开设阅读课程修阅读学分，进行阅读技能、阅读方法教育，还要创新教学思维和模式，将经典阅读嵌入数字化课堂，将经典文本的吟诵、表演场景化、视频化、声音化，充分利用学生的热情、好奇心和探索精神进行数字人文教育探索，对经典进行现代化改造，以青少年易于接受和喜欢的形式进行传播。其中，阅读教育老师的引导作用非常重要。老师不仅要有趣还要多才多艺。老师要创新教学形式，逐步地扎实地潜移默化地培育学生在数字化环境中的深度阅读能力和习惯，努力改善青少年和大学生的手机依赖症状和碎片化阅读症状。

如何平衡连接和未连接的生活成为当下和未来阅读推广、阅读教育必须要解决的问题。当前，智能手机不仅是通信工具，它还是生活工具、娱乐工具、交通工具、金融工具……对于青少年来说，智能手机里有一切，智能手机就是他们最亲密的朋友和玩伴，成为他们生活必不可少的一部分。没有手机，就像身体缺少了一个器官，生活缺了一角。青少年们的手机依赖已经成为学校和家长最头疼的事情。这个问题如何解决？当下似乎还没有非常好的办法。可尝试从两个方面来解决。一是媒介戒断训练，减少手机应用和接触，强化自我理性的控制能力。其二是给他们更多的关爱，丰富其课外生活和校园生活，用更多元化更丰富多彩的生活方式替代手机化生存。科学有效的解决方法，还需要多方探寻,尤其是技术方法,应该从技术层面提供解决方案。

第三节　图书馆员新型能力建设

2018年1月1日起施行的《中华人民共和国图书馆法》明确规定"公共图书馆应当按照平等、开放、共享的要求向社会提供服务",其中的免费服务就包括公益性讲座、阅读推广,并具体指出"公共图书馆应当通过开展阅读指导、读书交流、演讲诵读、图书互换共享等活动,推广全民阅读。"也就是说,《公共图书馆法》明确规定了公共图书馆依法推广全民阅读的具体工作范围和活动方式,对图书馆在全民阅读推广工作中的角色、地位和职能等进行了规定。《公共图书馆法》虽面向公共图书馆,但其法理精神对高校图书馆同样适用。新时代全民阅读推广如何推进? 如何有效高质量地完成《公共图书馆法》所赋予的历史使命,不论是公共图书馆还是高校图书馆,都要清楚自身的角色和历史定位。

随着互联网技术和信息技术的飞速发展,经济发展进入转型期,社会发展也进入转型期。转型时期图书馆的服务环境、服务内容、服务对象、服务形式都发生了巨大变化。网络和商业信息服务的楔入,也影响了图书馆在信息服务生态链中的地位,将图书馆推到了生死存亡的十字路口。作为曾经独一无二的知识"中介者",图书馆的传统服务方式已经无法满足用户的新型需求甚至无法确证其社会价值。图书馆要实现转型、超越与蜕变,确立起其在新时期不可替代的社会地位,就必须与时俱进,提供新型服务,重构自己的业务功能和服务能力。因此,培养一批具有开阔视野、新型知识结构与创新发展能力、适应知识服务与新型图书馆发展要求的新型图书馆员已成为每个图书馆面临的重大问题,图书馆员新型能力及其建设也成为国内外图书馆、图书馆员、图书馆协会等共同关注的热点话题。本节在文献调研和内容分析的基础上,对新信息环境下图书馆员新型能力的内涵与外延、框架、建构路径及其建设过程中需注意的问题等进行研究,力图对图书馆员新型能力有一个总体的把握和概括,为转型期的图书馆和图书馆员新型能力的建设和研究提供参考和借鉴。

一、图书馆员新型能力的内涵与外延

要界定图书馆员新型能力，须先明确其研究对象。尽管我国尚未出台图书馆员职业资格准入制度，但就图书馆员的学历背景及其专业职业能力程度而言，公共图书馆实际上是存在着专业馆员和辅助馆员的区分，《普通高等学校图书馆规程》更是明确了高校馆馆员的专辅之分。该规程规定："专业馆员一般应具有硕士研究生及以上层次学历或高级专业技术职务，并经过图书馆学专业教育或系统培训"[①]，主要从事专门业务或研究工作。辅助馆员主要从事基础性的业务工作，如图书借还、图书整理等。就当下图书馆所处的信息环境来看，传统的基础性业务已经无法满足读者和社会的需求，新信息环境下发展起来的阅读推广服务、数据服务、智库服务、学科服务等创新服务形式对图书馆员的专业性和服务能力都提出了新的要求。图书馆员不仅要熟知各种新形态的知识资源，还需掌握多种信息技术，能够针对读者需求建设和开发馆藏资源，对知识资源进行加工、描述和分析，并能判断和评估知识资源的质量，满足读者的个性化需求。显而易见，这种建立在专业性基础之上的新型能力是辅助馆员所无法满足和胜任的。因而，图书馆员新型能力的研究对象特指专业馆员。

那么，我们如何定义图书馆员新型能力？如果单从字面理解，图书馆员新型能力即是指专业图书馆员的新能力。这种新能力是针对原有能力而言的，它是新习得的，是一种全新的能力，或者是在原有能力基础之上发展而来的。如果从图书馆员新型能力的出场语境来看，图书馆员新型能力是一种随着信息技术发展图书馆专业馆员为适应信息环境变化、满足图书馆事业发展需求和转型需要而应具备的与新信息技术相关的各种新知识、新技能、新态度等的综合。这种能力与图书馆新型信息技术的应用高度相关，与图书馆新型岗位设置和新型业务开展高度相关，与新型图书馆建设和新型图书馆员建设高度相关。图书馆员新型能力具有时代性、技术性和发展性。它是新型图书馆员

① 教育部关于印发《普通高校图书馆规程》的通知（教高〔2015〕14号）.[EB/OL].[2017-05-25].http://www.tgw.cn/sites/de-Iault/files/attachment!zxdt/guicheng2015.pdf.

教育和新型图书馆建设的核心要素。

关于能力的定义，心理学和哲学、人类学各有不同的见解。心理学通常是从潜能、动态知识技能和个性心理特征等三个方面来进行界定[1]，哲学和人类学则从以下八个维度来界定能力（如表2所示）[2]。显而易见，"能力"概念的内涵很丰富，具有显现性、全面性、可测性、方向性、功能性、可确证性、本位性等基本特征。概而言之，图书馆员能力是图书馆员的个体综合素质和工作技能在图书馆实践活动中所表现出来的本领和能量，它既是图书馆员实现个人社会价值的有效方式，也是推动图书馆发展的积极力量。[3]

表2　哲学和人类学角度的能力内涵

界定维度	包含的内容	界定维度	包含的内容
能力的基础	综合素质在实践中的外化体现	能力的效果	能力与实际绩效之间的辩证关系
能力的结构	潜能、智力、体力、意志力、实践能力、情感力和精神力量的总和	能力的载体	在实践活动中表现出来的实际能量
能力的水平	驾驭实践活动的本领大小和熟练程度	能力的价值	能力发挥与价值回报之间的辩证关系
能力的合理性	能力与道德、理性之间的辩证关系	能力的作用	具有积极作用的力量

具体来看，图书馆员职业能力是指图书馆员从事图书馆工作所需的各种能力的综合，包括专业能力和人格素质两个方面，分为一般职业能力、专业职业能力和综合职业能力三个层级。广义看，一般职业能力是指从事图书馆工作所需的基础能力，面对全体馆员和所有岗位，即所有图书馆员都应具备的办理图书借还、图书管理、交流协调等能力。一般职业能力通过短期职业培训即可掌握，技术含量较低。专业职业能力则是指从事某种职业所必须具备的能力，该能力有别于其他行业的能力要求，具有很高的识别度。图书馆员的专业

① 李孝忠.能力心理学[M].西安:陕西人民教育出版社,1985:4.
② 韩庆祥,等.能力建设与当代中国发展[J].中国社会科学,2005(1).
③ 杨国立,等.转型期高校和研究机构图书馆员能力建设[J].情报资料工作,2016(4).

职业能力以资源规模聚类与序化管理、知识服务提供为基本职能特征,图书馆员所有能力的发展都是为了满足此目标。这种能力的知识含量和技术含量较高,需要长期的职业培训或者持续的自我学习或者科班背景的学历教育方能掌握。综合职业能力则是专业职业能力和"关键能力"的综合。具有综合职业能力的图书馆员也即人们口中所说的"多面手":学习能力强,实践能力强,沟通能力强,业务好,科研好,人际关系好。

图书馆员的核心能力、核心竞争力均建构于图书馆员专业职业能力基础之上。关于图书馆员核心能力和核心竞争力的关系,王知津等则认为核心能力与核心竞争能力不同:图书馆员核心能力主要是指从事图书馆职业所需要的、能适应岗位不断变换和技术飞速发展的综合能力,这种核心能力能给图书馆员带来竞争优势;而核心竞争能力则是能不断加强和完善核心能力的能力,能够使图书馆员在竞争中处于优先或不败地位。[①]

图书馆员核心能力、核心竞争能力和新型能力,均由专业职业能力和个人素质构成,建立在专业职业能力基础之上,是专业职业能力的延伸和拓展。新型能力既包括专业职业能力,也包含核心能力和核心竞争能力。从发展的角度来看,新型能力是核心能力在新信息环境下演化的产物。就图书馆业务转型来说,当下新型能力所起的作用相当于核心竞争能力的作用。几种能力之间的关系,大致如图9所示。

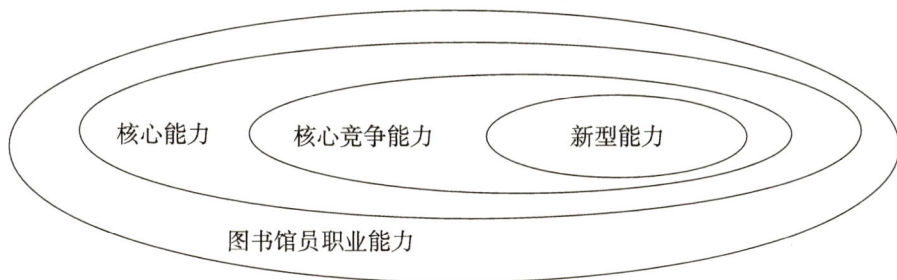

核心能力　　核心竞争能力　　新型能力

图书馆员职业能力

图9　图书馆员新型能力、核心竞争能力、核心能力、职业能力间的关系

---

① 王知津,等.图书馆员核心竞争力研究[J].图书馆杂志,2008(10).

二、图书馆员新型能力建设的三大驱动因子

技术是图书馆事业发展和图书馆员新型能力建设的三大驱动因素之一。信息技术与工具对图书馆工作内容和事业发展具有深远影响。随着信息技术的发展及其在图书馆的具体应用,图书馆的服务模式经历了文献服务、信息服务、知识服务等几个阶段,向着智慧服务的方向发展,图书馆也从数字图书馆、移动图书馆、智能图书馆向智慧图书馆的方向发展。目前,文献服务、信息服务已经成为图书馆服务常态,数字图书馆也已从理念变成了现实。可以说,图书馆工作的每一次进步和创新都与技术及其工具的应用有直接关系,图书馆事业发展的每一步都有技术驱动的身影。技术驱动不仅改变了信息生态环境,改变了图书馆的业务模式,改变了图书馆员的工作环境、工作内容、工作方式等。面对复杂多元的信息渠道、信息来源、信息类型、信息技术和用户更高层次的信息需求,图书馆员必须因时而变,顺势而为,拥有新型能力,方能屹立于信息时代的潮头。

用户需求是图书馆事业发展和图书馆员新型能力建设的首要驱动因素。一个没有用户的图书馆将会走向消亡,用户需求从根本上决定了图书馆的发展乃至生存。当下,随着移动互联网的高速发展,虚拟技术、人工智能技术的实践应用,用户已不满足于图书馆传统的文献检索、借阅和信息服务,而对移动数字服务、数据服务、知识发现服务等提出了更多更高要求。用户信息需求具有泛在化、移动性、数字化、虚拟性和语义化等特点,这就要求图书馆员必须具备新型能力,并善于运用这些新型能力满足用户的新型信息需求。

信息资源的数字化、网络化和信息工具的智能化正在从根本上冲击着图书馆既有业务模式、服务模式与管理模式,很大程度上动摇了图书馆传统业务属性。与此同时,网络和商业信息服务提供商的加入以及数字阅读的盛行致使到馆读者数量锐减,图书馆面临着业务被替代、社会价值被质疑、生存空间急速萎缩的困局。图书馆到了必须改革和转型的关键期。图书馆必须与时俱进,重构自己的业务和服务能力,提供新型信息服务,以满足技术发展和用户新型信息需求。而这一切,都离不开图书馆员新型能力的支撑。

三、图书馆员新型能力框架

通过对国内外有关图书情报课程设置[①]、新型岗位设置[②]以及图书馆技术应用[③]、图书馆发展趋势[④]的文献调研，我们发现，无论是图书情报课程设置、新型图书馆员岗位设置、图书馆信息技术应用还是图书馆发展目标满足，都须围绕新信息技术的应用，在新的信息环境下进行业务和能力重构。基于此，图书馆要确证其社会价值，须立足图书馆专业特征，聚焦资源聚类和序化，提供专业性、高质量的新型服务。根据对已有研究成果和当下图书馆业务实践类型的梳理以及图书馆发展趋势的预判，当下和未来几年图书馆的工作服务内容除了传统的到馆服务外，主要是阅读推广服务、学科服务、情报分析与研究服务、数据管理与服务、智库服务等新型服务。新型服务要求图书馆员必须具备将文献资源转化为知识情报的能力，分析、挖掘、激发并满足用户需求的能力，将显性/隐性知识与用户需求相嵌接的能力，具有直接参与用户过程并成为合作者的能力以及智能、智慧并创造性解决用户问题的能力[⑤]。新型服务所要求的能力即是图书馆员的新型能力，可概括为：数字能力、数据能力、阅读推广能力、学术研究能力、终生学习能力，以及发现和创造的能力。

具体来说，数字能力是指在工作、学习、研究、休闲和社会活动中，"自信、批判和创造性使用信息技术的能力"[⑥]。数字能力是信息能力的升级，区别于通常意义上的信息检索、信息发现、信息导航能力，数字能力更侧重于信息的编码、解码能力以及信息采集过程中的知识发现和服务过程中的知识管理、知识传递等能力。由于图书馆员新型能力源于图书馆资源载体和形式的数字化，源于图书馆服务、图书馆员实践和学术研究体系及其范式的数字化，因此，

① 黄孝群.转型变革期高校图书馆馆员能力建设策略[J].图书情报工作,2014(9).
② 王铮,等.海外新型图书馆员岗位研究[J].情报资料工作,2015(2).
③ 刘炜,等.从被颠覆到颠覆者：未来十年图书馆技术应用趋势前瞻[J].图书馆杂志,2015(1).
④ 吴建中.走向第三代图书馆[J].图书馆杂志,2016(6).
⑤ 初景利,沈阳,(会议信息)"面向用户需求的图书馆员新型能力"讲座,2017年4月5日.
⑥ 王佑美,等.从数字素养到数字能力：概念流变、构成要素与整合模型[J].远程教育杂志,2013(3):24-29.

数字能力是图书馆员新型能力的基础和核心。数据是信息流、比特流以及信息行为记录的规模化、集成化,当下的云计算、大数据等技术都与数据相关。图书馆员数据能力不仅指掌握与数据相关的知识和技术,更指解读数据的能力以及运用这些数据和数据技术进行馆藏资源建设、学科建设、科研数据管理、智库建设的能力等。阅读推广无疑是当下和未来图书馆工作的重心。但是图书馆阅读推广人的阅读推广能力尚存在欠缺,还不能有效地满足当前阅读推广形势发展的需要。因此,无论是从图书馆业务转型还是从图书馆员自身能力提升角度来说,新型阅读推广能力都将成为当下和未来的图书馆员必须具备的一种新型能力。这种新型能力是一项综合能力,涉及数字化阅读能力、审美能力、创意策划能力、营销能力、沟通能力、组织协调能力、研究能力等。信息技术的快速更新迭代和应用对图书馆员职业能力提出了新的挑战,图书馆员必须具备终生学习的意识和能力,以资源规模聚类、序化管理为根基,终生保持学习新知识新技能新观念的热情,方能与时俱进,满足社会和用户的需求。新信息技术的应用和图书馆员工作内容、工作要求、工作环境的改变,导致图情领域涌现出一些新观念新问题,这给图书馆的发展和实践带来新的困惑。如何解释这些新观念、解决这些新问题,需要图书馆员深入的思考和研究,通过学术研究引导业务发展,通过研究寻求解决问题的方案。就新型图书馆建设和图书馆员全面发展角度而言,学术研究能力必不可少。另外,图书馆员还应具备开阔的视野、敏锐的感知力和发现能力,能敏锐地捕捉新生事物,及时发现工作中存在的新问题,创造性地将新知识、新技术、新方法、新理论纳入当下和未来的科研和工作中,开创图书馆发展新局面。

图书馆员新型能力体系框架由一个基础、两个方面、三个维度、五个领域构成,并分为三个等级,各等级之间有特定的转化路径。具体内容如图10所示。

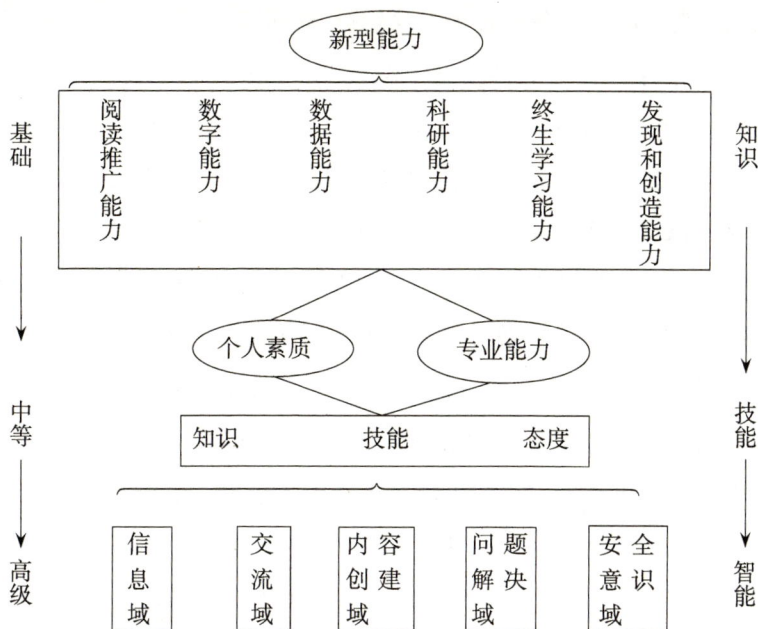

图10　图书馆员新型能力体系框架

　　图书馆员新型能力以图书馆员职业能力为基础,由图书馆员个人素质和专业能力构成,包括知识、技能和态度三个维度。新型能力中的知识,包括与新的信息技术、信息工具相关的知识以及相关学科的新知识。技能是指运用这些新技术、新工具和新知识的能力。知识和技能均属于专业能力范畴,态度则属于个人素质范畴。就图书馆员新型能力而言,态度是指面对新信息环境时图书馆员对图书馆业务转型和变革的认知,包括对图书馆改革的态度,对图书馆行业学习和使用新技术新工具的态度,对使用新技术新工具为用户提供新型服务的态度等。需要特别指出的是,当前图书馆员新型能力的缺失与图书馆员的态度相关。部分图书馆员对图书馆开展阅读推广、智库建设等服务颇有微词,认为图书馆跟风追术发展,丢掉了基础业务,放弃了图书馆的立身之根本。错误的认知和态度会在一定程度上影响图书馆员的业务执行力,懈怠图书馆员新型能力构建。因此,图书馆员新型能力构建应先从态度上着手。新信息生态环境下,图书馆员应始终秉持积极、敏感、细心、矢志改革的态度对待新型图书馆建设。即在情感上积极主动,在认知上认同,在行动上支持并勇于实践,在为用户服务过程中专注细微,善于发现用户的新需求。

图书馆员新型能力主要涉及五个领域:信息域、内容创建域、交流域、安全意识域和问题解决域。具体来说,信息域即识别、定位、检索、存储、组织和分析数字信息,判断信息的相关性;内容创建域即从文字处理到图形图像、视频等的创建和编辑新内容,重新整合先前的知识和内容,产生信息的创意式表达以及媒体输出和编程,并合理应用知识产权;交流域即数字环境中的交流;安全意识域即是指个人防护、数据维护、数字身份维护、安全措施、可持续利用;问题解决域即确定数字信息需求,选择最合适的数字工具,通过数字化手段解决问题,创新性地使用技术并解决技术问题。信息域强调的是图书馆员的专业性,交流域强调了数字信息共享活动中图书馆员所应具备的能力,内容域强调图书馆员资源整合和创新能力以及遵守知识产权、遵守信息伦理的能力,安全意识域则强调图书馆员应具有信息生态系统观,问题解决域是图书馆员新型能力的最高层级,即创造性地解决问题的能力。信息域、内容创建域、交流域、安全意识域和问题解决域较为全面地涵盖了图书馆员的新型能力。

图书馆员新型能力分为三个能力等级,即基础级、中级和高级。从知识-技能-智能转化的路径和实践的角度来看,知识处于新型能力体系的底层,技能处于新型能力体系中层,智能处于信息能力体系的上层。无疑,智能运用并有效满足用户信息需求的能力是新型能力的最高境界,也是新型图书馆员能力建设追求的终极目标。每一位新型图书馆员,都应把具有基础新型能力作为新信息环境下的最低职业要求,把高级新型能力作为职业生涯的毕生追求。

四、图书馆员新型能力建构路径

尽管新信息技术发展势态迅猛,图书馆转型和建设也迫在眉睫,但就现状而言,我国绝大多数图书馆员还没有为图书馆业务转型做好准备,仍存在着严重的能力缺口。具体表现在:(1)缺乏对多样化数字信息全面解析的能力,知识服务的着眼点仍停留在图书馆馆藏资源,忽略了存在于多种类型载体上的多样化信息及其相关关系的深度挖掘;(2)不具备协助用户提炼、挖掘、组织和链接知识的能力,更多地停留在"已知文献"和显性知识的文献检索与传递服务,对隐性知识的探索意识和服务能力匮乏;(3)支持用户科研过程的能力不足,知识服务的嵌入方式牵强、嵌入功能薄弱,从而失去了与用户广泛而深入的联系,由此导致了面向用户持久信息需求的创新服务开发停滞不前。①换言之,绝大多数图书馆员的技术力、信息力、数字力不足,数据能力、知识发现能力较为匮乏,亟需加强新型能力建构。

转型期图书馆员新型能力建设已成为图书馆业务重构和服务能力提升的重要前提。要建设新型图书馆必须要首先发展新型图书馆员,建构馆员新型能力。图书馆员新型能力建设必须建立在图书馆战略规划、顶层设计的基础上,以动态发展性、开放协作式和创新实干型为能力建设策略。图书馆需从战略规划和顶层设计层面,根据本馆服务环境,针对业务转型和岗位设置需求,以动态发展的眼光采取开放协作式的培训方式来培养创新实干型新型馆员。将馆员新型能力培养与图书馆员个人职业规划和价值实现相结合,使馆员新型能力有效地转化为图书馆岗位能力和服务能力。

建构路径一:图书馆员层面。首先,图书馆员要提升个人素质。对图书馆改革和转型持积极支持态度,矢志改革;克服职业倦怠,提高职业精神,全身心投入到学习、工作和学术研究实践中。其次,要提高与人沟通、交流与合作的能力,提升自身的媒介素养、信息素养、技术素养、研究素养以及科学思维能力,增强自身基本的专业素养和专业能力。再次,借助服务项目或内容,积极融入用户团队中。无论是全民阅读推广人,还是学科馆员、嵌入式信息专员、数据专家,都要积极主动地把自己由协作者变为合作者,由知识提供者变为智慧发现者、智能方案提供者。最后,要有适应环境、终生学习的能力。图书馆员要始终保持职业好奇心和学习热情,自学相关新知识、新技能。

建构路径二:图书馆层面。图书馆学会等行业组织要强化图书馆职业化建设,提高图书馆员职业准入门槛,实施职业准入资格认证制度。图书馆要为馆员提供以人为本的文化氛围,创造开放共享、创新向上的工作环境,实时开展各种形式的馆员技能培训;还应通过建立学习型、科研型、创新型的团队和组织,以项目和活动的形式来提高图书馆员的个人素质和专业能力。最后,图

---

① 杨国立,等.转型期高校和研究机构图书馆员能力建设[J].情报资料工作,2016(4).

书馆要建立良好的激励和绩效考核机制。

五、新型能力建设需要注意的问题

因地制宜分层次培养问题。图书馆类型不同、层次不同、定位不同,其能力要求不同;图书馆员岗位不同、性格不同,其能力要求也不同。图书馆员新型能力包括与当下新的信息技术和工具相关的所有知识、技能和态度,但相关新信息技术的知识和技能却不是每一位图书馆员都必须精通并熟练运用的,要求每一工作岗位的图书馆员都是全能型人才和专家,这既不现实也不可取。因此,图书馆必须要注意自身角色和功能定位问题,注意各岗位能力要求和馆员性格与岗位的匹配度问题。在进行岗位技能培训时,更要注意分层次岗位培训问题。图书馆开展图书馆员新型能力建设,必须要从图书馆战略规划和顶层设计的角度出发,因地制宜,因人制宜,因岗位制宜。

能力的动态建构问题。能力不是一个静态的概念,而是具有动态性、发展性和实践性等特征。随着成熟的新型信息技术和工具不断在图书馆业务中的应用,图书馆员能力需要及时更新,图书馆员需要通过自学、培训、实践等形式保持自身能力的提高。这就要求图书馆要持续为图书馆员提供新技能培训,要求图书馆员要有终生学习的意识和热情。

图书馆如何留住人才的问题。当图书馆员通过各种形式的学习、实践成长为独当一面的数据专家、智库专家,能够熟练应用可视化技术、大数据技术、网络技术、人工智能技术高效满足复杂信息需求、知识需求之后,图书馆将面临如何留住这些高端人才的现实问题。这就要求图书馆不能把目标定位在追赶信息技术发展的热潮上,而是要理性地看待和应用新型信息技术产品,立足于图书馆专业岗位需求培养图书馆员的新型能力,并制定相应的人才保有制度。

第四节　阅读点灯人

近年来,媒体多次报道的名校学生跳楼事件、机场弑母案、东莞猥亵杀人案、女学生"援交"事件等,一再悲情地反映出当前教育存在的问题:过分注重分数,注重对教育主体进行"技"与"术"的灌输,关注当下、眼前成果的转化、利益的获得,缺乏对主体情感和生命完整的教育,忽略了主体间人道主义关系的建设;同时,也折射出该类人群幼时亲子关系质量的低下。此种"忘情负义"的教育,不仅给社会安定带来潜在的威胁,也造成人的残缺和不完整,培养了大批情感冷漠、灵魂虚弱、身心分裂的人。阅读关注人的完整性,关注人心灵和精神的成长,带给人身心的和谐、灵魂的安顿。阅读是一盏明灯,是母亲送给孩子一生的礼物。母亲是孩子阅读的点灯人。

"读书足以怡情,足以傅彩,足以长才。……凡有所学,皆成性格。"①阅读对人的心灵、情感和价值系统起作用,"是一种朝向自我、理解自我、产生自我意识、形成和塑造自我的运动过程。"②"少年智则中国智,少年强则中国强",尽管我们已经意识到少儿阅读的重要性和阅读推广的迫切性,也开展了一系列形式多样的青少儿阅读推广和阅读研究活动,但是,阅读推广的广度、深度与持久度,仍有待改善。而且,对早期亲子关系对阅读的深刻影响以及母亲在早期阅读教育中的重要地位我们还关注不够,认识不足,没有充分挖掘和发挥母亲作为孩子阅读点灯人的重要作用。显然,无论是从孩子身心健康成长还是从早期阅读教育的角度,我们都必须重视母亲阅读点灯人的地位和作用。有鉴于此,本文从亲子关系出发,探讨母亲如何成为一名合格的孩子阅读的点灯人。

一、阅读在幼儿阶段的重要性

孩提时代在人生中的奠基性地位。西方亲子关系理论认为,亲子关系对儿童的社会化、认知能力、人格发展、人际关系等具有极其重要的影响,③我国也有"三岁看大,七岁看老"的俗语,这都说明孩提时代在人一生中所具有的奠基性地位。

以弗洛伊德(S.Freud)和埃里克森(E.H.Erikson)为代表的精神分析学派非

---

① [英]培根.培根随笔[M].曹明伦译.北京:燕山出版社,2010:128.
② 张新颖.读书这么好的事[M].上海:上海人民出版社,2007:11.
③ 王玉萍.西方亲子关系对儿童发展的影响的研究及启示[J].教育探索,2010(3).

常注重人格的发展,注重行为的历史原因。他们认为,幼儿过去的生活与经历会对其以后的行为产生深刻影响。他们强调亲子关系是婴幼儿阶段人格形成与发展的基础,直接决定着孩子童年生活经验的质量,影响成年以后的性格、人际关系、社会性行为和家庭生活。①世界各国学者的研究也表明,0—3岁是婴幼儿体质发育和性格发育的关键时期。这一时期亲子关系的质量对孩子的成长具有基础性作用。②亲密的亲子关系和美好的情感体验,给孩子的未来播种下一颗幸福的种子。

毋庸置疑,儿童时期的阅读是亲子关系的重要组成部分。一个热爱阅读的母亲,在她的童年时代,很可能本人就热爱阅读,或者说,至少有一个看重阅读价值的母亲。虽说幼儿阅读只是"终身阅读"的基础阶段,但却是为孩子一生打下生命底色、培育身心和谐发展的关键时期。意大利作家伊塔洛·卡尔维诺曾说:"青少年的阅读可能(也许同时)具有形成性格的作用,理由是它赋予我们未来的经验一种形式或形状,为这些经验提供模式,提供处理这些经验的手段,比较的措辞,把这些经验加以归类的方法,价值的衡量标准,美的范例:这一切都继续在我们身上起作用,哪怕我们已差不多忘记或完全忘记我们年轻时所读的那本书。"③朱永新也认为"个体的精神成长……与后天阅读息息相关"④。在儿童时期形成的终身阅读、全面阅读、创造性阅读等阅读观念,发展已知、开发未知的阅读能力,将为他们今后的生存和发展奠定良好的基础。而孩童时期造成的阅读创伤,则可能会导致孩子从此厌恶阅读,进而逃避阅读、远离阅读。亲子情感需要培养,阅读情感也需要培养与呵护。

从母亲角度来说,母亲在孩子成长中承担着"第一重要他人"的角色。母亲不仅是婴幼儿最重要的刺激源,呈现各种刺激,使婴幼儿的心理和智力都受到影响,为婴儿的早期认知发展建构起基本的图式,而且是婴幼儿最丰富的影响源。母亲对婴儿的影响是立体的、全方位的。另外,母亲还是婴儿最重要的

---

① 周宗奎.现代儿童发展心理学[M].合肥:安徽教育出版社,2001:301.

② 王玉萍.西方亲子关系对儿童发展的影响的研究及启示[J].教育探索,2010(3).

③ [意]卡尔维诺.为什么要读经典[M].转引自语文出版社教材研究中心编.语文读本第5册.北京:语文出版社,2005:49.

④ 朱小蔓,朱永新.中国教育:情感缺失[J].读书,2012(1).

情感源。母亲给婴儿的日常照顾和抚育,成为最有效的情感刺激,为其提供了最丰富的社会情感反应。

从儿童角度说,依恋理论的创始人、英国精神病学家鲍尔比(J. Bowlby)认为,依恋是指孩子与照料者(通常是母亲)之间强烈、持久的情感联结,它令孩子接近和依赖照料者。这种情感联结的质量受孩子与照料者(通常是母亲)之间交往方式的影响,并影响其以后的心理发展。[①]

亲子关系中母亲"第一重要他人"的角色以及孩子对母亲的依恋,奠定了母亲在幼儿阅读教育中的物质和情感基础。通常,低幼阶段的孩子认同并服从父母的情感权威,以效仿父母行为并被父母肯定为荣。就阅读而言,父母津津乐道不肯罢手的书本会诱发孩子的好奇心,促使孩子探索阅读,进而迷上阅读。阅读的种子就这样播撒到孩子心中,父母成为孩子阅读的点灯人。而不良的亲子关系,或家长、老师某些不当的言行可能会严重挫伤孩子的阅读积极性,造成阅读心理创伤,导致阅读之灯熄灭。孩子的阅读之灯能否点燃,亲子关系中的"第一重要他人"母亲起着决定性作用。

二、做孩子阅读的点灯人

基于亲子关系对青少儿成长的塑型作用,我们特别强调母亲在青少儿阅读教育中的导师和教练作用,重视发挥母亲作为"第一重要他人"的阅读影响力。

建立良性互动的亲子关系。当下中国特色的幼儿教养方式,较为普遍的是奶奶辈们带、养孩子。由于教育理念和教养方式的不同,此种模式教养出来的孩子,可能会存在这样或那样的问题。鉴于亲子关系对孩子身心发育与健康成长的重要意义,我们建议,母亲要克服各种困难,尽量自己带孩子,尤其是0—3岁之间。在喂养孩子的同时,母亲要做孩子的守护神,第一时间了解孩子的需求,纠正孩子的不良行为,引导其建立健康的行为模式,使孩子与母亲在情感上建立起更加紧密的情感联结,为孩子今后的成长和教育打下良性互动的基础。

建立健康的亲子关系。作为孩子的第一监护人和"第一重要其他人",父

---

① 张玉沛,郭本禹.鲍尔比的依恋理论及其临床应用[J].南京晓庄学院学报,2012(1).

母应尊重孩子,爱护其正当兴趣满足其合理需求。注重培养孩子的独立精神,努力在家中营造出平等、自由的氛围,鼓励孩子积极表达自己的愿望、想法,使孩子乐意与家长沟通、交流,分享自己的心事和创意,支持孩子某些良性的奇思妙想,帮助其尝试以获得经验。视孩子为一独立平等的个体,鼓励其参与家庭事务讨论和决定,构建一种平等、协商、宽容的人际交往模式。

母亲要提高自身文化素养。作为孩子精神和行为的导师,母亲的文化素养,教养理念,是否热爱阅读,对孩子的健康成长和阅读影响甚为关键。因此,母亲要提高自身素质,努力做一个出色的阅读者。

"榜样的力量是无穷的"。母亲是孩子的第一任老师,在阅读上,要率先垂范,树立出色阅读的标准,发挥榜样的作用和影响力。母亲要热爱阅读,看重阅读的价值,并创造机会向孩子显示你对阅读的热情以及对阅读价值的看重,努力在家中营造出一种阅读是快乐和有意义的氛围,以此激发孩子的阅读兴趣和阅读热情。

母亲要不断学习,用科学知识育儿。要了解把握孩子的生理和心理发育情况;对孩子的智力发育水平能大概评估;能根据孩子所处年龄段及其个性特点,给孩子提供适合其阅读并能激发其阅读兴趣的书籍供其挑选;学习相关阅读理论并以正确的阅读观念和理论作为指导孩子阅读的理论依据。

恰当地引导孩子阅读。当孩子尚无阅读愿望、没有做好阅读准备的时候,母亲不要强迫孩子阅读。否则会使孩子产生阅读是不愉快和艰难的认知,导致阅读兴趣消失,而兴趣是最好的老师。母亲要巧妙地运用某些技巧诱发孩子的阅读兴趣,不断创造阅读尝试的机会,直至孩子爱上阅读。通过榜样的作用帮助孩子在大脑中建立起出色阅读的概念和标准,协助孩子不断调整阅读行为,并对其取得的进步及时予以恰当的评价。

打造激发孩子阅读热情的环境。有条件的家庭要尽量多藏书,尤其是要"为孩子提供各种可供他们选择的图书,以此激发起他们阅读的兴趣。比如儿童经典读物,获奖图书,插图丰富多彩的图书"①等。或者为孩子订阅一份适龄的杂志,和孩子一起阅读分享阅读新故事的兴奋心情。没有条件的家庭也要

①[美]蒂·泰德罗克,朗达·斯通.正确阅读[M].北京:中国社会科学出版社,2010:92.

创造条件,尽量为孩子准备几本他们特别喜爱的图书。

尽量多带孩子到图书馆、各类书店去读书、买书。有条件的地方,尤其要带孩子去图书馆,感受图书馆的阅读氛围,让孩子体验借书的过程,培养孩子对图书馆的感情,教会孩子使用图书馆。引导孩子参加"体验式"阅读活动。如果学校或住家附近社区、图书馆、书店有讲故事、童话情景剧表演、朗读表演等活动,母亲要鼓励、引导孩子积极参与。孩子通过参与这类活动,将阅读活动转变成外出游玩和社交活动,能够收获多重快乐,进而激发阅读热情。

知用结合,诱发孩子内在的学习动力。"真正优秀的阅读者能够把书本和宇宙融为一体,他的心灵是一个没有边界的生生不息的世界,一个大的宇宙。"①知行相互印证、激发,方能构建出一活泼流转的生命整体。因此,父母应创造条件,把孩子从单纯的书本学习中拉出来,参加相宜的集体"户外运动"。在带领孩子认识、领略和阅读大自然这本书的同时,鼓励孩子知行结合,相互印证,用心阅读社会人生这本大书,以获取宝贵的人生经验,诱发孩子继续探索和学习的内在动力。"一个人和书籍接触愈密切,他便愈加深刻地感到生活的统一,因为他的人格复杂化了:他不仅用自己的眼睛观察,而且运用着无数心灵的眼睛;由于他们这种崇高的帮助,他将怀着挚爱的同情踏遍整个世界。"②

三、用科学理论指导阅读

运用正确阅读教育观指导阅读。旧有阅读教育观的核心是关注词汇及词汇辨析,而不是语篇含义。根据认知负荷理论,大脑在瞬间处理的信息数量是有限的,大量的词汇辨析会导致大脑通路阻塞,致使大脑无法抓住作者试图传达的意图。"互动构建者的学习观"认为,"在阅读过程中,大脑并不会构建出用以承担探究词汇或者辨识词汇等简单化的线性功能的神经网络,相反,大脑会为更为复杂的顺畅阅读行为——互动行为——构建出神经通路。简而言之,

---

① 张新颖.读书这么好的事[M].上海:上海人民出版社,2007:115.
② [奥]茨威格.书的礼赞[M].叶灵凤译.北京:生活·读书·新知三联书店,1998:2-3.

孩子阅读能力的好坏,完全取决于孩子最初是如何学习阅读的!"①也就是说"神经通路的优劣决定了一个孩子阅读能力的高低",而"神经网络运作的好坏,完全取决于阅读者最初是如何在潜意识层面构建复杂的神经网络的"②。大脑的这种可塑性,为我们帮助孩子成为一个出色阅读者提供了理论依据和着力方向。故而,作为孩子的第一任人生导师,母亲要用正确的阅读教育观念帮助孩子构建用于指导阅读的神经通路,以为孩子的终身阅读打下基础。

建立亲子阅读时间。根据亲子关系理论,低幼儿对母亲的依恋以及母亲对婴幼儿全方位、立体的影响,让我们看到了母亲对幼儿阅读的塑造力。母亲应充分认识并运用这种影响力,建立亲子阅读时间。或是睡前故事,或是每天某一固定时间段给孩子朗读,让孩子形成阅读期待并养成阅读习惯。低幼阶段的孩子不识字,阅读应多以图片为主,妈妈要大声有感情地朗读给孩子听。研究表明:有感情的诵读对培养孩子的阅读兴趣有极为重要的作用。这既给孩子建立了出色阅读的概念和标准,也是母亲送给孩子的睡前礼物。

根据孩子生理和心理发育特点,展开导读。莫雷的《阅读与学习心理的认知研究》表明:阅读能力主要由语言解码能力、组织连贯能力和语义理解能力等构成;学生的语文阅读能力结构随年龄的增长而不断变化。③处在不同年龄阶段的孩子,其看图书和理解图书的能力是不同的。因而,在对不同年龄段的孩子进行阅读教育时,提供适合其年龄的图书就显得尤为重要。

对处于语言解码能力低级阶段的2—3岁的孩童,最好是为其提供写实的描绘事物的画册。例如孩子熟知的生活物品、动植物、文具等。要选择那些主题突出、一页一幅的画册。3—6岁年龄段的孩子喜欢听故事看图画书。母亲要有意识地反复诵读同一故事,在反复阅读中提出问题,让孩子带着问题去预测后面的内容,努力把握作者试图传达的信息。待孩子完全掌握故事内容之后,让孩子复述、表演,以激发其阅读自豪感。7—9岁的孩子喜欢童话、小说。母亲要给孩子较短的故事,鼓励其自我阅读。母亲应和孩子分享其所读

---

① [美]蒂·泰德罗克,朗达·斯通.正确阅读[M].北京:中国社会科学出版社,2010:19-20.

② [美]蒂·泰德罗克,朗达·斯通.正确阅读[M].北京:中国社会科学出版社,2010:43.

③ 莫雷.阅读与学习心理的认知研究[M].北京:北京师范大学出版社,2006:15-21.

之书，鼓励孩子讲述自己的阅读心得，锻炼其语言描述能力。10—12岁时孩子的组织连贯能力已获得较大发展，此时应给孩子一些较长的文章供其阅读，鼓励孩子反复阅读，让其简要复述文章内容，以此锻炼其语言的组织连贯能力。初中阶段，孩子的整合提炼能力获得大幅提高，这时可以要求孩子写写读后感或者是鼓励孩子对故事进行缩写。甚至是，鼓励孩子进行创作。

总之，母亲要根据孩子身心发育特点，投其所好，进行阅读教育。在阅读教育中，要把握一个核心，即培养孩子对阅读的热情，树立起出色阅读的概念和标准，引导孩子把阅读重心放在阅读内容的获取、作者意图的把握上来。

当下的青少年伴随着电子媒介长大，数字化阅读是青少儿阅读教育中无法回避的一环。因此，在青少儿阅读教育中，母亲既要关注数字化阅读，让孩子对数字化阅读有所了解和体验，比如有选择地让孩子适当地接触经典的儿童题材电影、探索发现、自然传奇等科普类电视节目，以及反映宏观和微观世界的纪录片等，亦要让孩子建立起数字化阅读与纸质阅读的正确认知，利用亲子关系培养孩子对书籍阅读的热爱。换言之，无论数字化阅读如何发展，我们仍是要强调，书本对于孩子阅读的重要性，强调书本经典阅读的不可替代性。

阅读是母亲送给孩子一生的礼物，这个礼物需要母亲言传身教，需要母亲有爱心、耐心并持之以恒。母亲要利用自己"第一重要他人"的角色和孩子对自己的依恋，用科学知识育儿，从亲子关系和阅读教育入手，关注孩子情感和心理的发育，点燃孩子的阅读之灯，使孩子在母爱和阅读的双重哺育之下，成长为一个身心和谐、人格健全的完整的人。

参考文献

A

1.[奥]茨威格.书的礼赞[M].叶灵凤译.北京:生活·读书·新知三联书店,1998.

B

2.白浩,郝晶晶.微信公众平台在高校教育领域中的应用研究[J].中国教育信息化,2013(4).

3.北京市网信办通报多起网媒"标题党"违规案例[2016-12-16].http://news.sina.com.cn/c/nd/2016-12-06/doc-ifxyioy9194688.shtml.

4.毕宏音.基于互联网思维的舆情表达与舆论管理[J].新华文摘,2015(18).

C

5.曹刚.高校学生信息焦虑影响因素分析及模型构建[D].长春:吉林大学,2011.

6.曹玲娟.21世纪如何阅读?全球四大图书馆馆长上海论剑 共论"文化积淀与现代阅读"签署《当代阅读宣言》[EB/OL].[2007-09-14].http://culture.people.com.cn/GB/87423/6264974.html.

7.陈莉.碎片化与意识形态批评——詹姆逊后现代文化批评研究[J].阜阳师范学院学报,2007(2).

8.陈晓明."药"的文字游戏与解构的修辞学[J].文艺理论研究,2007(3).

9.陈昕.出版与阅读的春天在哪里[M]//郝振省,陈威.中国阅读——2010-2011全民阅读蓝皮书.北京:中国书籍出版社,2011.

10.陈曙.信息生态研究[J].图书与情报,1996(2).

D

11.[丹麦]克尔恺郭尔.恐惧的概念[M].北京:人民文学出版社,1994.

12.第十三次全国国民阅读调查数据在京发布[EB/OL].[2016-04-19].http://www.chuban.cc/tpxw/201604/t20160419_173544.html.

13.第十五次全国国民阅读调查成果发布[EB/OL].[2018-04-24].http://www.qstheory.cn/books/2018-04/25/c_1122732775.html.

14.董朝峰.电子传媒时代的深浅阅读再辨析[J].图书馆杂志,2011(3).

F

15.[法]布迪厄,华康德.实践与反思:反思社会学理论[M].李猛,李康译.北京:中央编译出版社,1998.

16.傅敏.设立国家阅读节刍议[J].图书馆,2014(3).

17.付伟棠.我国阅读立法的得失与展望——以《深圳特区全民阅读促进条例》的两个文本为例[J].图书馆,2015(6).

H

18.韩庆祥,等.能力建设与当代中国发展[J].中国社会科学,2005(1).

19.郝振省.网络阅读走向成熟——2008期刊网络传播排行发布解读[J].传媒,2008(6).

20.何道宽.网络阅读时代,纸媒书会不会消失[OL].[2006-2-24].http://www.qdewind.com/bbs/viewthread.php? tid=1883.

21.侯欣洁.手机阅读"三低"现象表征与原因透析[J].编辑之友,2013(2).

22.洪闯.移动学习中的信息焦虑问题研究[D].长春:吉林大学,2016.

23.黄蓓蕾.简述受众观念发展史[J].东南传播,2007(4).

24.黄浩.走进"后文学时代"——一个历史结构主义者给21世纪文学所作的注解[J].吉林大学社会科学学报,2003(2).

25.黄见德,等.现代西方人本主义哲学研究[M].武汉市:华中理工大学出版社,1994.

26.黄鸣奋.超文本诗学[M].厦门:厦门大学出版社,2002.

27.黄鸣奋.超阅读:数码时代的文本变革[J].厦门大学学报(社科版),2001(1).

28.黄孝群.转型变革期高校图书馆馆员能力建设策略[J].图书情报工作,2014(9).

G

29.高路,刘冬.世界读书日透视部分大学生"浅阅读"[OL].[2008-4-23].http://www.xinhua.org/.

30.葛自发.新媒体对"积极受众"的建构与解构[J].当代传播,2014(1).

31.[古希腊]柏拉图.文艺对话录[M].朱光潜译.北京:人民文学出版社,1963.

J

32.[加]哈罗德·伊尼斯.传播的偏向[M].展江,何道宽译.北京:中国传媒大学出版社,2013.

33.[加]哈罗德·伊尼斯.帝国与传播[M].何道宽译.北京:中国传媒大学出版社,2013.

34.［加］麦克卢汉.没有书面文化的文化［C］//埃里克·麦克卢汉,弗兰克·秦格龙.麦克卢汉精粹.何道宽译.南京:南京大学出版社,2001.

35.［加］Mc Lu Han,Mar shall.Understanding Media［M］.Mew York:Mentor,1964.

36.教育部关于印发《普通高校图书馆规程》的通知(教高［2015］14号)［EB/OL］.［2017-05-25］.http://www.tgw.cn/sites/de-Iault/files/attachment!zxdt/guicheng2015.pdf.

37.金慧,等.新媒体联盟《地平线报告》(2016高等教育版)解读与启示［J］.远程教育,2016(2).

38.金元浦.接受反应文论［M］.济南:山东教育出版社,1998.

L

39.李超平.我看纸质阅读与数字阅读之争［EB/OL］.［2011-09-15］.http://www.mingzhiguwen.net.

40.李格非.读图时代与"文化救广"［N］.文学报,2006-8-10(3).

41.李晶.贫困地区文化内生性重构研究［J］.图书馆论坛,2016(6).

42.李雾.阅读在危险中［EB/OL］.［2004-08-06］.http://www.people.com.cn/GB/wenhua/1086/2690856.html.

43.李维东.皮亚杰的建构主义认知理论［J］.中国教育技术装备,2015(6).

44.李欣人.人学视野下的媒介演进历程［J］.山东师范大学学报,2005(4).

45.李孝忠.能力心理学［M］.西安:陕西人民教育出版社,1985.

46.李艳芳."促进型立法"研究［J］.法学评论,2005(3).

47.梁桂英.1997—2007年国内网络阅读研究综述［J］.图书馆杂志,2008(4).

48.梁玲.国民阅读困境的深层之因:读图时代辨析［J］.探索与争鸣,2015(2).

49.凌美秀,等.论阅读的价值:哲学诠释学的视角［J］.图书馆,2015(6).

50.林语堂.林语堂经典散文全编[M].北京:九州出版社,2004.

51.刘尔明.网络阅读理论探微[J].广东广播电视大学学报,2006(4).

52.刘军华.国民阅读统计转型及大数据融合的方法逻辑——基于阅读焦虑下数据错觉思考[J].图书馆,2016(9).

53.刘伟见.重构阅读信仰[N].人民日报,2010-04-30(19).

54.刘雪明,魏景容.廉政政策传播效果的影响因素及衡量维度[J].行政论坛,2015(4).

55.刘炜,等.从被颠覆到颠覆者:未来十年图书馆技术应用趋势前瞻[J].图书馆杂志,2015(1).

56.刘元荣.2000—2010年网络阅读研究述评[J].图书馆学研究,2011(3).

57.刘忠华.试论网络阅读的特点[J].零陵师范高等专科学校学报,2002(2).

58.娄策群,等.论信息生态系统中信息人的相互作用[J].图书情报工作,2010,54(20).

59.娄策群,等.网络信息生态链运行机制研究:动态平衡机制[J].情报科学,2014(1).

60.娄策群,徐黎思.信息服务生态链功效的影响因素及提升策略[J].图书情报工作,2011,55(4).

61.娄策群,等.信息生态系统进化初探[J].图书情报工作,2009,53(18).

62.骆嘉,等.智能手机使用中的人格分裂及其文化归因[J].中国图书馆评论,2015(8).

63.卢锋.阅读的价值、危机与出路 ——新教育实验"营造书香校园"的哲学思考[D].苏州:苏州大学,2013.

64.栾春玉,等.网络信息生态链组成要素及相互关系[J].情报科学,2014(11).

M

65.马新国.西方文论史[M].北京:高等教育出版社,2008.

66.[美]Albert Borgmann.Technology and the Character of Contemporary Life: A Philosophical Inquiry[M].Chicago: University of Chicago,1984.

67.[美]Amadieu F,Tricot A,Mariné C.Prior Knowledge in Learning from A Non-linear Electronic Document:Disorientation and Coherence of The Reading Sequences[J].Computers in Human Behavior,2009(25).

68.[美]Bandura Albert.Self-efficacy:the exercise of control[M].New York:W. H.Freeman,1997.

69.[美]保罗·利文森.数字麦克卢汉[M].何道宽.译北京:社会科学文献出版社,2001.

70.[美]保罗·莱文森.思想无羁——技术时代的认识论[M].何道宽译.南京:南京大学出版社,2003.

71.[美]戴维·温伯格.数字新秩序革命[M].张岩译.北京:中信出版社,2008.

72.[美]蒂·泰德罗克,朗达·斯通.正确阅读[M].北京:中国社会科学出版社,2010.

73.[美]Frank Furedi.Moral Panic and Reading:Early Elite Anxieties About the Media Effect[J].Cultural Sociology,2016,10(4).

74.[美]弗·杰姆逊.后现代主义与文化理论[M].唐小兵译.西安:陕西师范大学出版社,1997.

75.[美]Jauss H R.Toward an Aesthetic of Reception[M].Minneapolis:University of Minesota Press,(1989).

76.[美]鲁道夫·阿恩海姆.艺术与视知觉.北京:中国社会科学出版社,1984.

77.[美]N·Katherine Hayles.Hyper and Deep Attention:The Generational Divide in Cognitive Modes[M].Profession,2007.

78.[美]尼尔·波兹曼.娱乐至死[M].章艳译.桂林:广西师范大学出版社，2004.

79.[美]尼古拉斯·戴维斯.理解第四次工业革命的五种路径[J].张秋江译.国外社会科学文摘,2016(4).

80.[美]尼古拉斯·卡尔.浅薄:互联网如何毒害了我们的大脑[M].刘纯毅译.北京:中信出版社,2010.

81.[美]马尔库塞.单向度的人[M].刘继译.上海:上海译文出版社,1989.

82.[美]玛丽安娜·沃尔夫.普鲁斯特与鱿鱼:阅读如何改变我们的思维[M].北京:中国人民大学出版社,2012.

83.[美]林文刚编,媒介环境学:思想沿革与多维视野[M].何道宽译.北京:北京大学出版社,2007年版.

84.[美]Tom Peter.The Future of Reading[J].Library Journal,2009(11).

85.[美]约书亚·梅罗维兹.消失的地域:电子媒介对社会行为的影响[M].肖志军译.北京:清华大学出版社,2002.

86.闵惠泉,陈洁.阅读的嬗变:对象、未来及其缺憾[J].现代传播,2010(11).

87.莫雷.阅读与学习心理的认知研究[M].北京:北京师范大学出版社,2006.

P

88.彭吉象.影视美学[M].北京:北京大学出版社,2002.

Q

89.乔东亮.数字出版时代"读者中心论"[J].中国出版,2010(10).

R

90.任福兵.微时代浅阅读对网络信息危机生成的影响机制[J].情报理论

与实践,2013(4).

91.日本"戒瘾软件"可以让你戒掉"手机瘾"![EB / OL].[2018-01-21].https://baijiahao.baidu.com/s？id=1590448692622383727&wfr=spider&for=pc.

92.荣毅虹,王彩霞.论面向信息焦虑的知识信息服务[J].情报理论与实践,2010(5).

93.[瑞士]皮亚杰.儿童心理学[M].北京:商务印书馆,1981.

94.[瑞士]皮亚杰.发生认识论原理[M].王宪钿等译.北京:商务印书馆,1981.

S

95.沈颐.建阅读社会,从书评开始[J].图书馆论坛,2006(1).

96.时少华,何明升.网络阅读一般模式的构建[J].哈尔滨工业大学学报(社科版),2003(4).

97."死活读不下去排行榜"[EB/OL].[2018-03-21].https://baike.baidu.com/item/死活读不下去排行榜/12629492？fr=aladdin.

T

98.陶东风.粉丝文化研究:阅读—接受理论的新拓展[J].社会科学战线,2009(7).

99.陶东风,等.微文化需大关注[N].光明日报,2013-12-24(14).

100.唐海波,等.焦虑理论研究综述[J].中国临床心理学杂志,2009,17(2).

W

101.王海明,等.青少年网络行为特征及其与网络认知的相关性研究[J].兰州大学学报,2005(4)1.

102.王健.经典焦虑症透视[D].长春:吉林大学,2010.

103.网络注意综合征[N].扬子晚报,2011-06-19:网罗天下(B).

104.王素芳.网络阅读的发展现状和前景探析[J].图书与情报,2004(3).

105.王信伦.从纸的发明看媒介演进对教育的影响——技术向度的中国教育史考察[J].华东师范大学学报,2007(1).

106.王小燕.浅议微文化的内涵及现实形态[J].艺术品鉴,2015(9).

107.王晓玥.中国数字信息量增长迅速[N].北京商报,2007-07-15.

108.王佑美,等.从数字素养到数字能力:概念流变、构成要素与整合模型[J].远程教育杂志,2013(3).

109.王佑镁.数字化阅读的概念纷争与统整:一个分类学框架及其研究线索[J].远程教育杂志,2014(1).

110.王玉萍.西方亲子关系对儿童发展的影响的研究及启示[J].教育探索,2010(3).

111.王岳川.中国镜像:90年代文化研究[M].北京:中央编译出版社,2001.

112.王岳川.媒介哲学[M].开封:河南大学出版社.2004.

113.王余光,徐雁.中国读书大辞典[M].南京:南京大学出版社,1999.

114.王铮,等.海外新型图书馆员岗位研究[J].情报资料工作,2015(2).

115.王知津,等.图书馆员核心竞争力研究[J].图书馆杂志,2008(10).

116.吴建中.走向第三代图书馆[J].图书馆杂志,2016(6).

117.吴靖.转型时期的国民阅读危机[J].书屋,2014(11).

118.吴思敬.吴思敬论新诗[M].北京:中国社会科学出版社,2013.

X

119.新华视点.没有底线,流量就成流毒[EB/OL].[2018-04-11].http://news.ifeng.com/a/20180411/57474964_0.shtml.

120.[新西兰]史蒂文·罗杰·费希尔.阅读的历史[M].北京:商务印书馆

2009.

121.熊澄宇.新媒体——伊拉克战争中的达摩克利斯之剑[J].中国记者,2003(5).

122.[匈]伊芙特·皮洛.世俗神话——电影的野性思维[M].北京:中国电影出版社,1991.

123.薛巍.数字记忆的忧思[J].三联生活周刊,2016(22).

Y

124.杨保军,等.论新兴媒介演进规律[J].编辑之友,2016(8).

125.杨沉.大学生浅阅读探析[J].滁州学院学报,2012(1).

126.杨沉."会当凌绝顶,一览众山小"——媒介影响视野下的新媒体阅读建构研究[J].图书馆理论与实践,2017(10).

127.杨沉.基于发生认识论的微阅读接受研究[J].图书馆,2016(9).

128.杨沉.接受美学视域下的网络阅读研究[J].新世纪图书馆,2013(5).

129.杨沉.全民阅读视角下的微阅读推广建构研究[J].图书情报知识,2016(5).

130.杨沉.全民阅读视域下的阅读焦虑:理论基础、概念、模型、发生及其启示[J].图书馆学研究,2018(10).

131.杨沉.图书馆员新型能力:涵义、驱动因子、框架及其建构路径[J].国家图书馆学刊,2017(5).

132.杨沉.消解与建构:基于文化视角的微阅读考察[J].图书馆工作与研究,2016(11).

133.杨沉.影响的焦虑:基于新媒介视角的阅读考察[J].国家图书馆学刊,2012(3).

134.杨沉.阅读焦虑:定义、类型、溯源与原理[J].图书馆杂志,2018(6).

135.杨沉.作为孩子阅读的"点灯人"的母亲[J].图书馆杂志,2012(9).

136.杨沉,张家武.当今阅读的载体、方法与宗旨[J].山东图书馆学刊,

2011(5).

137.杨沉,张家武.对网络阅读的理性思考[J].国家图书馆学刊,2013(1).

138.杨沉,张家武.接受美学对网络阅读的启示[J].图书馆建设,2012(7).

139.杨沉,张家武.浅阅读时代的深度选择[J].大学图书情报学刊,2011
(2).

140.杨沉,张家武,等.全民阅读视角下新媒体阅读生态重构研究[J].图
书情报工作,2017(12).

141.杨沉,张家武.为网络阅读正名[J].图书馆,2012(5).

142.杨国立,等.转型期高校和研究机构图书馆员能力建设[J].情报资料
工作,2016(4).

143.叶明生.全民阅读提质增效需运用"四种思维"[EB/OL].[2018-2-
26].http://www.sxjszx.com.cn/portal.php? mod=view&aid=38444.

144.叶铁桥.标题党为何骂而不绝[J].青年记者,2016(21).

145.[意]卡尔维诺.为什么要读经典[M]//语文出版社教材研究中心.语文
读本第5册.北京:语文出版社,2005.

146.尹力.媒介权力的畸变——"结构—行动"互构视角下的媒介变迁及
其负面效应研究[D].南京:南京大学,2011.

147.[印度]孟莎美.令人忧虑,不阅读的中国人[N].光明日报,2013-07-
26.

148.[英]柯尔律治.文学生涯[C].//刘若端.十九世纪英国诗人论诗.北
京:人民文学出版社,1984.

149.[英]齐格蒙特·鲍曼.被围困的社会[M].郇建立译.南京:江苏人民出
版社,2005.

150[英]培根.培根随笔[M].曹明伦译.北京:燕山出版社,2010.

151.喻国明.解读新媒体的几个关键词[J].广告大观,2006(5).

Z

152.张江.强制阐释论[J].文学评论,2014(6).

153.张水云.超文本阅读中信息整合研究[J].电化教育研究,2009(4).

154.张文彦.回顾全民阅读法制化进程,展望全民阅读立法促进前景[J].图书馆杂志,2018(3).

155.张咏华,贾楠.传播伦理概念研究的中西方视野与数字化背景[J].新闻与传播,2016(2).

156.张玉能.西方文论思潮[M].武汉:武汉出版社,1999.

157.张玉沛,郭本禹.鲍尔比的依恋理论及其临床应用[J].南京晓庄学院学报,2012(1).

158.张新颖.读书这么好的事[M].上海:上海人民出版社,2007.

159.张作为.探究读者阅读心理,注重读者阅读指导[J].图书馆,2002(4).

160.赵宇翔,等.移动社交媒体环境下用户错失焦虑症(FoMO)的研究回顾与展望[J].图书情报工作,2017(8).

161.智库百科[EB/OL].[2007-09-14].http://wiki.mbalib.com/wiki/自我效能.

162.《中国移动互联网发展状况及其安全报告(2017)》发布[EB/OL].[2017- 09- 11].http://news.xinhuanet.com/info/2017- 05/17/c_136291536.htm?from=groupmessage&isappinstalled=0.

163.周斌.数字阅读的消极影响及其原因探究[J].编辑之友,2014(5).

164.周冬霞.论布迪厄理论的三个概念工具——对实践、惯习、场域概念的解析[J].改革与开放,2010(2).

165.周红.如何利用图书馆应对阅读危机[J].理论学习,2007(6).

166.周树山.叔本华论读书[J].书屋,2013(7).

167.周涛.论媒介汇聚语境中的网络超文本的媒质特征[J].浙江工艺美术,2009(12).

168. 周宪. 重建阅读文化[J]. 学术月刊, 2007(5).

169. 周宪. 读图, 身体, 意识形态[C]//陶东风, 金元浦, 高丙中. 文化研究. 第3辑. 天津: 天津社会科学院出版社, 2002.

170. 周宪. 时代的碎微化及其反思[J]. 学术月刊, 2014(12).

171. 周志强. 微阅读[J]. 中国图书评论, 2015(1).

172. 周宗奎. 现代儿童发展心理学[M]. 合肥: 安徽教育出版社, 2001.

173. 邹建林. "期待视野"与接受美[J]. 中国音乐学, 2007(3).

174. 朱小蔓, 朱永新. 中国教育: 情感缺失[J]. 读书, 2012(1).

175. 朱晓伟. 新媒体技术的哲学思考[D]. 北京: 中国矿业大学, 2014年.

176. 朱永新. 中国人需要自己的"国家阅读节"[M].//我的阅读观北京: 人民大学出版社, 2011.

177. 朱永新. 个人精神发育史就是他的阅读史[J]. 人民论坛, 2004(6).

人为自然立法
——论黑格尔《美学》中的自然观

杨　沉①

（南京师范大学文学院，江苏南京210097）

摘要：黑格尔《美学》体现出了浓重的人本主义色彩，其美学大厦是建立在"人为自然立法"这一价值判断基础上的。以此价值判断来处理人与自然的关系，导致了人与自然的双重困境。在困境中重新反思这一价值判断，重新解读"美是理念的感性显现"无疑具有现代意义。而相对于"人为自然立法"，"天人合一"的价值观不啻为解决此双重困境的一剂良方。

关键词：美学；人本主义；天人合一　　**中图分类号**：B516

文献标识码：A　　**文章编号**：1003-8477（2007）11-0116-03

一

在《美学》中，黑格尔提出了艺术美高于自然美的观点，把美定义为"美是理念的感性显现"。通观全书，客观地说，黑格尔的美学是"人的美学"，是"为我"美学。其美学大厦是建立在"人为自然立法"这一价值判断基础上的。这可以从几个方面来给予说明。

第一，美学的名称透露了此种信息。在序言中，黑格尔把美学名称定位为"艺术哲学"。"根据'艺术哲学'这个名称，我们就把自然美除开了。"[1](p4)在黑格尔看来，艺术美高于自然美是"因为艺术美是由心灵产生和再生的美，心灵

---

①杨沉.人为自然立法——论黑格尔《美学》中的自然观[J].湖北社会科学，2007(11)：116-118.

和它的产品比自然和它的现象高多少,艺术美也就比自然美高多少"。[1](p4)由此可见,美学命名的基础是艺术,研究的对象是艺术。没有了艺术,美学也就失去了存在的依据。而艺术是人类实践的产物,是心灵自由创造的结晶。判定艺术美高于自然美,心灵高于自然,这本身即是一种"为我"主义立场。

第二,艺术美高于自然美的观点。黑格尔对美的经典定义是"美是理念的感性显现"。在黑格尔看来,自然和心灵都包含着理念,但是,理念在自然中找不到适于把自身妥帖显现出来的形式,因而沉没在自然的形式中,而心灵则不然,它是真正符合理念的形式,可以把理念的内容真实全部地表现出来,达到"概念和体现概念的实在二者的统一"。因为自然美本身的种种缺陷,"心灵就不能在客观存在的有限性及其附带的局限性和外在的必然性之中直接关照和欣赏它的真正的自由,而这种自由的需要就必然要在另一个较高的领域才能实现。这个领域就是艺术,艺术的现实就是理想"。因此,自然美作为第一种美,处在美的初级阶段,是一种不完善的美。

第三,自然美只有与人也即审美主体发生了审美关系,它的存在才有意义。美的客观事物是独立自在的,本身具有美的客观属性。它的美既不是为自身也不是为人而存在的。黑格尔在文中优美地写道:"鸟的五光十色的羽毛无人看见也还是照耀着,它的歌声也在无人听见之中消逝了;昙花只在夜间一现而无人欣赏,就在南方荒野的森林里萎谢了,而这森林本身充满着最美丽最茂盛的草木,和最丰富最芬芳的香气,也悄然枯谢而无人享受。"[1](p85)黑格尔认为以这种方式存在的自然美是无意义的。他说:"有生命的自然事物之所以美,既不是为它自身,也不是它本身为着要显现美而创造出来的。自然美只是为其他对象而美,这就是说,为我们,为审美的意识而美。"[1](p154)因此,自然物只有与人也就是审美主体发生了关系,它才是美的,它的存在才有了意义。否则无论它具有何种构成美的客观属性,都无所谓美丑。在这个意义上,自然美,美都是由人来判断与规定的。

第四,自然美是人类实践的产物。自然美是如何形成的?在西方的认知体系中,未经人实践改造的自然同人保持着疏远、异己的关系。只有在消除自然对人的异己性,也即是"人把他的环境人化了"之后,人在"人化自然"中才能如在"自己的家中一样的自由"。黑格尔认为实践是自然美产生的前提。他说"只有在人把他的心灵的定性纳入自然事物里,把他的意志贯彻到外在世界的时候,自然事物才达到一种较大的单整性"。[1](p313)这种人化的自然体现了人创造的欢乐,因而自然与主体人之间产生了审美关系。如他所举的小男孩扔石子入河又惊奇地欣赏石头激起的水纹的例子。

第五,自然情态与人内心情境的感发契合。在论及自然美时,黑格尔以寂静的月夜,平静的山谷,蜿蜒的小溪,一望无边的波涛汹涌的海洋为例,说:"这里的意蕴并不属于对象本身,而是在于所唤醒的心情。"[1](p164)他认为动物美,如勇敢,强壮,敏捷之类与人的特性有一种契合,一方面是"这种表现固然是对象所固有的,见出动物生活的一方面,而从另一方面看,这种表现却联系到人的观念和人所特有的心情"。[1](p164)黑格尔认为自然物的表现和形象唤醒了人特定的观念和心情,并与这种内在的观念心情相契合,这种主客体的统一与物我交融形成了人与自然的审美关系。

第六,自然美范围扩大到社会生活等方面也表明了这一点。黑格尔在《美学》中,凡谈及自然美时大都指非社会的自然事物。但在论及自然美的缺陷时,他把自然事物和社会生活的个别事物都作为探讨对象,纳入了自然美的讨论范围。这样,黑格尔的自然美范畴不仅包括自然物的美,也包括了社会美或现实美。这就显示出了黑格尔更重视人、重视人类社会生活的人本主义要求。

二

从《美学》中,毋庸置疑,我们发现了黑格尔凸显、崇尚艺术美贬低自然美的倾向。在黑格尔看来,自然美是第一种美,是理想(理念)的初级阶段。自然美有种种的缺陷,艺术美才是理想的美。黑格尔为何如此贬低自然美? 回顾德国古典美学的发展史,我们发现这里既有黑格尔对传统的继承,也有其建构美学体系的需要,更具有当时社会思想论争的色彩。

从前贤和康德那儿,黑格尔继承了人为自然立法的观念。康德的哲学美学是以人为中心的。其美学的"哥白尼式的革命"在于发生了"思维中心的转向"，由本体论转向了认识论，也即是研究对象由本体界转向认识主体(人)的机能和能力。在康德哲学中，"人为自然立法"虽然在一方面打破了神权的专制和垄断，张扬了人的自信和自主性，从神权的桎梏中解放了人，使人获得了自由，但却也埋下了牺牲自然的独立性的伏笔。在西方，自然不是作为人栖息的家园，而是为了人类的利益可以随时牺牲的他物。人对自然是征服占有的关系，两者处在对立状态。因此，在黑格尔的美学体系中，人为"自然立法"也就成为他评判艺术美与自然美的基础，成为他思考处理自然与人的关系的基本准则。

艺术美为什么高于自然美？这是由黑格尔的价值观、美学观决定的，也是黑格尔建构其美学体系的需要。黑格尔主要从以下几方面来说明。

第一，"因为艺术美是由心灵产生和再生的美，心灵和它的产品比自然和它的现象高多少，艺术美也就比自然美高多少。"根据黑格尔唯心主义的观点，心灵高于自然，因此由心灵所创造的艺术美，也就高于自然美了。他拿无聊的幻想来和太阳作比较。他说，太阳不是心灵的产物，因"它本身不是自由的，没有自意识的"，我们"不能把它作为美的东西来看待"。至于无聊的幻想，因是心灵的产品，"见出心灵的活动和自由"，因此是美的。心灵为何高于自然？他认为，在生命发展的序列中，人处于最高阶段，自然的层级低于人类。再者，自然是无意识的有限的不自由的，而人的心灵则是有意识的无限的自由的。

第二，艺术美是真实的，自然美不真实。美必须首先是真的，但真的却未必美。在黑格尔看来，理念的本质是心灵性，只有心灵性的理念才是真实的。他说："只有心灵才是真实的，只有心灵才是涵盖一切，所以一切美只有在涉及这较高境界而且由这较高境界产生出来时，才真正是美的。就这个意义来说，自然美只是属于心灵的那种美的反映，它所反映的只是一种不完全不完善的形态。"[1](p15)

第三，生气灌注。自然美虽具有客观的美的形式因素，或具有唤醒人的特定的观念和心情的特性，但还不是一个生气灌注由观念统一了的有机整体。艺术美体现出了人的心灵的创造性，体现出了观念性的统一，灌注着活泼的生气。因为"艺术美的职责就在于它须把生命的现象，特别是把心灵的生气灌注

现象按照它们的自由性,表现于外在事物,同时使这外在的事物符合它的概念"。[1](p188)

第四,作为科学研究的对象来说,自然美"概念既不确定,又没有什么标准"。艺术美却不同,它有明确的对象和标准,因此,美学只应当研究艺术美。

对自然美,自古以来,西方和东方有着不同的态度。西方对自然着重于征服控制,对自然美侧重的则是崇高、恐怖、怪诞、荒凉等方面。中国则因了"万物与我齐一"的思想,偏重于自然美的优美、秀美方面,二者的心态、情绪是不同的。因此西方文论在论及自然美时,多侧重自然的崇高美。从《论崇高》中我们可以得知,朗吉弩斯对自然美的感受偏重的是自然的崇高、恐怖、强大、宏壮的一面。[2](p148-149)这种审美意识倾向贯穿到西方以后的许多时代。从博克到康德,对暴雨雷电、惊涛骇浪等"数学"与"力学"的崇高美,均体验颇深,并从美学上做出了重要的概括和论述。如康德在论及自然的崇高美时说:"……火山以其毁灭一切的暴力,飓风连同它所抛下的废墟,无边无际的被激怒的海洋……诸如此类,都使我们与之对抗的能力在和它们的强力相比较时成了毫无意义的渺小。但只要我们处于安全地带,那么这些景象越是可怕,就只会越是吸引人;而我们愿意把这些对象称之为崇高,因为它们把心灵的力量提高到超出其日常的中庸,并让我们心中完全不同性质的抵抗能力显露出来,它使我们有勇气能与和自然界的这种表面万能相较量。"[3](p100)

这里康德用了"较量"一词,可见,自然的崇高是建立在人性与自然威力对抗的基础上的,只有当人在心理上压倒了自然的巨大威力时才能产生崇高感。这是人与自然对抗关系在审美领域中的继续。这种对自然的崇高、神秘的体验影响了18世纪的浪漫派,在他们的诗歌中多有对大自然荒凉、苍茫、怪诞、恐怖的体验与描绘。这些表明,在西方,在人与自然的审美关系中,对立因素明显大于和谐因素。黑格尔反对浪漫派对待自然美的认知态度,但却接受了传统对自然态度(人为自然立法)的馈赠。为了批判这种消极的自然美,他竭力贬低甚至是否定自然美的价值,以至走向了另一极端。

三

上述对自然和自然美的态度,绝不是偶然的,它有着深刻的社会文化原因。综观黑格尔《美学》关于美的论述,我们不禁要问:这种以"人"为中心判断一切事物的基础是什么? 西方的主客二分式的思维模式是造成这种价值判断的根源。西方文化,从主客二分模式出发,在人与自然的关系上,人作为认识主体客观、冷静地站在自然界之外,把自然作为纯然的客体、作为与人的精神相对立的异己对象来对待。在此种认知思维中,自然只是作为主体改造、征服的对象,作为人的外在、异己的对立面而存在。这就决定了西方对自然采取的态度是:人是自然的主人、统治者,自然只是实现人类利益的资源和手段。这一点在英国经验论哲学家那里表现得尤为明显,他们持有人类至上的观念,认为自然世界只是为人类生存服务的。他们相信,随着知识的增长,随着科学技术的发展,人类对宇宙万物统治权的"复兴"是完全可能的。由此产生了万物皆备于我、唯我独尊的人类中心主义立场。此种观念导致的恶果在我们的生活中已显现出来:生态平衡遭到破坏,生存环境日益恶劣,新的疾病层出不穷,威胁着人类的未来发展,甚至是人类的生存。人类为自己对自然的掠夺和虐待受到了惩罚。

在当今人与自然的双重困境中,我们应对"人为自然立法"的价值观进行反思。这种以人为尺度衡量其他事物的价值判断,难免有人类中心论的倾向。人与自然,存在着不可分割的依存关系。马克思说:"人直接地是自然存在物。……但这些对象是他的需要的对象,是表现和确证他的本质力量所不可缺少的、重要的条件。"[4](p52)人生而为自然,就无法逃脱自然的规律。科学已证明人类只不过是宇宙中的"沧海一粟"。因此,人应在自然规律的指导之下实践,力使自然与人达到双赢。也即既在客体中实现主体本质力量的对象化,又保持客体的独立自足的地位,从而使主客体之间达致和谐。康德曾说:人走不出自身的存在。人只能无限逼近而不能全部把握事物的本质。从发展的角度来说,人的认识具有局限性,人不可能穷尽自然,因此也就不可能完全的控制自然。人不能为自然立法。人为的控制和改造即使在今天看来是正确的,但正因了人的认识具有局限性,谁能说这一"人化"的结果在将来是否会贻害无穷? 在"人化"的社会中,人与自然互为因果。因此,对自然和人的关系我们应持何种价值判断? 在实践中如何处理自然和人的关系? 都值得我们深思。重新阐释黑格尔美学思想,吸取其合理内核,并参照我国"天人合一"的哲学思想,对于正确处理人与自然的关系不无裨益。

如果我们从实践的观点对"人为自然立法"加以改造,就可以得到唯物论的解释:自然的规律性(法)通过主体(人、我)的意识(大脑)被意识到后再用之指导主体(行动)。也就是说,人对自然的"人化"不是一种盲目的随心所欲的"人化",而是在合其自然规律性基础上的体现了主体意识的"人化",是一种平等与尊重的"人化"。另外,"美是理念的感性显现"这一点亦应引起我们足够的重视,需用我们重新解读。黑格尔在《美学》中反复申述"美是理念的感性的显现",强调理念、理念的显现及其二者达致完满和谐的状态。以此理念来把握自然和人的关系,无疑更具人性化色彩。因为人与自然之间,既不单纯是主体对客体的机械直观或能动直观的认识关系,也不单纯是主体对客体的征服与改造、并在征服与改造物中直观自身征服与改造能力的实践关系。相对于"人为自然立法","天人合一"应该说是解决当前人与自然关系问题的一剂良方。

"天人合一"是我国传统文化的精髓,对对象采取的是综合思维整体把握的模式。在自然与人的关系上,坚持"天地与我并生,而万物与我齐一。"(《庄子·齐物论》)需要说明的是,天人合一,还是一种主客不分、自然与人契合无间的心理体验和精神状态。这样,自然界就不像西方那样,仅是作为主体改造、征服的对象,而是时时处处与人自身的本性、与人的生存方式、生命体验休戚相关。因此,在中国,无论是儒家还是道家,都反对主客对立、天人相分,在人与自然的关系上,都主张并追求两者之间的亲近、沟通、交流与融合。"正因为中国传统文化中,天人合一精神占主导地位,才形成了人与自然之间的亲近和谐的关系,才使中国古人很早就发现了自然与人相和谐一致的性质,发现了自然也与人一样有性有情有生命,从而发现了自然之美质,发现了自然美。"[5](p167-168)因此,可以说,中国"天人合一"体现的是人与自然的一种审美关系。而"天人合一"世界观的精髓,则是在一个统一的宇宙法则之下人与外部世界自然而然的一体性。人类的社会、道德都同自然世界,即天地万物所展示的属性与关系一致。在这样的世界观下,中国人以类比性的方式去认识各种事物和现象,包括人类自己。在认识中,由天地到草木,由物质世界到社会与精神世界,都以统一的存在关系属性来把握。而认识的最终目标,是努力把握自然顺应自然,求得人类活动与自然的和谐,把人类世界同一个生命化的自然世界融为一体。

在当今的人与自然的双重困境中,在对"人与自然立法"的深刻反思和批判的基础上,以摒弃主客对立、关注人与自然平等和谐的"天人合一"的理念为出发点,来指导社会实践,既可以消解人的中心地位,又能消解自然的自在状态,同时又保持了自然的优先地位和人的主导地位,从而创造出一个人与自然、人与人和谐共处的美好世界。因此,在这个层面上重新解读《美学》,认真汲取黑格尔美学的合理内核,以"天人合一"为价值判断标准,重新构建人与自然的和谐关系,无疑具有强烈的时代意义。

参考文献:

[1][德]黑格尔.美学[M].朱光潜全集:第13卷[C].合肥:安徽教育出版社,1990.

[2]缪朗山.西方文艺理论史纲[M].北京:中国人民大学出版社,1985.

[3][德]康德.判断力批判[M].北京:人民出版社,2002.

[4][德]马克思.1844年经济学—哲学手稿[M].马克思恩格斯选集:第42卷[C].北京:人民出版社,1979.

[5]朱立元.自然美:遮蔽乎?发现乎?——中西传统审美文化比较研究之二[J].文艺理论研究1995(2).

责任编辑　邓年

水意象的女性文化学解读

杨　沉[①]

（滁州学院图书馆,安徽滁州239012）

摘要：在中国传统文化中,女性与水具有隐喻的互指同一性。随着历史的发展,女子的"水性"内涵融进了不同的时代意识、审美精神。选取五个最具代表性的词———"女娲","云雨","水性杨花","红颜祸水","女儿是水做的骨肉",从女性文化学的视角,来解读、揭示水意象中某些被遮蔽、被压抑、被忽略的历史内容。

关键词：水意象；女性学；文化学

[中图分类号]I041　　　[文献标识码]A　　　[文章编号]1009-9530(2009)04-0040-05

水与女性的关系,可溯源至我国远古水生神话。我国古有"混沌"创生天地万物之说,在创世神话中,水以混沌（原始大水）的面貌出现,创生了世界万物。"有物混成……为天地母"（《老子》第二十五章）。而女子浴（饮）水生子的神话,《山海经》中则多有记载："女子国在巫咸北,两女子居,水周之。"郭璞注云："有黄池,妇人入浴,出即怀妊矣。"（《山海经·海外西经》）"母亲即是混沌。"（波伏娃语）。作为孕育万物的母体阴性特征,混沌在神话思维中常常被人格化为女性。女性与水具有同一指代性。随着历史发展,女子的"水性"内涵发生了嬗变,融进了不同的时代意识、审美精神。本文以最具代表性的五个词,即"女娲","云雨","水性杨花","红颜祸水","女儿是水做的骨肉",从女性文化学的视角,来解读、揭示水意象中某些被遮蔽、被压抑、被忽略的历史

---

①杨沉.水意象的女性文化学解读[J].淮南师范学院学报,2009,11(4):40-44.

内容。

一

　　女性与水的生命关联主要表现在三个方面。第一，从生命的创生角度而言，二者皆是生命的赋予者，具有创生生命的神奇能力。古人认为，水为万物之本原，人之生命与水不可割裂。《管子·水地篇》称："水者，何也？万物之本原也"，"人，水也，男女精气合，而水流形……凝塞而为人"[1]。女娲造人的神话阐释了此种命意。《太平御览》卷七十八引汉代人应劭著《风俗通义》云："俗说天地开辟，未有人民。女娲抟黄土作人，剧务，力不暇供，乃引绳于泥中举以为人。"神话学研究表明，水的这种原型与大母神崇拜密不可分。考古学家证实，在那些遍布欧亚大陆的女神石像背后，有一种盛行了两万多年的大母神崇拜，大母神创生了天地万物和人类，成为万物之母。初民从自身日常生活中发现，植物、动物和人一旦离开水就会枯萎或死亡，意识到水对一切生命有养育之恩，和大母神的生育功能有相似之处。原始人以其特有的类比思维和形象思维认为，他们从泉眼或洞穴中汲取的水，皆是大母神给予她的子民的恩惠。水因此成为大母神的象征，进而成为女性的象征。女娲即是我国远古时的大母神。她不仅创造了人类，给予人生命，还赋予人类繁衍不息的婚姻和阴阳和合的生育能力。第二，水的阴性特征与女性柔美的特质相契合。《周易·坤卦》最早构建了阴柔之美的范型："三偶为阴，其卦为坤，其象为地，阴之成形，莫大乎地，地势卑顺，故名为坤。"自古以来，中国传统女性所表现出来的都是坤卦所具有的柔和、宁静的阴柔美，而水的自然特性也是属阴的，具有顺势而流，形态多变，寒冷清冽等特点。第三，阴阳观念整合的结果。《易传·系辞上》云："乾道成男，坤道成女。"《广雅·释亲》解说："女，如也，言如男子之教，人之阳曰男，阴曰女。"《淮南子·天文训》曰："阴兔为水"，"积阴之寒气为水，水气之精者为月。"《白虎通·五行》也说："水者，阴也。"八卦中"坎"与水对应，也属阴。《述异记》说："盘古夫妻，阴阳之始也"，明显将妻（女）列入阴的范畴之内。从水为阴到以女为阴的对应中，人们自然联想到了女性与水的本同。这是上古先民生

186

活经验的积淀。故老子说："天下莫柔弱于水。"由于具有同一审美特征，女性和水产生了美学上的直觉关联，用水象征女子也就显得极为贴切。

在此，阴阳观念只是用来说明自然之道的发明，如"一阴一阳之谓道"（《周易·系辞》）。阴阳和合而万物化生，阴阳没有尊卑分别更没有道德判断的倾向。即使孔子曾说过"唯女子与小人难养也"，也只是指女子"小人"（小孩）具有似水般多变的性情，而鲜有更多的喻指。随着父系社会的发展和国家的建立，男性在社会中拥有了绝对的控制权，男女地位的天平日益倾斜，女性失去了其在母系社会的主导地位，完全成了男性社会的附庸。"三纲五常"以及"夫在从夫，夫死从子"等便是明证。将阴阳男女尊卑对应的最早见于《周易》。《周易·系辞》中说："乾道成男，坤道成女"，"乾，阳物也；坤，阴物也。"有了阴阳，便有了尊卑："天尊地卑，乾坤定矣。卑高以陈，贵贱位矣。"（《周易·系辞上》）而水、女子、阴三者对应，于是女子这又"卑"又"贱"的存在便被又"尊"又"贵"的男性社会划给了"水"。

在中国古代的神话、诗词、曲赋、小说中有许多以"水"喻女性的描写。"水"成为表现女性情爱生活、塑造女性形象不可或缺的审美意象。在《洛神赋》中曹植这样描绘洛神："其形也，翩若惊鸿，婉若游龙"、"柔情绰态，媚于语言"、"灼若芙蓉出绿波"，水神宓妃颇具水的情韵神态。《楚辞·湘夫人》曰："帝子降兮北渚，目眇眇兮愁予。嫋嫋兮秋风，洞庭兮木叶下。"杜牧《杜秋娘诗》"京江水清滑，生女白如脂"，白居易《长恨歌》"春寒赐浴华清池，温泉水滑洗凝脂"等诗篇之中，女子与水皆柔美灵动多情。在屈原的诗中，其咏颂的各类江河湖泊水的形象，常常和他思慕的美人紧密联系在一起。《楚辞·湘夫人》云："沅有芷兮醴有兰，思公子兮未敢言；荒忽兮远望，观流水兮潺湲。"水既与美人紧密相关，水意象因此也就具有了思念和阻隔的内涵。在我国最早的诗歌总集《诗经》中水的这种原型意象表现得尤为明显。"蒹葭苍苍，白露为霜。所谓伊人，在水一方"，《秦风·蒹葭》是其中的代表。在牛郎织女神话中大河的文化象征意味更为明显，天河不仅仅是一种阻隔，更是一种思念。因此，《古诗十九首》才有："迢迢牵牛星，皎皎河汉女。……河水清且浅，相去复几许，盈盈一水间，脉脉不得语。"上述种种，"取象寄意，全同《汉广》、《蒹葭》。抑世出世间法，莫不可以'在水一方'寓慕悦之情,示向往之境。"[2]水的阻隔意象暗示了礼教的束缚,对此后文再作详述。

"水"成为性爱的象征则源于巫山神女的神话传说。高唐神女和巫山云雨是人们耳熟能详的两个成语,二者来自同一个典故,即楚怀王梦中幸会巫山神女的神话。高唐典故形成于宋玉《高唐赋》。高唐神女与楚怀王做了露水夫妻,临别言,朝为云暮为雨,"巫山云雨"典出《神女赋》则详尽而突出地描绘、夸饰了神女的外貌、形体和情态之美,女性美成为艺术表现的重要主题。在高唐神女"巫山云雨"的神话传说中,高唐神女演化为美神性爱女神的原型;"巫山云雨"则成为表达男欢女爱阴阳交合的代名词,并由此化生出朝云暮雨、云雨高唐、云雨巫山、云情雨意等词,一般简称为"云雨"。"云雨"成为性爱的象征。"云雨"性爱的隐喻指向最早可于《周易·乾》中寻到端倪,"云行雨施,品物流行"的说法就是对阴阳交合关系的象征性描述。[3]而"云雨"作为一个有固定喻指的性爱象征的原型,则是自宋玉始。

"云雨"原型进入文学创作,早见于文人、学者,后普及到民间。"云雨"内涵的嬗变始于唐代元稹。"曾经沧海难为水,除却巫山不是云。取次花丛懒回顾,半缘修道半缘君。"这种对爱侣刻骨铭心的追念之情,使这个一贯用来引诱性爱的古老典故变得纯洁、神圣。巫山神女作为一种男性理想中高不可及的女性典型,大大拓展了宋玉赋中"云雨"的外延。至此,"云雨"措辞就有了两重涵义,一为性爱的象征,一指忠贞不渝的爱情。"云雨"内涵由性拓展到情爱,由肉欲的功利性衍化成为一种非功利性的审美情感,这种具有审美意味的情感意象成为历代文人墨客追求和歌咏的对象。李白的"美人如花隔云端",《红楼梦》中的黛玉,《聊斋志异》中各种美丽的狐鬼,皆可回溯到"高唐神女"这个美神原型。美神原型沉淀于文人的潜意识之中并不时被激活进入文人的创作视阈,成为一种反映文人潜在精神欲求的艺术符号。

宋词则把这种含蓄婉转的情爱变成了未免直白的性爱描写。周邦彦:"楚云湘雨会阳台,锦帐芙蓉向夜开",韩偓《六言》之一:"秦楼处于倾城,金陵狎客多情。朝云暮雨会合,罗袜绣被逢迎",这些词皆是对云雨的化用。《西厢记》中,崔莺莺私会张生,作者以"露滴牡丹开"的含蓄语言写二者的阴阳和合。民间俗语中亦有"露水夫妻"的称谓,皆是以水喻性。较之于后来的戏曲小说,这些作品中的"水"虽然涉及了与女性有关的情爱与性爱,但未含任何贬义的成分,也没有将"水"与女性内在的道德品质相联系。明清戏曲小说中,"水"则失去了其在诗词中的这种优美哀怨、含蓄委婉所具有的令人感动的魅力,代之而起的,是不贞不洁、放荡堕落、追求性享乐的固定喻指。如《水浒传》八十一回:"原来这李师师是个风尘妓女,水性的人。"《警世通言·杜十娘怒沉百宝箱》:"自古道,'妇人水性无常',况烟花之辈,少真多假。"《红楼梦》第六回:"况且二姐儿又是水性人儿,在先已和姐夫不妥。"九十二回:"大凡女人都是水性杨花。"《说唐》第五十八回:"张尹二妃终是水性杨花,最近因高祖数月不入其宫,心怀怨望。"像这类用法,在元明清戏曲小说等作品中比比皆是。

二

在中国文化中,"水性杨花"一词常用来形容女子的用情不专。水既被譬喻为女子,以水性来比喻女子之心性,也就有了客观的物质基础。水的自然本性是虚柔的,刘勰《文心雕龙·情采》篇说:"夫水性虚而沦漪结,木体实而花萼振,文附质也。"由于虚柔,便决定了水有顺势而流、无固定形状、受外在因素制约较多的特点。水性流动,杨花轻飘,均是没有定性,以此来形容女子之移情他投,似为妥帖。《诗经·卫风·氓》中女主人公在指斥氓行为不守规矩、对婚姻爱情不能善始终时说,"淇则有岸,隰则有泮",用水需要外在约束比喻氓缺少道德方面的自我约束。可以设想,如果没有堤坝的约束,水,尤其是大水便会四处漫流,自向卑下。由此可见,水的这种顺势卑下、随遇而安、没有自我约束的自然本性,与人类情爱与性爱生活中自甘堕落、见异思迁、人尽可夫(妇)极为类似,是水性与人性在本质上具有可类比性的一个主要方面。

但对情的见异思迁、背信弃义,从生理学上来说男人应更为见长,男人具有更强的动物性、攻击性。而传统的父权社会文化也给这种情迁提供了便利的社会、心理和文化基础。在男性拥有绝对话语权的男权社会,男女并没有实现事实上的平等,性爱方面尤其如此。正如恩格斯在《家庭、私有制及国家的起源》中论述三种主要的婚姻形式时所说:性自由的权力在男性一方面远没有消失,对性的忠贞忠诚的要求和对性自由的诅咒压制事实上只针对女性,女性被剥夺了权利并被排斥在外,这再次宣布了男性对女性的无条件的统治是社会的根本法则。[4]65而"凡是在妇女方面被认为是犯罪并且要引起严重的法律后果和社会后果的一切,对于男子却被认为是一种光荣,至多也不过被当作可以欣然接受的道德的小污点。"[4]73从原型神话的角度看,女性与"水性"与情爱性爱相关联并非丑事,只是男权意识浓郁的男人们为了摆脱自己与"性"的干系,才大言女子"水性",似乎这样自己便与"性"无关,很清白很纯洁。而另一方面,历代文人骚客却对高唐神女"云雨"之事歌之咏之追慕不已倾心不歇,这真是一个莫大的讽刺。当然,无论是男性还是女性,在情爱、性爱上的不忠贞行为均应受到道德的谴责。

正如男人为摆脱干系压制女性而将"水性杨花"强加给女性一样,无力承担自身误国责任的男性又创造出一个意蕴丰富的成语,这就是"红颜祸水"。

"红颜祸水"让中国历史上所有闭月羞花、沉鱼落雁的容貌在历史兴衰、王朝更替面前承担了无法推卸的罪名,抹杀了那些红颜所有的艳丽色彩,只剩下了祸害的名声,警示着历代所有的男人们。它典出《史记》:"周幽王为烽燧大鼓,有寇至则举烽火。诸侯悉至,至而无寇,褒姒大笑。"这就是有名的"烽火戏诸侯"。后寇果至,烽火起而诸侯不至,周灭。为博宠妃一笑周幽王以战事谋略为儿戏,把闺房游戏玩到了政治上,最后落得亡国的下场,后人从这里看到了亡国的责任如何被推给了不爱笑的褒姒!《辞海》给"祸水"下的定义是"祸人败事的女子"。"红颜祸水"让女性背负着沉重的精神压力。

关于女人是祸水的说法,关于色可迷人致死的故事,关于纵欲亡身败国的奇谈,在中国自古有之,甚至早在嫦娥奔月的神话中,就已包含着"祸水"的观念:后羿千辛万苦从西王母那里获得的不死药,被嫦娥窃取独自吞服,嫦娥仙去获得了长生,后羿则只能像凡人一样死去。"嫦娥应悔偷灵药,碧海青天夜夜心",嫦娥成为被怨恨、被诅咒的对象。由女娲造人、补天、治水到嫦娥窃药奔月,神话中女性由被赞美、被膜拜的对象,转变为被谴责、被怨恨的对象,表明了什么? 神话是人类情绪感情的象征,其中渗透着是时社会的诸多价值观念。人类的母亲——补天治水的女娲被描绘得无比崇高伟大，而她的容颜之美却全然未被渲染，这决非父权确立以后文人的杜撰，只能是史前时代母系氏族社会生活的真实反映。而背信弃义的嫦娥却美艳动人，这显然是父权制社会的产物。此时，男子已凌驾于妇女之上。"母权制的被推翻，乃是女性的具有世界历史意义的失败。丈夫在家中也掌握了权柄，而妻子则被贬低，被奴役，变成丈夫淫欲的奴隶，变成生孩子的简单工具了。"[4]54正因为妇女日益成为男子"淫欲"的奴隶，所以她们的容貌也就愈益受到重视；与此同时，随着妇女社会地位的一落千丈，她们成了"替罪羊"，常常被指责为罪恶的根源。沿着"嫦娥窃药"这条路子，历史上因沉迷女色误国丧生的罪责此后也就皆归于女人。如"妲己亡殷""褒姒乱周"，吴王夫差败于勾践是因为西施，赵飞燕诱惑汉成帝纵欲丧生，董卓死于吕布之手是因为貂蝉，还有杨贵妃、陈圆圆、潘金莲等等一类故事，更是把妇女说成社会灾祸的渊薮。从这些故事里，我们读到了男人对美色的渴望依恋甚至是沉迷，感觉到了男人对美色的恐惧，视之为洪水猛兽，这应是远古先民对洪灾恐惧心理的遗存。男人与美色的关系犹如人类与水的关系。无意之中男性暴露了其精神上的缺陷：不反躬自省，却只是一味地推脱责任，一如伊甸园中的亚当，把偷吃智慧果的所有罪责指给了夏娃。看来，男性从始祖时代起就没有承担起男性应有的担当。"水性杨花""红颜祸水"一方面体现了男权社会对女性的污蔑与贬损，反映了女性被轻视被侮辱受损害的社会地位；另一方面，水也被赋予了更多的道德内涵伦理精神，负面的道德指向像一座大山压在中国女性身上，成为千年的枷锁，束缚压抑了女性的身体和精神的自由。

三

博克在其《美学》著作中指出："美也就是物体中某种引起爱这一类感情的特质。"科林伍德亦认为"美"是"爱"的真正对象；美首先是涉及性爱的理论。用中国传统术语来表述，即"美始于色"。叶舒宪认为美与性爱的这种逻辑关系，早在美学思想理论化之前就由神话确定下来了。[5]329关于美色与水的关系,在西方神话和印度传说中皆有表现。美神阿弗洛狄特相传诞生于海水中的泡沫,印度的吉祥天女也是诞生于乳海之中,二者皆是"美的理念的感性显现"(黑格尔《美学》)。中国神话中唯一以性爱和美见称的高唐神女,却并未获得公认的"美神"神格。"中国的爱的女神未能以它原有的面目流传后世,她只能以隐形和幻化的形式依稀地潜存于民族集体无意识之中。这一方面是因为爱与美之神滋生的直接温床——性爱礼仪活动在华夏文明中受到较早形成的礼教文化的压制和改造,另一方面又由于饮食文化所铸就的味觉审美能力的异常发达和早熟,使美的观念首先与食而不是性发生了不解之缘。"[5]330这可在有关美的解释中得到印证,如"羊大为美"等。

作为中国最早的美神,高唐神女在汉民族集体无意识中沉淀为一个具有永久生命力的原型,从曹植的《洛神赋》一直到《金瓶梅》、《红楼梦》,表达女性的性爱、美艳时,总是自觉或不自觉地回溯到这个美神原型。美神的出现标志着人类审美意识从实用的功利领域和宗教意识中脱胎出来了。高唐神女既为美神,而中国自古就有"红颜祸水"的观念,高唐神女也就同"荒淫误国"的价值联想发生了联系,因此她在后人的潜意识中的反应也就变得越来越微妙。诗人们在运用这一原型时便采用种种隐晦的办法,淡化或朦胧化高唐神话原有的性爱色彩。唐诗宋词中屡见不鲜的楚雨、楚云、云女皆可为证。

"云雨"原型在中国古代的非神话化表现为道德化,即与"淫"的概念相联系,这形成了性的隐喻和道德谴责之间的二元对立。

《诗经·周南·汉广》:"汉有游女,不可求思,汉之广矣,不可泳思。江之永矣,不可方思。"写对朝思暮想的汉水游女的可望而不可求。《诗大序》评《汉广》说:"化行乎江汉之域,无思犯礼,求而不可得。"朱熹《诗集传》就此发挥说:"文王之化自近而远,先及于江汉之间,而有以变其淫乱之俗。故其出游之女,人望见之而知其端庄静一,非复前日之可求矣。"[6]从前日之"可求"到今日之"不可求",在朱熹看来是由"淫"到礼的进化。正如加拿大学者 N·弗莱在其《原型批评:神话理论》一文所言:"水的象征主要表现为清泉、池塘、滋润万物的雨水,时而还有一道溪流把男人和女人隔开,从而保持了他们各自的贞洁,一如但丁笔下的忘川。"[7]"发乎情,止乎礼",礼法道德排斥与禁锢任何非婚姻之爱。正因为性爱的自由(可求)在礼教社会中被完全排除,所以只能在现实原则的彼岸———幻梦艺术中求得代偿性的表现。这种代偿表现的根本置换原则就是以情代性或以情喻性。黄永武在《诗经中的"水"》中提出,周人崇尚礼乐,《诗经》中的水,除了少数直赋自然景象者外,大都具有比兴象征作用,即作为"礼"的象征。《汉广》所咏不可越过的汉水江水,正是不可犯的礼的象征。由于江汉的阻隔,反使游女婷婷的风神,神圣地可望而不可即。追求者的低徊流连,游女的贞洁绰约,都因"礼"的自制,才显得整个风气如此醇美。至于那吟唱着"在水一方"的伊人的《秦风·蒹葭》,用水代表礼教大防,意旨更为玄奥灵妙。[8]毋庸置疑,在男权话语之中,女性的美乃是以男性规定的道德为尺度,在合乎道德的范围之内,美才为美,也才富有魅力。也就是说,女性的美必须是建立在"善"的基础上,才为美,才能打动人,也才能唤起深厚持久的爱意。

高唐神女及"云雨"的原型演化过程,一方面是神话消解、原始宗教色彩淡化和人类文明对人类束缚的过程。伴随着社会的发展,由神话中抽象出的礼仪制度反过来压制和束缚人们的精神和行为。另一方面,原型内涵也发生了由性到情的演化,高唐典故与"云雨"的意象变得纯洁化诗意化,成为一种审美意象,进入文学艺术的殿堂,滋养着历代的文人骚客,并被其歌慕不绝。

四

虽然自古便有以水喻女子的民族心理和思维习惯,但真正提出女儿是水的却是清时的曹雪芹。在这千年的历史中,女子的"水性"喻指发生了很大的变化,更多的道德批评渗入其中,水不仅喻指美丽灵慧的女性,美好的情爱、性爱,一些不洁的放荡的性指向也与水与女性联系了起来,说到女子,似乎只剩下了"水性杨花""红颜祸水"。这股浊流到曹雪芹那儿才得到彻底清洗。曹雪芹在封建社会的末期以一部鸿篇巨制《红楼梦》赞歌女性,他借贾宝玉之口第一个喊出了"女儿是水做的骨肉",以洁净之水涤荡清除了男权社会千年来泼在女子身上的"污水",还冰清玉洁的女儿以清白和高贵。

在曹雪芹之前,把水喻为女性的也不乏其例,如苏轼的《饮湖上初晴后雨》:"水光潋滟晴方好,山色空蒙雨亦奇,欲把西湖比西子,浓妆淡抹总相宜。"西子湖不论晴雨总是那么美,一如美女西施。如王观的《卜算子》:"水是眼波横,山是眉峰聚。欲问行人去哪边?眉眼盈盈处。"水不仅是女性化的,而且是女性最精华、最传情的眼神,这种美的韵味让人一唱三叹,再三品味,回肠荡气。在这里,水的物性退隐了,凸现出来的是水的秀色,水的神韵,水的性格。女子与水相融相合不分彼此。

把水作为女子的化身,最著名的自然是中国古典名著《红楼梦》。《红楼梦》中充满了风姿各异的水意象,如清溪、寒雨、冷雪、薄霜、轻露、泪水等等。在《红楼梦》的神话体系中,最灵慧的女子——黛玉即是水的化身,包孕日月之精华和天地之甘霖。看似疯癫的贾宝玉说的话却微言大义:"女儿是水做的骨肉,男人是泥做的骨肉"、"任凭弱水三千,我只取一瓢饮"等,皆是对水原型的借用。神话传说中,女娲抟黄土造人,人的构成中水、土各占一极。故而才可能有此清浊男女之喻。"弱水三千"、"一瓢饮"喻指了宝黛的情爱关系。在现实经验中,水之纯洁和清爽、澄明,极似大观园中那些美好的女子,宝玉最爱者无论是灵性上还是形质上皆属黛玉。承天地之精华而生的绛珠仙子有着似水般的"自然风流态度":"两弯似蹙非蹙罥烟眉,一双似喜非喜含露目",眉,淡如青烟,弯似曲流;目,柔媚如波,晶莹似露;点点泪光,仿佛是湘竹上的斑斑泪痕,又像是新荷上的晨露滴滴;而"闲静时如姣花照水,行动处似弱柳扶风"的诗性意象,不仅喻指黛玉有如芙蓉般傍水而生、承露而活的生命况味,也传达了她如柔波般婉曲轻盈、摇曳生姿的体态风韵。"水做的女儿"黛玉处处体现出如水的情致与灵动。文本之中,水亦置换为眼泪,眼泪作为一种女性的隐喻重复出现。尤其是林黛玉,泪水可以说是她的标志。她所做的诗文,洒泪痕迹时时可见,如《桃花行》:"若将人泪比桃花,泪自长流花自媚。泪眼观花泪易干,泪干春尽花憔悴。"曹雪芹以水喻女儿之眼之泪之体态,大大地拓展了传统水喻象的联想内涵。[9]水隐喻生命的灵性和智慧,亦为至善至美的象征。自沉汨罗的屈子,临秋水与游鱼对话的庄子,都与水结下了不解之缘。"清水出芙蓉,天然去雕饰"的林黛玉是曹雪芹心目中最纯洁、最完美的理想女性形象。在这位清纯灵秀的少女身上,人们仿佛看到了那凌波微步、"灼若芙蓉出绿波"的水神宓妃美丽的身影,更见识了她高于须眉浊物的见识行止。

"女儿是水做的骨肉,我见了女儿就觉清爽。男人是泥做的骨肉,我见了男人就觉浊臭逼人。"(《红楼梦》第一回)曹雪芹对女性的赞歌是对女娲造人传说的移用:人的生成男女是平等的,不同于基督教的女性是男子的附属,一根肋骨。女子具有独立自足的地位,甚而比男子更优越。只有到了曹雪芹,男性世界才第一次真正把女性放在与男性平等的地位来看待,甚而女子比男子更优越。"清"与"浊"的对比,便体现了这种价值判断。在曹雪芹的审美视野中,"水做的骨肉"的女儿已不仅仅是女性的指称,它还有着更为深沉的意蕴。在这里,水做的女儿也即清白纯美的女儿象征了一种高尚的人格,美好的情操,一种本真的澄明的理想境界。

参考文献:

[1]戴望著.诸子集成·管子校正(卷五)[M].上海:上海书店出版社,1986:236.

[2]钱钟书.管锥编(第1册)[M].北京:中华书局,1986:124.

[3]何新.诸神的起源[M].北京:生活·读书·新知三联书店,1986:140-141.

[4]恩格斯.家庭、私有制和国家的起源[A].马克思恩格斯选集(第4卷)[C].北京:人民出版社,1979.

[5]叶舒宪.高唐神女与维纳斯[M].北京:中国社会科学出版社,1997.

[6]朱熹.诗集传(卷一)[M].上海:上海古籍出版社,1958:6.

[7]弗莱.原型批评:神话理论[A].叶舒宪.神话——原型批评[C].西安:陕西师范大学出版社,1987:221.

[8]黄永武.诗经中的"水"[A].诗经研究论集[C].台北:黎明文化有限公司,1981:405-415.转引自叶舒宪.高唐神女与维纳斯[M].北京:中国社会科学出版社,1997.

[9]俞晓红.悲歌一曲水国吟——《红楼梦》水意象探幽[J].红楼梦学刊,1997,(2):44.

附录三

生命的隐喻

——论《红楼梦》中的水意象

杨　沉①

（滁州学院图书馆，安徽滁州239000）

摘　要：在中国文化传统中，水具有创生万物的生殖原初意象。《红楼梦》中充斥着大量的水喻。作为《红楼梦》中蕴涵丰富、在在而有的水意象，曹雪芹赋予其以韵味独特的幽深寄寓。水生万物的生命隐喻被作者匠心独运地化入文本的构建之中。

关键词：红楼梦；水意象；创生；隐喻

中图分类号：I06　　**文献标识码**：A　　**文章编号**：1673-1794（2009）03-0015-04

前　言

水是自然界中的一种普通的物质，具有静动、清浊等物理特征，同时亦具有饮用、洁净等功能。由于其与人类的生命生产生活休戚相关，因此在中国文化中，水成为一种"有意味的"文化意象。这种"有意味"的文化意象首先表现为"水生万物"这一诗化哲学命题，它强调突出的是水的本原性和创生功能。这在《太一生水》、《管子·水地篇》等中皆有所表现。"大一生水，……是古太一藏于水，行于时。周而复始，以己为万物母……"[1]庞朴先生认为，"太一生水"的"生"乃为化生之生，有生养、生殖的意味。"太一"化生为水，水又生万物[2]。管子也表达了类似的观点：

---

①杨沉.生命的隐喻——论《红楼梦》中的水意象[J].滁州学院学报，2009，11（3）:15-18.

　　"水者何也?万物之本原也,诸生之宗室也。"(《管子·水地篇》)其他诸如老子的以水喻道等,都表现出了一种诗性哲学的共识,即水为万物之本原。管子又言"人,水也。男女精气合,而水流形。"(同上)水亦生人。故而,"水"既是太初之时混沌未开雾水蒙蒙的实况描述,也是化生万物的生殖原初意象。"它作为自然的元素,生命的依托,从一开始便与中国古人的生活和文化形成了一种天然的联系,并伴随着人类的进化和对自然的认知,逐渐由物质的层面升华到一种精神的境界。"[3]从这个意义上说,水塑造了中华民族特有的水文化心理,即中国古人习惯于以水为喻,来理解和说明人类社会中的现实情况。因此,中华传统文化中也就有了绵绵不绝的水与人的互喻,有了《红楼梦》中"女儿是水做的骨肉"的超时空链接。

　　《红楼梦》中充满了风姿各异的水意象,如清溪、寒雨、冷雪、薄霜、轻露、泪水等等。如果说作为人境大观园中的水是实体性"水"意象的话,那么来自仙界太虚幻境中的灵河、愁海、情海则是虚拟性"水"意象。作为一部"天书与人书的诗意融合"[4],一部"实在不可多得的"[5]诗化小说,《红楼梦》具有艺术价值和审美价值的双重性质。作者深谙古典美学含蓄蕴藉的审美旨趣,以诗性思维或神话隐喻去表现主体含蓄蕴藉的深沉情感。其物质载体为文本中的水、花、石、竹等诸多意象。"它们汇聚着历史和神话、自然和人的多种信息,犹如一个个闪闪发光的审美生命体成为形象叙述过程中闪光的质点,大大增强了叙述过程的诗化程度和审美浓度。"[6]作为《红楼梦》中蕴涵丰富、在在而有的水意象,曹雪芹赋予其以韵味独特的幽深寄寓。水生万物的生命隐喻被作者匠心独运地化入文本的构建之中。

一、清与浊/"女儿"与"非女儿"的隐喻:"女儿是水做的骨肉"

　　"隐喻具有转换生成的生命形态,而生命也具有转换生成的隐喻本质。"[7]在认知层面,隐喻把已知的事物投射到未知的对象上,由于主体已知事物的激活,未知的对象变得同样易于感知。曹雪芹运用此转换生成的功能,赋予女儿以水的隐喻,将女儿与灵动洁净澄明的水互喻,揭示女儿的特质。

　　何为"女儿"?"女儿"与"非女儿"(主要指某类男性)是怎样的关系?"女儿是水做的骨肉"又有何深意?作者以悲剧这一文体形式来承载自己的哲学思考。

　　文本中曹雪芹借宝玉之口盛赞女儿:女儿是水做的骨肉,我见了女儿就觉清爽。男人是泥做的骨肉,我见了男人就觉浊臭逼人。(第1回)作者以"水""清"喻女儿,以"泥""浊"喻指男人,通过清与浊的对比,凸显作者取"清"弃"浊",以"女儿"否定"非女儿"的立场。在文本中,"女儿"是指大观园中纯洁美丽的众女儿,尤指代林黛玉。"非女儿"则是"国贼禄鬼"、鸡鸣狗盗之徒,如薛蟠之流的污浊男人,也指贾宝玉眼中沾染了禄气、男人气丧失了女儿本性的女人。作者取"清"弃"浊",清楚地表明了其为"闺阁立传"的目的,正如作者所云:今风尘碌碌,一事无成,忽念及当日所见之女子,一一细考较去,觉其行止见识,皆出于我之上。……又何妨用假语村言,敷演出一段故事来,亦可使闺阁昭传。……(第1回)对"水""女儿"另翻新意,暗喻了作者对自然纯美的人性的向往与追求。

　　"女儿是水做的骨肉"。在《红楼梦》中,"女儿是水"与"水是女儿"便构成了微妙的置换关系。女儿与水同质异构。为凸显颂扬"女儿"纯净高洁的美质,作者为"女儿"之

　　冠黛玉设计了两重境界:自然之态与审美之境。主要表现在:1.似水的自然风流态度;2.若水的风神灵秀;3.诗意的精神生存。

　　黛玉的前身是灵河岸边三生石畔的绛珠仙草,因得了赤瑕宫内神瑛侍者每日甘露的灌溉,始得久延岁月,又得天地之精华而修成了女体。绛珠血脉中流淌的生命之水是甘露。甘露为水中极品,承甘露而生的绛珠仙子下世为人自然也钟灵毓秀。"林颦卿者,……花处姊妹丛中,宝钗有其艳而不能得其娇,探春有其香而不能得其清,湘云有其俊而不能得其韵,宝琴有其美而不能得其幽,可卿有其媚而不能得其秀,香菱有其逸而不能得其文,凤姐有其丽而不能得其雅,……"[8]"两弯似蹙非蹙罥烟眉,一双似喜非喜含露目",眉,淡如青烟,弯似曲流;目,柔媚如波,晶莹似露;点点泪光,仿佛是湘竹上的斑斑泪痕,又像是初荷上的晨露滴滴;而"闲静时如姣花照水,行动处似弱柳扶风"的诗性意

象,不仅喻指黛玉有如芙蓉般傍水而生、承露而活的生命况味,也传达了她如柔波般婉曲轻盈、摇曳生姿的体态风韵。曹雪芹以水喻女儿之眼之泪之体态,大大地拓展了传统水喻象的联想内涵。[9]

水隐喻生命的灵性和智慧,亦为至善至美的象征。自沉汨罗的屈子,临秋水而与游鱼对话的庄子,都与水结下了不解之缘。"清水出芙蓉,天然去雕饰"的林黛玉是作者心目中最纯洁、最完美的女儿形象。"寿怡红群芳开夜宴"占花名时,黛玉掣了"风露清愁"的芙蓉签,众人皆说"除了她,别人不配作芙蓉。"(第63回)芙蓉的素朴纯洁和水中神秘诞生的特征与林黛玉的美质妙合无痕。在这位清纯灵秀的少女身上,人们仿佛看到了那位凌波微步、"灼若芙蓉出绿波"的水神宓妃的影子。灵而秀的黛玉亦是诗中奇才,《葬花词》《桃花行》《问菊》《菊梦》《咏菊》魁夺菊花诗,其行止见识自是高于须眉浊物。"孤标傲世偕谁隐?一样花开为底迟"、"登仙非慕庄生蝶,忆旧还寻陶令盟"、"一从陶令平章后,千古高风说到今"既凸显了黛玉心性高远、孤傲卓异,亦是作者心志情怀之所在。

秀外慧中的女儿林黛玉更有着一颗诗一般的灵魂。先看黛玉的居所潇湘馆:"……里面数楹修舍,有千百竿翠竹遮映。……只见入门便是曲折游廊,阶下石子漫成甬路。……出去则是后院,有大株梨花兼着芭蕉。又有两间小小退步。后院墙下忽开一隙,得泉一派,开沟仅尺许,灌入墙内,绕阶缘屋至前院,盘旋竹下而出。"(第17回)

这样的居处足可见出居者的诗情雅韵,这样的居者也只能是一个"神仙一样的妹妹"。大观园的诸多居所中只有潇湘馆有水,尺许泉脉既暗示了居者的清远出尘,也隐喻了居者生命力的微弱。宝玉深敬黛玉、引其为知己者,乃在于黛玉纯洁的彻底性。在第32回和第36回中,湘云、宝钗规劝宝玉多读些仕途经济文章,"常常会会这些为官做宰"之人,宝玉立刻拉下脸说:"仔细污了你的经济学问","好好一个清净洁白的女儿,也学的沽名钓誉,入了国贼禄鬼之流。"并盛赞黛玉"从不说这些混帐话"。从不以经济仕途的显达来评判一个人的价值,足以见出黛玉的纯洁出尘,远非常人及的境界。而两次葬花的行径,更是把黛玉的诗意灵魂,升华到了极致。

宝玉一回头，却是林黛玉来了，肩上担着花锄，锄上挂着花囊，手内拿着花帚。宝玉笑道："好，好，来把这个花扫起来，撂在那水里。我才撂了好些在那里呢。"林黛玉道："撂在水里不好。你看这里的水干净，只一流出去，有人家的地方脏的、臭的混倒，仍旧把花糟蹋了。那畸角上我有一个花冢。如今把他扫了，装在这绢袋里，拿土埋上，日久不过随土化了，岂不干净。"（第23回）黛玉葬得仅仅是花吗？闫红所言极是："黛玉葬花……它表述了对美丽生命的痛惜，对生命本身的赞美与埋葬……"[10]黛玉既是在葬花，亦是在葬己葬众女儿。清纯如水鲜媚似花的女儿们的结局正如这水，流出大观园便脏了，似花，出了大观园便被糟蹋了。美好的事物终是不能长久，美质也终不能保全，这正是女儿们的悲剧。

作为"水做的骨肉"、"女儿"的对立面，"非女儿"意指"泥做的骨肉"、"浊臭逼人"的男人。专事权利倾轧、勾心斗角的"国贼禄鬼"、鸡鸣狗盗、不学无术的薛蟠、贾珍、贾琏之流皆被纳入此类。作者在文本之中，极写了贾府诸多不肖子孙的种种败家行径，小一辈如贾珍、贾琏，老一辈如贾赦等的少廉寡耻的污浊行径，其他的如贾雨村、薛蟠、孙绍祖等的无情无义、草菅人命的无耻行为，都衬托出了女儿的清白纯美。清者自清，浊者自浊。"浊"虽是被鞭挞、被否定的对象，但在男性拥有绝对话语权的封建时代，"清"终将还是被"浊"所"污"。"女儿"、"清"而不得的结局总是让人掬一把同情之泪。（"非女儿"非本文主旨，限于篇幅，本文对此不展开论述。）曹雪芹盛赞"女儿"，其取"清"弃"浊"的立场，即已否定了男权社会的某些东西，高扬了女性的纯美高洁，这本身就是对男权文化的批判，是对阴性文化的肯定和回归。同时女儿泪尽而亡、为水而不能的悲剧结局，也烛照了作者对女性悲哀深刻的洞见。我想，这些应是曹雪芹以水喻女儿为闺阁立传的宗旨所在吧。

二、木石前盟/金玉良缘："水"、"石"意象的共生与冲突，宝黛钗爱情悲剧的隐喻

对于《红楼梦》的结构，脂砚斋曾用"一树千枝，一源万派，无意随手，付脉

千里"[11]来评价。在《红楼梦》的文本建构中,"水"正处在那"一树""一源"的位置上。也就是说,水是文眼,亦是文脉之所在。说水是文眼,是因为水在文本的构建中处于"母体"的地位,故事的生发敷演皆是缘水而起,没有水,故事也就无从结构。从文本中可知,林黛玉的前身是三生石畔的一株绛珠仙草,因了神瑛侍者每日甘露的灌溉而修成了女体。在这里,水首先是生命之源,"水"与"女儿"互喻;其次水为因,人物间的关系是果。正因了甘露之恩,才勾连出神瑛侍者与绛珠仙草剪不断理还乱的关系:木石前盟,仙界的"受恩"关系在先;宝黛爱情悲剧,人间的报恩关系在后。绛珠仙草既受了神瑛侍者的甘露之恩,每每思报却不得。神瑛侍者下世为人,绛珠亦下世为人。那绛珠仙子道:'他是甘露之惠,我并无此水可还。他既下世为人,我也去下世为人,但把我一生所有的眼泪还他,也偿得过他了。'(第1回)仙界的甘露之恩,仙子的思报之情,导致了宝黛人间还泪的纠缠。又因了宝黛的爱情纠葛,才有了一干人等陪同下世敷演出大观园中的众女儿的故事。如上所述,黛玉是水做的女儿,水是其生命的隐喻。水在人在,水尽则人亡。黛玉泪尽而亡的结局和宝黛爱情的悲剧在此埋下了伏笔。整个故事线索由此脉络敷演发展,故事叙述结构由此架构。"水"确立了《红楼梦》故事发展的整体脉络。因此说,"水"是文本的命脉所在,抽去了"水",《红楼梦》将不复再是红楼之梦。

　　为展现宝黛的爱情悲剧,作者采用了"阴阳"对立叙事的模式,即通过"水""石"意象的冲突来展开故事建构文本。宝玉的前身是"木石前盟"中的神瑛侍者。"瑛","似玉的美石",其所住"赤瑕宫"之"瑕"亦指赤玉,兼指"玉的斑点"或"疵病"(见《辞源》三卷"瑛"、"瑕"字条),皆与石头有关。这样的神话意象喻指了贾宝玉的石头本性与白璧微瑕。在传统文化中,水属阴,石属阳,二者的意象组合充满了内在的审美张力。"从《红楼梦》作者的情蕴上看,`水^石´这两个意象足以合成全书的主旋律"[12]。

　　水与石原本是一对共生的意象,这在我国文化传统中可以找到因子。《山海经》中多有水与珠玉共存的意象。古人贵玉,认为玉有"九德",但必须"以水集于玉而九德出焉"。也就是说,玉之德显须依赖水的冲刷涵养之功能,二者是共生关系。曹雪芹精通古典文学,对此意象的内涵进行了拓展,既肯定水对石的涵蕴之功,亦强调"石"(神瑛侍者)对"水"(绛珠仙草)的育生之德。黛玉是水的化身,贾宝玉乃真石头。其所佩之"通灵宝玉"乃女娲补天所弃之石,因锻炼而通了灵性,具有喜怒哀乐之情性。神瑛侍者下世,乃夹之同来。神瑛即宝玉前身,赋予宝玉形体,通灵宝玉作为宝玉的"命根子"则给了宝玉灵魂。"通灵"在,则宝玉形神俱存,"通灵"失,则宝玉形存神亡。神瑛、两"宝玉"形成了三位一体的微妙关系。而"水"、"石"相依共生的关系,也注定了黛玉存,则宝玉形质归一;黛玉亡,则"宝玉"归彼大荒,神瑛也终将回归太虚,"重证前缘"。因此,大观园中的宝黛本质上亦是一对水石(玉)共生的意象。

　　然而宝黛之间却存在着无法克服的矛盾:一是木石前盟与金玉良缘的矛盾。"木石前盟"因木的易折而不能长久,金玉良缘因了金石的坚硬而坚不可摧。"木石前盟"只能成为一种宿命。再者,作为共生意象,水对石所起的作用是涵养滋润,去其污浊顽劣,显其玉性。黛玉每每以性灵的泪泉涤荡"浊玉",希望早日成就木石前盟。正如脂砚斋所言:"绛珠之泪偏不因离恨而落,为惜其石而落,可见惜其石必惜其人。其人不自惜,而知己能不千方百计为之惜乎?"[13]"浊玉"虽常常"见了姐姐就忘了妹妹",但他最终坚守的是木石前盟。为逃却金玉良缘的宿命,他宁愿失去玉性而保留石性,多次要砸了"那劳什子"。二者皆是真心,反以假言来试探,结果生出了诸多的嫌隙和误会,使得"水石"之间冲突不断。木石前盟与金玉良缘日趋激烈的碰撞,导致黛玉还泪的旅程大大缩短。以还泪为使命的黛玉时时临风洒泪,对月伤怀,悼春悲秋,惜花怜己。殊不知,眼中流出的泪是水,心底流出的泪是血,正应着"绛珠即红泪、血泪也"。此泪从"秋流到冬春流到夏",终于流到"心里只管酸痛,眼泪却不多"而早夭的地步。(第49回)木石前盟与金玉良缘的冲突以及水、石(玉)共生的不得,使得水与石这一对审美意象充满了内在的审美张力。内在的矛盾愈强,阻力愈大,其审美张力亦愈大。这其中,水、石、玉等审美意象"似一面面小镜片,各有各的投射点,各有各比照映带的目标,有规则地与人物形象的'本体'构成着'对应'的艺术关系,产生比兴意义的互补互射的效应"[14],成功地演绎了宝黛钗爱情悲剧。而宝玉终只念"木石前盟,……终不忘,世外仙姝寂寞林。"又把宝黛爱情悲剧的隐喻意义提升到象征性的哲理高度:它"把人类一种至深至纯、至真至诚的爱情,升华到超越今生今世、超越有限生命的永恒的神圣境界"[15]。

三、死亡/再生:"质本洁来还洁去","水"的再生隐喻

如前文所述,女儿是水做的骨肉,水为黛玉生命的隐喻。水在,人在;水逝,人亡。在《红楼梦》的前80回中,曹雪芹埋下了黛玉"泪尽而亡"的伏笔。但是,这个"泪尽而亡"又是如何而亡?前80回未曾交待。在后40回高鹗的续作中,高鹗安排的途径是"痴黛玉焚稿断痴情""苦绛珠魂归离恨天",乃是吐血气断而亡。近刘心武先生对于黛玉泪尽而亡的"亡径"提出了自己的看法,他认为曹雪芹原著的安排应是黛玉沉湖而亡。笔者部分认同此说,认为黛玉的"亡径"应是"水",原因还是与文本中大量的水喻有关,可从以下几点论述:

1.前文已交待,中国古有水为万物之源的观念,这使得人们想象,人死后可以复生。例如中国的水神,很多就是死亡以后进入神界的。如舜之二妻沉水后成为湘水水神,瑶姬水死后成为行云布雨并助禹治水的神女。湘水女神的传说被曹雪芹化来用在了黛玉身上。

黛玉所居之处曰潇湘馆,自己亦号"潇湘妃子",这是颇具深意的安排。郦道元《水经注·湘水》曰:"大舜之陟(至)方也,二妃从征,溺于湘水,神游洞庭之渊,出入潇湘之浦。"潇湘妃子,乃尧之二女娥皇、女英,为舜之二妃。舜巡视江南亡。二妃追随而来,泪尽血出,尽洒竹上,故有斑竹之说。后二妃沉于洞庭、湘水间,成为是处水神。潇湘馆内亦有修竹千百杆,尺许泉脉等等。因此,无论是黛玉所居之所抑或潇湘妃子之号,都暗喻了黛玉的结局应似娥皇、女英二妃:沉水而亡,仙化而去。

2."每一个原始意象中都有着人类精神和人类命运的一块碎片,都有着在我们祖先的历史中重复了无数次欢乐和悲哀的一点残余。"[16]在神话中,"水"意象往往与生命存在联系在一起,它象征着生命的无限循环,是神话人物的生育—成长—死亡—复活的循环的必然条件。这种集体无意识在时间之河中时以"置换""变形"的形式唤起我们对远古的记忆,成为作家创作的精神之源。

在《红楼梦》这部"天书与人书诗意融合"的书中,既有神话境界太虚幻境,又有现实人境大观园。由此岸向彼岸的仙度,生命的转换与循环是由水来完成的。绛珠承甘露之恩修成人形,其因水而生,倘若死亡,亦可借助于水复活。由人间的表象的死亡到渡水而去返回太虚幻境,水是再生之源。这在《红楼梦》中有伏笔暗示。第76回黛玉湘云中秋月夜凹晶馆联诗,对到"寒塘渡鹤影,冷月葬花魂"时被妙玉止住。我们知道花魂在《红楼梦》中专指黛玉。而鹤的意象多与仙相关。听黛玉妙对"冷月葬花魂"湘云叹道"诗固新奇,只是太颓丧了些。你现病着,不该作此过于凄凉奇谲之语。"妙玉也说:"……过于颓败凄楚。此亦关人之气数,所以我出来止住。"作者在这里似乎暗示了寒塘冷月花魂渡水仙去的结局。

3.澄静清白的水还标志着纯洁无瑕的品格。水具有洁净功能。古有"沧浪之水清兮,可以濯我缨;沧浪之水浊兮,可以濯我足。",可见水总是能洗去尘渣污垢。艺术家把水的这种自然属性作了美学意义上的延伸——水还可以洗去精神上、名誉上的种种不洁,还其以清白,使其精神上得以重生。水既是一个清白的处所,因此在审美意义上,投入水中的人物,总是具有纯洁无瑕的品格。如屈原入汨罗江,刘兰芝沉湖等,都具有这种美学含义。在《红梦楼》中明写水死的只有金钏一人。作者眼中最纯洁完美的女儿黛玉,气质如兰、才华比仙,正如其诗性的生存一样,其生命置换的形式亦应是诗性的——水度仙去。因此,在上述意义上说,水既是生之源,也是毁灭之源,再生之径。水乃生命的隐喻,生命的桥梁,生生死死,死死生生,生命由此成为一浑整之圆。

＊本文所引《红楼梦》原文,均出自曹雪芹、高鹗著《红楼梦》(岳麓书社1987年版)

参考文献:

[1]转引自李零.郭店楚简校读记[M].北京:北京大学出版社,2002:32.

[2]庞朴.文化一隅[M].郑州:中州古籍出版社,2006:59.

[3]刁生虎.水:中国古代的根隐喻[J].中州学刊,2006(5).

[4]杨义.中国古典小说史论[M].北京:人民出版社,1998:478.

[5]鲁迅.中国小说史略[M].天津:百花文艺出版社,2001:268.

[6]李春强.《红楼梦》三重悲剧世界的审美意象解读[J].中国矿业大学学报,2005(4).

[7]张沛.隐喻的生命[M].北京:北京大学出版社,2004:5.

[8]西园主人.红楼梦论辩,红楼梦卷(第一册)[M].北京:中华书局,1980:199.

[9]俞晓红.悲歌一曲水国吟——《红楼梦》水意象探幽[J].红楼梦学刊,1997(2).

[10]闫红.误读红楼[M].当代世界出版社,2005:7-8.

[11]朱一玄.红楼梦资料汇编[C].天津:南开大学出版社,2001:305.

[12]曹立波.《红楼梦》对水、石意象的拓展[J].红楼梦学刊,1996(3).

[13]胡适.胡适跋乾隆甲戌"脂砚斋重评石头记"影印本[M].天津:百花文艺出版社,1981:57.

[14]王政.论《红楼梦》中"形象本体"与对应意象的关系[J].红楼梦学刊,2001(2).

[15]李庆信.荒唐言中寻真味——石头与神瑛异同及其相关问题论辩[J].红楼梦学刊,2006(4).

[16]C.G.荣格.论分析心理学与诗的关系[A].叶舒宪.神话——原型批评[C].西安:陕西师范大学出版社,1987:101.